乌鲁木齐海关年鉴
2023

《乌鲁木齐海关年鉴（2023）》编纂委员会 编

中国海关出版社有限公司
·北京·

图书在版编目（CIP）数据

乌鲁木齐海关年鉴. 2023 /《乌鲁木齐海关年鉴（2023）》编纂委员会编. — 北京：中国海关出版社有限公司，2024.4
（中国海关史料丛书）
ISBN 978－7－5175－0782－6

Ⅰ. ①乌… Ⅱ. ①乌… Ⅲ. ①海关-乌鲁木齐-2023-年鉴 Ⅳ. ①F752.55-54

中国国家版本馆 CIP 数据核字（2024）第 078945 号

乌鲁木齐海关年鉴（2023）

WULUMUQI HAIGUAN NIANJIAN（2023）

作　　者：《乌鲁木齐海关年鉴（2023）》编纂委员会	
责任编辑：景小卫	
责任印制：王怡莎	
出版发行：中国海关出版社有限公司	
社　　址：北京市朝阳区东四环南路甲 1 号	邮政编码：100023
编 辑 部：01065194242-7527（电话）	
发 行 部：01065194221/4238/4246/5127（电话）	
社办书店：01065195616（电话）	
https://weidian.com/? userid＝319526934（网址）	
印　　刷：北京中科印刷有限公司	经　　销：新华书店
开　　本：889mm×1194mm　1/16	
印　　张：20	字　　数：480 千字
版　　次：2024 年 4 月第 1 版	
印　　次：2024 年 4 月第 1 次印刷	
书　　号：ISBN 978－7－5175－0782－6	
地图审图号：GS 京（2022）1441 号	
定　　价：200.00 元	

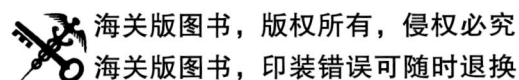

《乌鲁木齐海关年鉴（2023）》编纂委员会

主 任 委 员　　郝炜明　沈　扬

副主任委员　　孙　雷　吴　卫　孙晨明　兰胜斌　侯玉栋
　　　　　　　　李开益　王　宁　李清华　王传杰　戴　钢

委　　　员　　阿里木·吾布力　吐尔洪·麦麦提江　吴晓辉
　　　　　　　　程　涛　郭勇刚　刘　戈　徐　军　李文革
　　　　　　　　迪丽拜尔·沙比提　崔新萍　孙　涛　李　军
　　　　　　　　郭　旭　刘会江　贺　军　郭晓凤　郁　达
　　　　　　　　李惠杰　龙　军　张有晖　惠俊红　胡　靖
　　　　　　　　宋继军　袁家瑜　袁江伟　关　勇　张晓波
　　　　　　　　杨晓林　费立新　李　卓　曹　毅　毛荣刚
　　　　　　　　马　波　朱建民　杨晓军　肖建学　姚　武
　　　　　　　　黄　群　范伟功　李　新　卡依沙尔　丁　宝
　　　　　　　　张　军　师小虎　党文起　宋灵芝　杨　忠
　　　　　　　　李　宾　刘玉刚

《乌鲁木齐海关年鉴（2023）》编辑部

总　　编　　李清华

副 总 编　　吴晓辉　郭姝兰

执 行 主 编　　崔盛杰

责 任 编 辑　　翟俊丽　杨莉莉　赵　睿　赵怡靓　吴南仕

编 辑 人 员　　（按姓氏笔画排序）

马小勇　马子莹　王子瑜　王　京　王晓彤
牛鹏程　叶　翔　代慧玲　冯　杰　朱　叶
朱路路　刘秀玲　刘晓梅　刘晓璐　祁　红
牟　锟　杨以刚　杨莉莉　李　恺　李　斌
李　魏　吴南仕　何　锦　张秀丽　张赵琴
张艳超　张翼鹏　阿衣左克兰木·买买提江
阿克来木·卡得尔　阿勒米热·瓦黑提
陈　洁　罗　现　岳　宁　赵　兰　赵家莉
赵　雅　郝康伟　侯亚昕　索金玲　贾丽·赛兰别克
党晓明　高　露　郭一兰　唐明明　黄　涛
曹雅青　符丽芸　梁　昉　彭心婷　董　琪
魏小刚　魏雨萱

序言

修史编志，鉴往知来。为深入学习贯彻习近平总书记关于修志用志、借鉴历史等重要指示批示精神，海关总署于2021年启动《中国海关年鉴》编纂工作，将其作为加强海关史研究的重要举措，并组织各直属海关单位同步启动年鉴编纂工作。根据海关总署要求，乌鲁木齐海关首部年鉴《乌鲁木齐海关年鉴（2022）》于2023年6月顺利出版发行，填补了关区年鉴编纂空白，年鉴编纂工作实现良好开局。

按照"一年一鉴、公开出版"的要求，乌鲁木齐海关以打造精品年鉴为目标，深入总结首部年鉴编纂经验，健全完善年鉴编纂工作机制，不断提升编纂水平。2023年3月启动《乌鲁木齐海关年鉴（2023）》编纂工作，全面梳理、记述关区2022年工作开展情况。

2022年，是党和国家历史上极为重要的一年。乌鲁木齐海关坚持以习近平新时代中国特色社会主义思想为指导，以迎接党的二十大和学习宣传贯彻党的二十大精神为主题主线，完整准确全面贯彻新时代党的治疆方略，贯彻落实海关总署党委、新疆维吾尔自治区党委政府决策部署，强政治、抓安全、保稳定、促发展、重统筹、求提升，全力以赴为新疆开放型经济高质量发展贡献海关力量。

——"砥砺初心强政治"的意志更加坚决。乌鲁木齐海关全面学习、全面把握、全面落实党的二十大精神，深入学习贯彻习近平总书记视察新疆重要讲话重要指示批示精神，深刻领悟"两个确立"的决定性意义，坚决做到"两个维护"，切实推动政治机关建设向纵深发展。

——"统筹兼顾防疫情"的信念更加坚定。乌鲁木齐海关牢记"三个坚定不移"，毫不动摇落实疫情防控总策略、总方针，科学精准抓好口岸疫情防控，严格高效做好内部疫情防控。自治区领导指出，"海关严防死守口岸疫情防控一线千余天，未出现一起境外输入造成疫病传播事件，为全疆防疫大局做出了扎实贡献"。

——"忠诚履职抓安全"的举措更加有效。乌鲁木齐海关始终把维护国门安全作为海关工作的生命线和首要职责，以"时时放心不下"的责任感，持续强化正面监管，保持反走私高压态势，在打击"水客"走私、兴奋剂走私、洗钱犯罪等方面取得一系列丰硕战果。

——"主动作为促发展"的成效更加有力。乌鲁木齐海关紧紧围绕海关处在国内国际双循环"交汇枢纽"的职能作用，制定系列促进外贸保稳提质措施，新疆全年进出口总值首次突破2400亿元大关，创历史新高，切实以高水平开放促进新疆高质量发展。

——"严管厚爱保稳定"的斗志更加昂扬。乌鲁木齐海关秉持"严管与厚爱并重、激励与约束并举"理念，树牢重实干、重实绩、重担当的鲜明导向，完善选育管用全链条机制，突出抓好综合保障、关心关爱，推动边关干部队伍良性循环和可持续发展。

回首 2022 年，乌鲁木齐海关真抓实干、矢志笃行，取得了值得称赞的业绩，这些成绩的取得，得益于海关总署党委的坚强领导，离不开自治区党委政府的支持帮助，更凝聚着关区全体干部职工的辛勤付出和无私奉献，在关区事业发展历史上留下浓墨重彩的一笔，值得详尽记述。

值此《乌鲁木齐海关年鉴（2023）》付梓之际，对关心、支持乌鲁木齐海关工作以及年鉴编纂工作的领导、同事和各界人士表示衷心的感谢，对全体编辑人员表示诚挚的问候！

《乌鲁木齐海关年鉴（2023）》编纂委员会

2023 年 10 月

编辑说明

一、《乌鲁木齐海关年鉴》是海关行业专业性年鉴，其宗旨是全面、系统、客观、真实地记录乌鲁木齐海关的基本面貌、主要情况和发展状况，一年编纂一册，是社会各界了解乌鲁木齐海关各项事业发展历程的工具书和史料文献。

二、《乌鲁木齐海关年鉴》以马克思列宁主义、毛泽东思想、邓小平理论、"三个代表"重要思想、科学发展观和习近平新时代中国特色社会主义思想为指导，运用辩证唯物主义和历史唯物主义的基本原理和基本观点，坚持实事求是，突出海关行业特点和新疆区情社情，力求思想性、科学性和信息性的统一。

三、《乌鲁木齐海关年鉴（2023）》载录2022年度乌鲁木齐海关的基本情况，包括发生的重大事件、把关服务的措施做法、改革发展取得的成效等内容，记述时限为2022年1月1日至12月31日，部分工作适度上溯和下延，以期反映全貌。

四、《乌鲁木齐海关年鉴（2023）》由10个类目组成，分别为：特载、专记、大事记、党的建设、业务建设、综合保障、隶属海关、事业单位、统计资料、荣誉和奖励。卷首设序言、编辑说明、海关专题图片。

五、《乌鲁木齐海关年鉴（2023）》设类目、分目、条目3个层级，基本表现形式为条目，采取条块结合的记述方式。编辑人员按照姓氏笔画排序。

六、《乌鲁木齐海关年鉴（2023）》所收集的各类资料，由乌鲁木齐海关机关各部门、各隶属海关单位和事业单位根据工作职能和职责分工分别提供，经编辑部筛选、核实、整理和文字处理，力求内容完整、条理清晰。所有资料、数据均经供稿部门审核，具有权威性。特载中收录的资料部分内容有删减。

七、《乌鲁木齐海关年鉴（2023）》使用规范、统一的简称和缩略语。"海关总署"指"中华人民共和国海关总署"，"自治区"或"新疆"指"新疆维吾尔自治区"，"兵团"指"新疆生产建设兵团"；乌鲁木齐海关及其他直属海关、各隶属海关单位、事业单位以及地方政府部门均使用规范的通用简称。

八、《乌鲁木齐海关年鉴（2023）》一律采用公历，各种度量衡和币制单位以中华人民共和国统一法定计量和人民币币制单位为准。特殊情况按照规定处理。

图 例

✴	直属海关单位	◉廷布	外国首都	—————	地级市界
◉	隶属海关	———	自治州行政中心 地区、盟行政公署驻地	…………	县（区、市）界
•	派出机构	◎东城区	县（区、市）政府	—+—+—	铁路
◉	海关特殊监管区域	○庞各庄镇	乡（镇）政府、街道办事处	═(530)═	高速公路及编号
●	口岸	✈北京首都 国际机场	机场	～～～	国道
🚆	铁路口岸	▲清水尖 1528	山峰 高程	———	省道
⚓	水运口岸	⊢-⊣-⊢	国界	———	其他道路
✈	航空口岸	⊢-⊣	未定国界	〜〜	河流 湖泊
🚌	公路口岸	-------	地区界		沟渠
●	境外口岸	·········	军事分界线		桥梁 渡口
◉北京市	首都	—·—·—	省界		港口 码头
◉石家庄市	省政府	— — —	未定省界	⌐⌐⌐⌐	长城
◎廊坊市	地级市政府	---------	特别行政区界		珊瑚礁

注：本书中的关境图，不包括香港，澳门，台湾、澎湖、金门、马祖单独关税区。

海关专题图片 领导活动

△ 2022年1月27日,海关总署党委班子通过视频指挥系统慰问边关干部职工(高立强 摄)

∧ 2022年8月30日,海关总署党委书记、署长俞建华(中)与海关系统获评全国"人民满意的公务员"和"人民满意的公务员集体"代表合影(高立强 摄)

∧ 2022年1月29日,乌鲁木齐海关召开2022年关区工作会议、全面从严治党工作会议(金秋百卉 摄)

2022年8月31日,乌鲁木齐海关党委班子参加海关总署"人民满意的公务员"宣讲报告会 (金秋百卉 摄)

2022年5月25日,乌鲁木齐海关党委书记、关长沈扬(左二)在正威新疆新材料产业园调研 (杨逸萌 摄)

2022年6月7日,乌鲁木齐海关党委书记、关长沈扬(中)在阿拉山口海关参加关警员座谈会 (肖利伟 摄)

∧ 2022年9月18日,乌鲁木齐海关党委书记、关长沈扬(前排左)在第七届中国—亚欧博览会现场巡馆调研 (杨逸萌 摄)

∧ 2022年12月30日,乌鲁木齐海关党委委员、缉私局局长孙雷(中)在白鸟湖办案中心民警之家调研 (郭薇 摄)

∧ 2022年1月1日,乌鲁木齐海关党委委员、副关长吴卫(左二)在乌鲁木齐保税展示交易中心调研 (杨逸萌 摄)

∧ 2022年9月23日,乌鲁木齐海关党委委员、政治部主任孙晨明(中)巡考2022年海关行政执法资格考试 (何毅 摄)

> 2022年5月31日,乌鲁木齐海关党委委员、副关长兰胜斌(中)在新疆特变电工股份有限公司调研 (陈 重 摄)

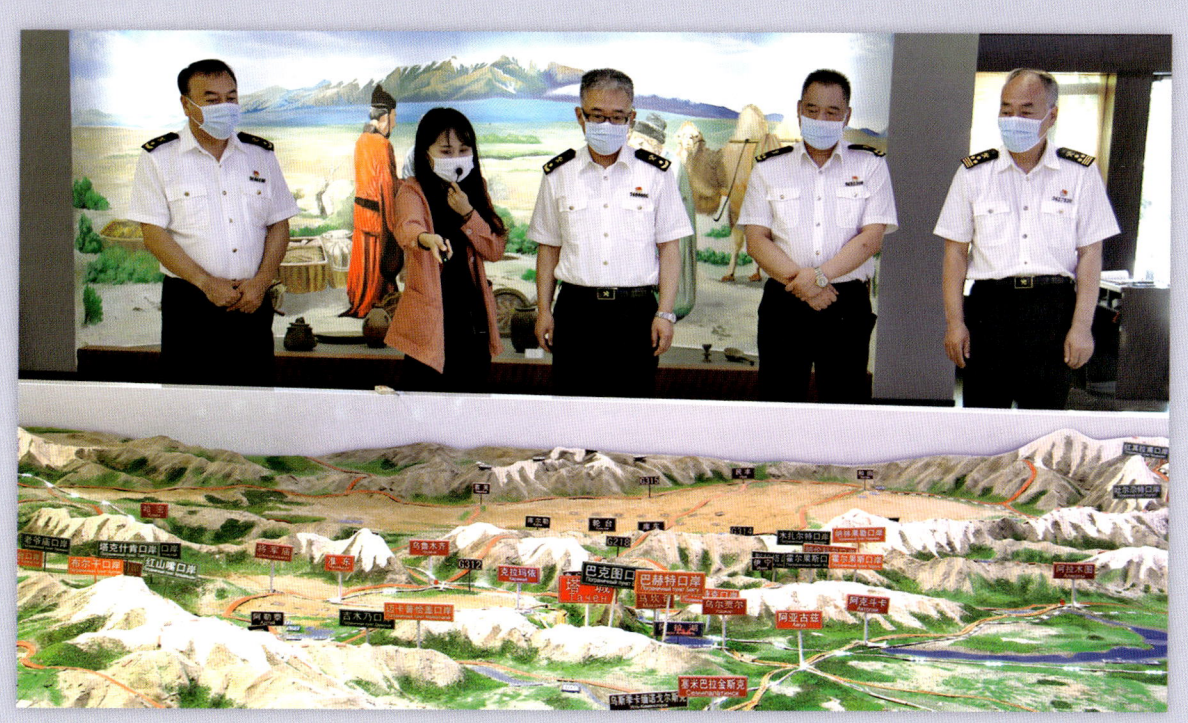

∧ 2022年6月8日,乌鲁木齐海关党委委员、纪检组组长侯玉栋(中)在塔城海关调研,图为参观新疆塔城重点开发开放试验区展馆 (程晓明 摄)

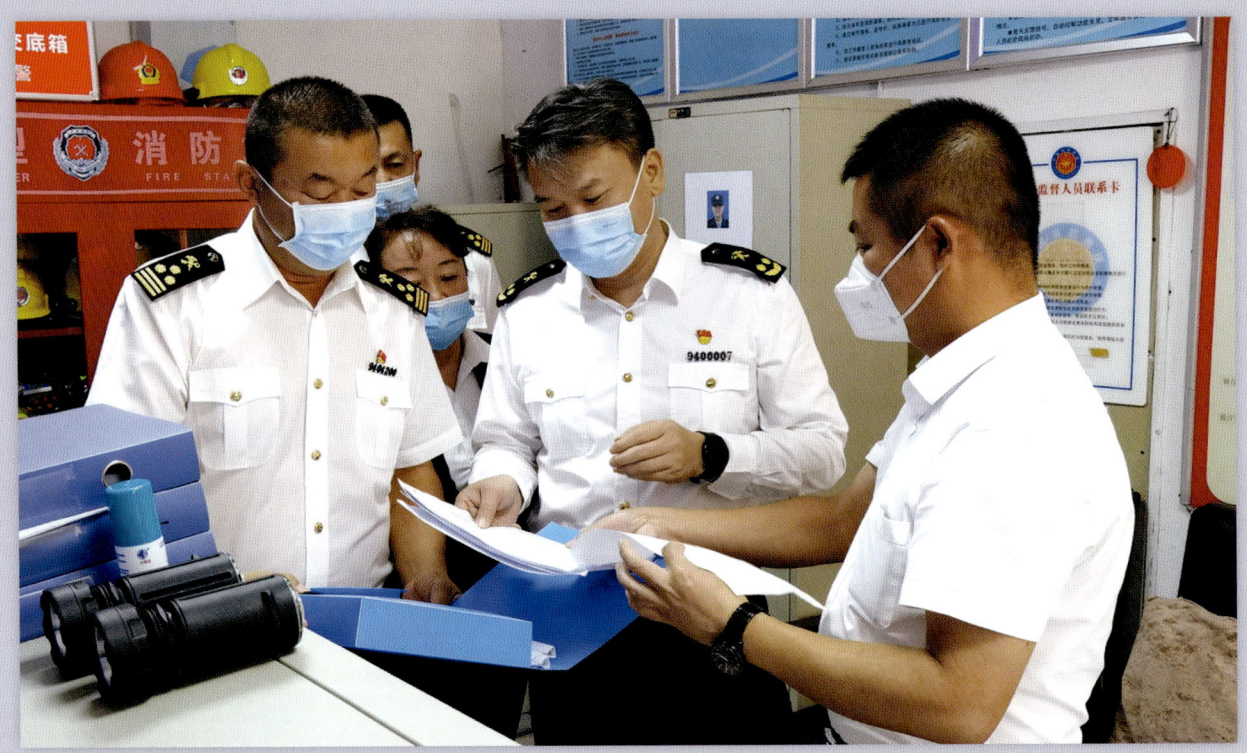
△ 2022年9月23日,乌鲁木齐海关党委委员、副关长李开益(中)在海关总署乌鲁木齐教育培训基地调研安全生产情况 (马勇 摄)

△ 2022年12月22日,乌鲁木齐海关党委委员、副关长王宁(右二)在伊宁海关技术中心调研 (曾侠 摄)

党的建设

> 2022年10月16日,乌鲁木齐海关组织收看中国共产党第二十次全国代表大会开幕会（金秋百卉 摄）

> 2022年10月17日,乌鲁木齐海关党委专题学习习近平总书记在党的二十大开幕会上所作的报告（金秋百卉 摄）

2022年12月28日,乌鲁木齐海关开展"致敬我身边的榜样"作品展示活动 (金秋百卉 摄)

2022年4月26日,乌鲁木齐海关卫生检疫处党支部、新疆国际旅行卫生保健中心(乌鲁木齐海关口岸门诊部)党支部联合自治区疾控中心党组织开展全国疟疾日主题党日活动 (马兰章子 摄)

2022年6月17日,吐尔尕特海关与乌恰县人民检察院联合开展重温入党誓词活动 (代慧玲 摄)

2022年6月24日,海关总署"百名科长百日督查"临时党支部和吉木乃海关党总支联合开展主题党日活动（阿勒米热·瓦黑提 摄）

2022年6月30日,乌鲁木齐海关缉私局召开"弘扬英模精神 汲取榜样力量"先进事迹宣讲会（蔺钰 摄）

∧ 2022年7月1日，乌鲁木齐海关人事处党支部、教育处党支部开展"强国有约 新青诵典"联合主题党日活动 （殷韵 摄）

∧ 2022年7月9日，霍尔果斯海关开展"海关文化建设西北协作区联学联建活动暨霍尔果斯市'国门大党建'"主题党日活动 （穆哈买提·达吾代 摄）

2022年8月10日,阿勒泰海关塔克什肯口岸封闭区临时党支部开展"牢记殷殷嘱托 立志奋勇前行"主题党日活动(崔晓晖 摄)

2022年9月26日,红其拉甫海关与海关博物馆联合开展"赓续红色血脉 传承'四特'精神"品牌创建云共建主题党日活动(杨勇康 摄)

2022年11月25日,哈密海关开展"青年干部齐奋斗 坚守国门铸忠诚"主题党日活动(朱虹熹 摄)

业务建设

> 2022年5月11日,石河子海关关员现场查验进口采棉机(王雨慈 摄)

> 2022年5月17日,塔城海关查获一批申报为榉木木制帽托制品,其中榉木为国家二级保护野生植物(段文龙 摄)

△ 2022年6月7日,伊尔克什坦海关关员查获一批涉嫌侵权女士包 (王盼 摄)

△ 2022年6月15日,乌鲁木齐地窝堡机场海关关员在航空食品生产企业开展卫生监督工作 (吴小萍 摄)

∧ 2022年6月21日,吉木乃海关铲除野生大麻4000余株,并邀请口岸国门小学师生到现场开展禁毒知识宣传教育(黄成 摄)

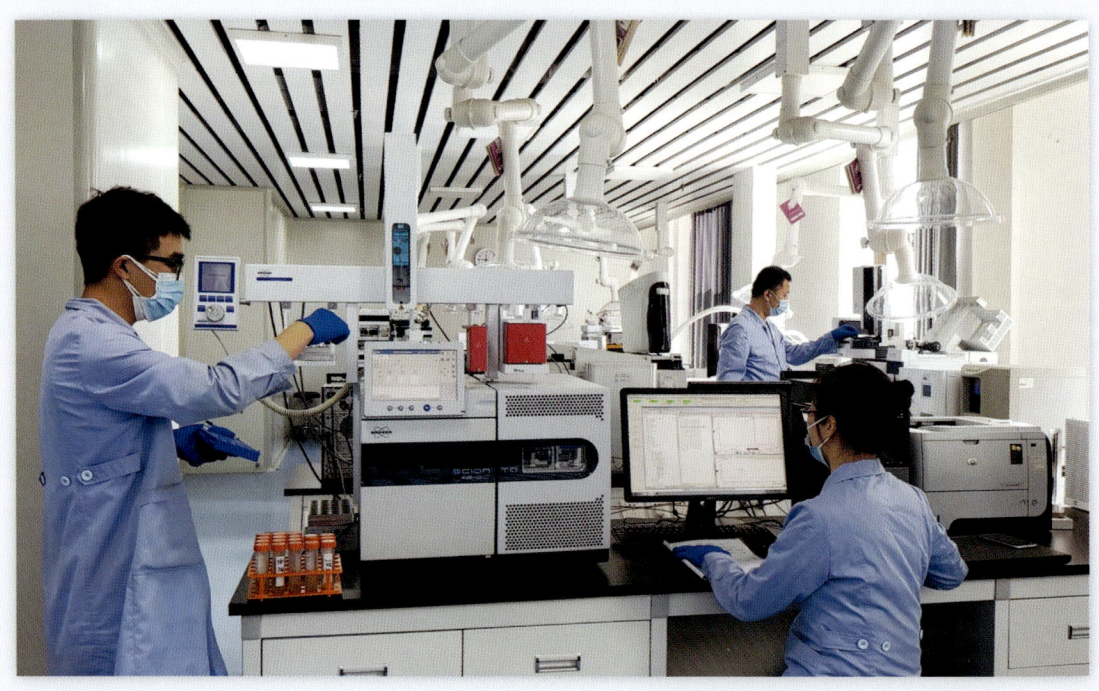

∧ 2022年8月3日,伊宁海关技术中心全力保障临时性静态管理期间检测业务"不断档"(孟茹 摄)

∧ 2022年8月17日,阿勒泰海关深入开展危险化学品综合治理专项行动 (阿尔艾·努尔黑扎提 摄)

∧ 2022年8月24日,都拉塔海关关员查获一批侵权品牌手机 (陈小松 摄)

∧ 2022年9月7日,石河子海关关员在化工企业查验出口危险化学品 (王雨慈 摄)

∧ 2022年9月14日,阿拉山口海关关员对哈萨克斯坦进境大麦实施现场查验 (屈瑞 摄)

< 2022年11月15日,哈密海关关员对进口铁矿砂开展现场查验(苏比·买买提 摄)

> 2022年12月23日,喀什海关关员对出口车辆进行登临检查(再努热·艾日肯 摄)

疫情防控

> 2022年1月19日,红其拉甫海关关员对入境车辆进行监督消杀（曹洪 摄）

< 2022年4月5日,霍尔果斯海关关员对进境集装箱进行预防性消毒作业（达吾然江·依力哈木 摄）

< 2022年4月8日,霍尔果斯国际边境合作中心海关在业务现场开展职业暴露应急处置演练 (韩月 摄)

> 2022年5月14日,乌鲁木齐地窝堡机场海关关员对入境航班开展登临检疫 (胡建军 摄)

< 2022年5月20日,阿勒泰海关关员开展新冠疫情内部防控应急处置演练 (加尼波拉提·胡阿尼西别克 摄)

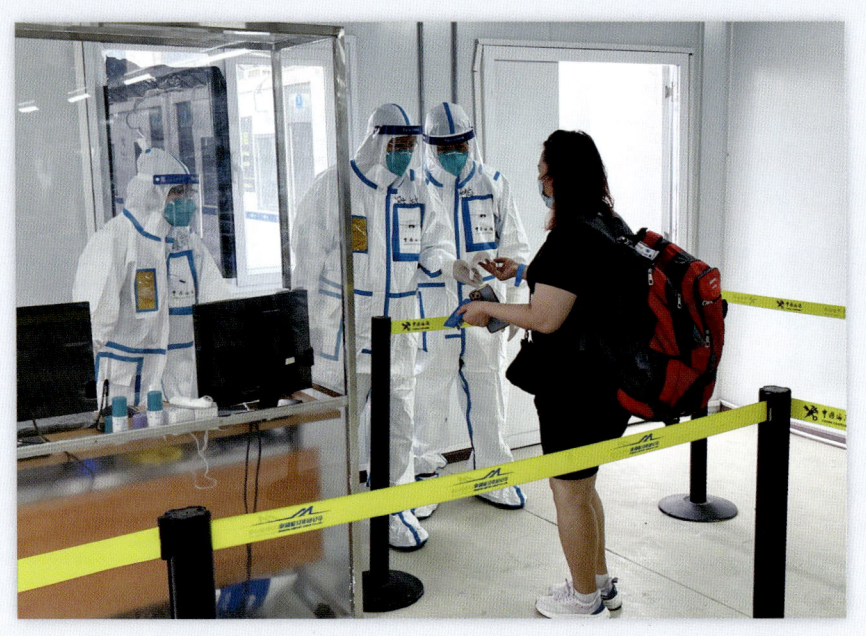

> 2022年8月16日,乌鲁木齐海关开展"关长走进口岸封管区"活动,副关长兰胜斌(中)在乌鲁木齐地窝堡机场海关组织开展主题党日活动并参加国际航班监管工作(刘新星 摄)

> 2022年9月16日,乌鲁木齐海关组织开展机关内部疫情防控"无脚本"应急演练(金秋百卉 摄)

> 2022年9月23日,乌鲁木齐海关消毒人员对办公区会议厅进行预防性消毒(朱路路 摄)

服务外贸保稳提质

2022年1月1日,乌鲁木齐保税展示交易中心开业 (杨逸萌 摄)

2022年1月3日,乌鲁木齐海关与中国人民银行乌鲁木齐中心支行、国家外汇管理局新疆维吾尔自治区分局签署合作备忘录 (金秋百卉 摄)

> 2022年1月21日,喀什海关保障首趟喀什至阿拉木图中欧(中亚)班列顺利开行 (潘晓雪 摄)

< 2022年3月15日,和田海关联合相关部门开展"3·15"维权主题宣传活动 (孜比不拉·吐洪 摄)

> 2022年3月31日,乌鲁木齐海关与新疆生产建设兵团第八师石河子市签署合作备忘录 (王雨慈 摄)

< 2022年4月15日,乌鲁木齐海关组织召开中国—塔吉克斯坦海关视频会议（金秋百卉 摄）

> 2022年5月20日,乌鲁木齐海关召开关区新闻发布会,解读新疆外贸数据、支持新疆外贸保稳提质16条措施等内容（金秋百卉 摄）

< 2022年6月23日,喀什海关关员夜间加班验放车辆,确保通关顺畅（李紫英 摄）

> 2022年6月28日,霍尔果斯国际边境合作中心海关开辟专用通道,全力保障"2022年中亚国际文化旅游节"人员和物资高效通关 (何梓豪 摄)

< 2022年7月18日,中国—巴基斯坦经贸联委会中国新疆—巴基斯坦经贸合作工作组召开第一次视频会议 (何锦 摄)

> 2022年7月27日,乌昌海关关员验放"中吉乌"公铁联运国际货运班列 (杨逸萌 摄)

< 2022年7月27日,伊宁海关关员对辖区出口转关货物开展检验监管工作 (曾侠 摄)

> 2022年8月17日,霍尔果斯国际边境合作中心海关快速验放跨境电商货物出口 (奴勒布勒·阿依提江 摄)

< 2022年9月2日,阿克苏海关关员开展出口番茄酱查验,服务地方优势特色产业发展 (韩小路 摄)

> 2022年9月23日，红其拉甫海关快速验放援助巴基斯坦抗洪救灾物资（艾比比拉·阿木提 摄）

< 2022年10月14日，卡拉苏海关积极应对口岸大雪极端天气，全力保通保畅（苏比江·阿布都乃比 摄）

> 2022年11月28日，阿勒泰海关克服疫情影响，全力保障冬季对俄商品出口（张兆冠 摄）

< 2022年10月15日,喀什海关高效验放全国中吉乌—深穗喀双循环多式联运首发班列 (潘晓雪 摄)

> 2022年11月29日,伊尔克什坦海关助力"中吉乌"公铁联运班列顺利出境 (刘吉林 摄)

队伍建设

> 2022年9月2日,乌鲁木齐海关召开全国"人民满意的公务员"李清华同志事迹宣讲报告会,会后乌鲁木齐海关领导班子接见李清华同志并合影留念 (金秋百卉 摄)

< 2022年5月20日,乌鲁木齐海关举行表彰仪式,为霍尔果斯海关颁发"全国五一劳动奖状"奖牌 (张翼鹏 摄)

> 2022年9月27日,乌鲁木齐海关召开2022年新录用公务员初任培训班集中培训结业仪式 (何毅 摄)

< 2022年7月26日,乌鲁木齐海关开展关区"喜迎二十大、奋进新征程"职工运动会 (金秋百卉 摄)

> 2022年4月19日,伊尔克什坦海关开展"内务规范强化月"队列训练 (张赵琴 摄)

< 2022年1月27日,库尔勒海关关员在开展"民族团结一家亲"活动时与结亲户一起学习《永远跟党走》群众读本 (罗予彤 摄)

> 2022年6月2日,红其拉甫海关联合卡拉苏海关开展"粽叶飘香迎端午 基层边关筑忠诚"活动（代洪兴 摄）

< 2022年3月8日,乌鲁木齐海关组织离退休女同志开展"银发新时尚 巾帼添风采"活动（鞠传刚 摄）

> 2022年2月11日,乌鲁木齐海关举办干部职工子女寒假训练营活动（张翼鹏 摄）

目　录

第一篇　特　载

乌鲁木齐海关概况 …………………………… 3
在2022年乌鲁木齐海关工作会议上的讲话
　……………………………………………… 7
在2022年乌鲁木齐海关全面从严治党工作
　会议上的讲话 …………………………… 18
在乌鲁木齐海关党委理论学习中心组（扩大）
　学习暨关区学习贯彻党的二十大精神培训
　班上的总结讲话 ………………………… 27

第二篇　专　记

乌鲁木齐海关深入学习贯彻习近平总书记视察
　新疆重要讲话重要指示精神 …………… 39
乌鲁木齐海关扎实开展政治机关专项教育活动
　和"学查改"专项工作 …………………… 45
乌鲁木齐海关服务丝绸之路经济带核心区建设
　提级扩能 ………………………………… 48
乌鲁木齐海关深入开展打击走私重点专项工作
　……………………………………………… 53

第三篇　大事记

2022年乌鲁木齐海关大事记 ……………… 59

第四篇　党的建设

党建工作 ……………………………………… 69
　概况 ………………………………………… 69
　学习宣传贯彻党的二十大精神 ………… 69
　政治机关建设 …………………………… 69
　模范机关创建 …………………………… 70
　宣传思想和意识形态工作 ……………… 70
　基层党组织建设 ………………………… 70
　党风廉政建设 …………………………… 71
　准军事化纪律部队建设 ………………… 71
　文化润关工程 …………………………… 71
　工会工作 ………………………………… 72
　共青团工作 ……………………………… 72
　乡村振兴和"访惠聚"驻村工作 ……… 73
巡视巡察 ……………………………………… 74
　概况 ………………………………………… 74
　巡视巡察整改 …………………………… 74
　巡察监督 ………………………………… 74
　巡察队伍建设 …………………………… 75
　巡察信息化应用 ………………………… 75
纪检监察 ……………………………………… 77
　概况 ………………………………………… 77
　监督检查 ………………………………… 77
　执纪问责 ………………………………… 77

001

"海关重点项目和财物管理以权谋私"
　　　　专项整治 ………………………… 78
干部队伍管理 …………………………… 79
　　概况 ……………………………………… 79
　　机构编制管理 …………………………… 79
　　领导班子建设 …………………………… 79
　　干部队伍建设 …………………………… 80
　　队伍监督管理 …………………………… 80
　　队伍激励培养 …………………………… 81
　　事业单位改革 …………………………… 81
教育培训 ………………………………… 82
　　概况 ……………………………………… 82
　　政治能力培训 …………………………… 82
　　业务能力培训 …………………………… 82
　　教育管理 ………………………………… 82
　　创新开设"乌关讲堂" ………………… 83

第五篇　业务建设

业务改革与服务发展 …………………… 87
　　概况 ……………………………………… 87
　　业务领域改革 …………………………… 87
　　口岸开放与发展 ………………………… 87
　　口岸营商环境 …………………………… 87
　　国际贸易"单一窗口"建设 …………… 88
　　通关运行管理 …………………………… 88
　　知识产权海关保护 ……………………… 88
法治建设 ………………………………… 90
　　概况 ……………………………………… 90
　　制度管理和技术规范 …………………… 90
　　依法行政和复议应诉 …………………… 90
　　法治队伍建设 …………………………… 91
　　法治服务和法治宣传 …………………… 91

风险管理 ………………………………… 92
　　概况 ……………………………………… 92
　　风险信息情报和风险预警 ……………… 92
　　风险分析处置 …………………………… 92
　　风险业务改革 …………………………… 92
　　濒危动植物及其制品风险防控 ………… 93
　　危险品伪瞒报风险防控 ………………… 93
　　邮递渠道"清邮"行动 ………………… 93
　　知识产权保护风险防控 ………………… 94
　　大数据应用 ……………………………… 94
　　口岸风险联合防控 ……………………… 94
税收征管 ………………………………… 96
　　概况 ……………………………………… 96
　　税收征管 ………………………………… 96
　　综合治税 ………………………………… 96
　　税收风险防控 …………………………… 96
　　原产地管理 ……………………………… 97
卫生检疫 ………………………………… 98
　　概况 ……………………………………… 98
　　检疫管理 ………………………………… 98
　　口岸疫情防控 …………………………… 98
　　"关长走进口岸封管区"工作 ………… 99
　　"百名科长百日督查"工作 …………… 99
　　卫生监督 ………………………………… 99
　　病媒和疾病监测 ………………………… 99
动植物检疫 ……………………………… 101
　　概况 ……………………………………… 101
　　进出境动物检疫 ………………………… 101
　　促进农产品进出口 ……………………… 101
　　进出境植物检疫 ………………………… 102
　　生物多样性保护 ………………………… 102
　　"跨境电商寄递'异宠'综合治理"
　　　　专项行动 …………………………… 102

进出口食品安全监管 ... 104
概况 ... 104
进口食品检验检疫 ... 104
出口食品检验检疫 ... 104
进口食品"国门守护"行动 ... 104
进出口食品安全宣传 ... 105

商品检验 ... 106
概况 ... 106
进口商品检验 ... 106
出口商品检验 ... 106
禁止固体废物入境 ... 107
进出口危险品及其包装检验监管 ... 107
商品检验业务改革 ... 108
进出口商品质量安全风险监测 ... 108
检验机构监督管理 ... 109
进出口商品质量提升 ... 109
支持劳动密集型产业发展 ... 109
医疗美容行业突出问题专项治理活动 ... 110

口岸监管 ... 111
概况 ... 111
运输工具监管 ... 111
货物监管查验 ... 111
邮件和行李物品监管 ... 112
跨境电商 ... 112
监管作业场所（场地）管理 ... 112
智能审图 ... 113
安全生产 ... 113
"口岸危险品综合治理"百日专项行动 ... 113
服务保障第七届中国—亚欧博览会 ... 114
边民互市贸易 ... 114
市场采购贸易 ... 114
口岸监管领域重点改革项目 ... 114
监管装备管理 ... 115

统计分析 ... 116
概况 ... 116
统计调查 ... 116
贸易统计 ... 116
业务统计 ... 117
统计数据运用和管理 ... 117
统计资料公布和服务 ... 117
统计分析 ... 117
政策研究 ... 118

企业管理和稽查 ... 121
概况 ... 121
企业管理 ... 121
境外推荐注册 ... 122
稽查工作 ... 123
核查工作 ... 123
属地查检 ... 123
涉检行政处罚 ... 123
保税监管 ... 123
特殊监管区域管理 ... 124
支持自由贸易试验区申建 ... 124

查缉走私 ... 125
概况 ... 125
打击非涉税走私 ... 125
打击涉税走私 ... 126
智慧缉私及刑事科学技术 ... 126
刑事法制建设 ... 126
行政处罚 ... 127
反走私综合治理 ... 127

外事管理和国际合作 ... 128
概况 ... 128
推进"三智"建设 ... 128
边境海关国际合作 ... 129

海关行政协查工作 ……………………… 129	财务管理 …………………………………… 147
外事人才培养 …………………………… 129	概况 ……………………………………… 147
科技发展 ………………………………… 130	预决算管理 ……………………………… 147
概况 ……………………………………… 130	机关财务管理 …………………………… 147
网络安全管理 …………………………… 130	税费财务管理 …………………………… 148
科技项目管理 …………………………… 131	涉案财物管理 …………………………… 148
信息化建设 ……………………………… 131	资产管理 ………………………………… 148
网络基础设施建设 ……………………… 131	民生保障 ………………………………… 148
实验室管理 ……………………………… 132	**督察内审** ………………………………… 149
科研管理 ………………………………… 132	概况 ……………………………………… 149
科普宣传 ………………………………… 132	督察监督 ………………………………… 149
科技人员跟班作业 ……………………… 133	内部审计 ………………………………… 149
	常态监督 ………………………………… 149
	审计整改 ………………………………… 150
第六篇　综合保障	审计成果转化 …………………………… 150
	内控建设 ………………………………… 150
政务管理 ………………………………… 137	内控示范科室建设 ……………………… 150
概况 ……………………………………… 137	执法评估 ………………………………… 151
应急值守 ………………………………… 137	**离退休干部工作** ………………………… 152
疫情防控与政务运行保障 ……………… 137	概况 ……………………………………… 152
综合文稿起草 …………………………… 138	离退休干部思想政治工作 ……………… 152
公文和会议管理 ………………………… 138	离退休干部服务保障 …………………… 153
信息工作 ………………………………… 138	离退休干部工作宣传 …………………… 153
新闻宣传 ………………………………… 139	
学习宣传贯彻党的二十大精神 ………… 139	
督查督办 ………………………………… 139	**第七篇　隶属海关**
建议提案办理 …………………………… 139	
机要保密 ………………………………… 140	**喀什海关** ………………………………… 157
档案管理 ………………………………… 141	概况 ……………………………………… 157
政务公开和网站音像管理 ……………… 141	学习宣传贯彻党的二十大精神 ………… 157
信访工作 ………………………………… 142	党的建设 ………………………………… 157
防范化解舆情失控风险 ………………… 142	维护国门生物安全 ……………………… 158
海关学会工作 …………………………… 142	海关监管 ………………………………… 158
关区首部海关年鉴编纂 ………………… 146	服务发展 ………………………………… 158

支持跨境电商发展 ………… 159
　　内控建设 ……………………… 159
　　财务管理 ……………………… 159
　　固定资产管理 ………………… 159
乌鲁木齐地窝堡机场海关 ………… 161
　　概况 …………………………… 161
　　学习宣传贯彻党的二十大精神 … 161
　　党的建设 ……………………… 161
　　维护国门安全 ………………… 162
　　服务发展 ……………………… 162
　　支持国际客运航班复航 ……… 162
　　队伍建设 ……………………… 163
乌鲁木齐邮局海关 ………………… 164
　　概况 …………………………… 164
　　学习宣传贯彻党的二十大精神 … 164
　　党的建设 ……………………… 164
　　维护国门安全 ………………… 164
　　疫情防控 ……………………… 165
　　海关监管 ……………………… 165
　　队伍建设 ……………………… 165
乌昌海关 …………………………… 167
　　概况 …………………………… 167
　　学习宣传贯彻党的二十大精神 … 167
　　党的建设 ……………………… 167
　　疫情防控 ……………………… 168
　　海关监管 ……………………… 168
　　支持乌鲁木齐国际陆港区发展 … 168
　　支持市场采购贸易发展 ……… 168
　　支持综合保税区发展 ………… 168
　　支持加工贸易发展 …………… 169
　　服务保障第七届中国—亚欧博览会 … 169
红其拉甫海关 ……………………… 170
　　概况 …………………………… 170

　　学习宣传贯彻党的二十大精神 … 170
　　党的建设 ……………………… 170
　　党建品牌创建 ………………… 171
　　海关监管 ……………………… 171
　　疫情防控 ……………………… 172
　　服务发展 ……………………… 172
　　助力乡村振兴 ………………… 172
卡拉苏海关 ………………………… 173
　　概况 …………………………… 173
　　学习宣传贯彻党的二十大精神 … 173
　　党的建设 ……………………… 174
　　疫情防控 ……………………… 174
　　监管服务 ……………………… 174
　　安全生产 ……………………… 174
　　队伍建设 ……………………… 175
伊尔克什坦海关 …………………… 176
　　概况 …………………………… 176
　　学习宣传贯彻党的二十大精神 … 176
　　党的建设 ……………………… 176
　　监管服务 ……………………… 177
　　疫情防控 ……………………… 177
　　支持"中吉乌"公铁联运发展 … 177
　　综合保障 ……………………… 178
吐尔尕特海关 ……………………… 179
　　概况 …………………………… 179
　　学习宣传贯彻党的二十大精神 … 179
　　党的建设 ……………………… 179
　　疫情防控 ……………………… 180
　　维护国门安全 ………………… 180
　　海关监管 ……………………… 180
　　服务发展 ……………………… 181
　　队伍建设 ……………………… 181
都拉塔海关 ………………………… 182

概况	182
学习宣传贯彻党的二十大精神	182
党的建设	182
疫情防控	183
维护国门生物安全	183
监管服务	183
打击不实贸易	184
队伍建设	184

霍尔果斯海关 185
概况	185
学习宣传贯彻党的二十大精神	185
党的建设	185
疫情防控	186
维护国门安全	186
服务发展	186
促进商品车出口	187
支持中欧班列发展	187
法治建设	187
队伍建设	188

霍尔果斯国际边境合作中心海关 189
概况	189
学习宣传贯彻党的二十大精神	189
党的建设	189
维护国门安全	190
打击"水客"走私	190
防范化解重大风险	191
服务发展	191
队伍建设	191

伊宁海关 192
概况	192
党的建设	192
疫情防控	192
服务发展	192
维护国门生物安全	193
政策研究	193
检测技术支撑	193

阿拉山口海关 195
概况	195
学习宣传贯彻党的二十大精神	195
党的建设	195
疫情防控	196
维护国门安全	196
服务发展	196
支持中欧班列发展	197
支持跨境电商发展	197
进口铜精矿监管模式创新	197
队伍建设	198

塔城海关 199
概况	199
学习宣传贯彻党的二十大精神	199
党的建设	199
海关监管	200
疫情防控	200
服务发展	200
后勤服务保障	201

吉木乃海关 202
概况	202
学习宣传贯彻党的二十大精神	202
党的建设	202
疫情防控	203
维护国门安全	203
服务发展	203
队伍建设	204

阿勒泰海关 205
| 概况 | 205 |
| 学习宣传贯彻党的二十大精神 | 205 |

维护国门安全 ········· 205
　　支持资源性产品进口 ········· 206
　　服务发展 ········· 206
　　法治建设 ········· 206

哈密海关 ········· 208
　　概况 ········· 208
　　学习宣传贯彻党的二十大精神 ········· 208
　　维护国门安全 ········· 208
　　出口危险化学品监管 ········· 209
　　服务发展 ········· 209
　　安全生产 ········· 209
　　队伍建设 ········· 210

石河子海关 ········· 211
　　概况 ········· 211
　　学习宣传贯彻党的二十大精神 ········· 211
　　党的建设 ········· 211
　　维护国门安全 ········· 211
　　服务发展 ········· 212
　　RCEP原产地签证管理 ········· 212
　　支持中欧班列发展 ········· 212
　　队伍建设 ········· 213

库尔勒海关 ········· 214
　　概况 ········· 214
　　学习宣传贯彻党的二十大精神 ········· 214
　　疫情防控 ········· 214
　　维护国门安全 ········· 214
　　服务发展 ········· 214
　　队伍建设 ········· 215

阿克苏海关 ········· 216
　　概况 ········· 216
　　党的建设 ········· 216
　　"海关重点项目和财物管理以权谋私"
　　　　专项整治 ········· 216

　　服务发展 ········· 216
　　乡村振兴和"访惠聚"工作 ········· 217

和田海关 ········· 219
　　概况 ········· 219
　　学习宣传贯彻党的二十大精神 ········· 219
　　党的建设 ········· 219
　　疫情防控 ········· 219
　　制度建设 ········· 220

第八篇　事业单位

乌鲁木齐海关后勤管理中心 ········· 223
　　概况 ········· 223
　　疫情防控 ········· 223
　　安全生产 ········· 223
　　后勤综合保障 ········· 223
　　文化建设 ········· 224

乌鲁木齐海关技术中心 ········· 225
　　概况 ········· 225
　　党的建设 ········· 225
　　提升检测质效 ········· 225
　　科研工作 ········· 226

新疆国际旅行卫生保健中心（乌鲁木齐海关
　　口岸门诊部） ········· 227
　　概况 ········· 227
　　党的建设 ········· 227
　　新冠病毒实验室检测 ········· 227
　　检测能力提升 ········· 228
　　体检及预防接种工作 ········· 228

中国电子口岸数据中心乌鲁木齐分中心 ··· 229
　　概况 ········· 229
　　网络和信息化安全 ········· 229
　　公共服务 ········· 230

热线服务 …… 230
"关银一KEY通" …… 230
重点项目建设 …… 230
海关总署乌鲁木齐教育培训基地 …… 231
　概况 …… 231
　疫情防控 …… 231
　经营管理 …… 231
　关心关爱保障 …… 232

2022年新疆外贸出口主要商品统计表 …… 241
2022年新疆外贸进口主要商品统计表 …… 243
2022年乌鲁木齐海关货运监管统计表 …… 244

第十篇　荣誉和奖励

2022年乌鲁木齐海关获评地厅级及以上荣誉情况 …… 247
全国"人民满意的公务员"李清华同志事迹材料 …… 250
乌鲁木齐海关荣获"光荣在党50年"纪念章名单 …… 253
2022年获得扎根艰苦地区边关工作荣誉章人员名录 …… 254
乌鲁木齐海关2022年奖励名录 …… 256
乌鲁木齐海关2022年授衔、晋衔人员名录 …… 267

第九篇　统计资料

2022年新疆外贸进出口总值统计表（按地州市） …… 235
2013—2022年新疆外贸进出口总值统计表 …… 236
2022年新疆外贸进出口总值统计表（按贸易方式） …… 237
2022年新疆外贸进出口总值统计表（按企业性质） …… 238
2022年新疆外贸进出口主要国别（地区）统计表（前30位） …… 239

"中国海关史料丛书"编委会

"中国海关史料丛书"编委会 …… 271

第一篇

特载

乌鲁木齐海关概况

一、基本情况

中华人民共和国乌鲁木齐海关（以下简称"乌鲁木齐海关"）是受中华人民共和国海关总署（以下简称"海关总署"）垂直领导的正厅级直属海关，负责新疆维吾尔自治区（以下简称"新疆"或"自治区"）范围内各项海关管理工作。

（一）历史沿革

乌鲁木齐海关始建于1944年，当时称"新疆关"。1950年3月9日，中华人民共和国海关总署发布通令，将"新疆关"更名为"中华人民共和国迪化关"。1954年2月13日，海关总署电令"迪化关"更名为"乌鲁木齐关"。1981年8月1日，正式称为"中华人民共和国乌鲁木齐海关"。1984年9月，经国务院批准为正局级海关。2018年3月，党中央作出深化党和国家机构改革的部署，明确国家质量监督检验检疫总局的出入境检验检疫管理职责和队伍划入海关总署。2018年4月，原新疆出入境检验检疫局完成机构转隶，正式划入乌鲁木齐海关。

（二）主要特点

乌鲁木齐海关管辖范围为新疆全境，是全国监管区域面积最大的直属海关，监管区域点多线长面广，机构布局高度分散。一是政治把关责任重。新疆是我国反恐维稳的前沿阵地和主战场，乌鲁木齐海关承担着严防武器弹药、核生化爆、反宣品通过口岸渗透入境以及反奸防谍等重任。二是战略区位辐射广。辖区总面积166.49万平方千米，占中国陆地面积的六分之一；辖区陆地边境线长5700多千米，占中国陆地边境线总长的四分之一；与周边8个国家接壤，超过中国接壤国家总数的二分之一。三是开放发展潜力大。党中央高度重视新疆工作，先后召开三次中央新疆工作座谈会、九次全国对口支援新疆工作会议，并赋予新疆作为丝绸之路经济带核心区的重要定位，新疆开放型经济发展有着广阔前景。四是艰苦奋斗作风硬。新疆口岸自然环境十分恶劣，南疆多个隶属海关位于高原地区，海拔4500米以上，空气含氧量仅有平原地区的50%；北疆部分隶属海关位于高寒山区，冬季漫长且最低温度达-45℃，阿拉山口口岸每年8级以上大风天气达165天。一代代乌鲁木齐海关人凝聚形成了"特别能吃苦、特别能忍耐、特别能战斗、特别能奉献"的红其拉甫海关"四特"精神。2005年，乌鲁木齐海关被国务院授予"艰苦奋斗模范海关"荣誉称号。

（三）口岸开放情况

截至2022年年底，新疆共有国家批准的对外开放口岸20个。其中，公路口岸15个、铁路口岸2个、航空口岸3个。公路口岸中，已开放的有13个。其中，与蒙古国的边境口岸4个，即老爷庙口岸（哈密市）、乌拉斯台口岸（昌吉回族自治州）、塔克什肯口岸（阿勒泰地区）、红山嘴口岸（阿勒泰地区）；与哈萨克斯坦的边境口岸5个，即吉木乃口岸（阿勒泰地区）、巴克图口岸（塔城地区）、阿拉山口口岸（博尔塔拉蒙古自治州）、霍尔果斯口岸（伊犁哈萨克自治州）、都拉塔口岸（伊犁哈萨克自治州）；与吉尔吉斯斯坦的边境口岸2个，即吐尔尕特口岸（克孜勒苏柯尔克孜自治州）、伊尔克什坦口岸（克孜勒苏柯尔克孜自治州）；与巴基斯坦的边境口岸1个，即红其拉甫口岸（喀什地区）；与塔吉克斯坦的边境口岸1个，即卡拉苏口岸（喀什地区）。尚未开放的公路口岸2个，均为与哈萨克斯坦的边境口岸，分别是阿黑土别克口岸（阿勒泰地区）和木扎尔特口岸（伊犁哈萨克自治州）。已开放的铁路口岸为阿拉山口铁路口岸（博尔塔拉蒙古自治州）、霍尔果斯铁路口岸（伊犁哈萨克自治州）。航空口岸为乌鲁木齐航空口岸、喀什航空口岸、伊宁航空口岸，其中伊宁航空口岸正在建设中尚未对外开放。

二、主要职能

根据海关总署批复，乌鲁木齐海关主要职能为：

（一）负责本关区贯彻落实党中央、国务院关于海关工作的方针政策和决策部署，在履行职责过程中坚持和加强党对海关工作的集中统一领导，履行全面从严治党责任。

（二）负责贯彻执行与海关管理相关的法律、法规、规章、规范性文件和相关技术规范，负责本关区征税、监管、缉私、出入境检验检疫、统计等工作。

（三）监控研判本关区各类执法风险、管理风险和廉政风险并组织防范和化解，负责本关区基层党组织建设、队伍建设和日常管理工作。

（四）完成海关总署交办的其他工作。

此外，乌鲁木齐海关缉私局的主要职能为：负责查办走私犯罪案件；管理和指导行政执法、刑事执法工作，办理行政执法案件，受理刑事赔偿、刑事申诉案件；负责缉私情报工作；受理反走私举报；负责反走私社会综合治理工作；贯彻落实海关缉私警察队伍管理、装备使用管理、警务督察、纪检监察等规章制度。

三、组织架构

截至2022年年底，乌鲁木齐海关有各类机构49个，其中，内设机构18个、隶属海关单位22个、事业单位9个。

（一）内设机构（18个）

正处级内设机构15个：办公室（党委办公室）、法规和综合业务处、关税处、卫生检疫处、动植物检疫处、进出口食品安全处、商品检验处、口岸监管处、统计分析处、企业管理和稽查处、财务处、科技处、督察内审处、人事处（党委组织部）、教育处。

正处级机构3个：机关党委（思想政治工作办公室、党委宣传部、党委巡察工作办公室）、监察室（党委纪检组）、离退休干部办公室。

监察室（党委纪检组）下设9个派驻纪检组：乌鲁木齐海关党委第一派驻纪检组负责乌鲁木齐地窝堡机场海关、乌鲁木齐海关技术中心、新疆国际旅行卫生保健中心（乌鲁木齐海关口岸门诊部）、中国电子口岸数据中心乌鲁木齐分中心、海关总署乌鲁木齐教育培训基地具体工作，常驻乌鲁木齐地窝堡机场海关；乌鲁木齐海关党委第二派驻纪检组负责乌昌海关、乌鲁木齐邮局海关、石河子海关、乌鲁木齐海关风险防控分局具体工作，常驻乌昌海关；乌鲁木齐海关党委第三派驻纪检组负责喀什海关、红其拉甫海关、卡拉苏海关、伊尔克什坦海关、吐尔尕特海关具体工作，常驻喀什海关；乌鲁木齐海关党委第四派驻纪检组负责都拉塔海关、霍尔果斯海关、霍尔果斯国际边境合作中心海关、伊宁海关具体工作，常驻霍尔果斯海关；乌鲁木齐海关党委第五派驻纪检组负责阿拉山口海关具体工作，常驻阿拉山口海关；乌鲁木齐海关党委第六派驻纪检组负责塔城海关具体工作，常驻塔城海关；乌鲁木齐海关党委第七派驻纪检组负责吉木乃海关、阿勒泰海关具体工作，常驻阿勒泰海关；乌鲁木齐海关党委第八派驻纪检组负责哈密海关具体工作，常驻哈密海关；乌鲁木齐海关党委第九派驻纪检组负责库尔勒海关、阿克苏海关、和田海关具体工作，常驻库尔勒海关。

（二）隶属海关单位（22个）

副厅级隶属海关单位1个：喀什海关，内设办公室（党委办公室）、综合业务处、查检处、稽查处、物流监控处、人事政工处（党委组织宣传部）6个正处级机构；下设正处级机构喀什海关驻机场办事处。

正处级隶属海关单位21个：乌鲁木齐地窝堡机场海关、乌鲁木齐邮局海关、乌昌海关、红其拉甫海关、卡拉苏海关、伊尔克什坦海关、吐尔尕特海关、都拉塔海关、霍尔果斯海关、霍尔果斯国际边境合作中心海关、伊宁海关、阿拉山口海关、塔城海关、吉木乃海关、阿勒泰海关（下设副处级机构阿勒泰海关驻塔克什肯办事处）、哈密海关、石河子海关、库尔勒海关、阿克苏海关、和田海关、乌鲁木齐海关风险防控分局。

（三）事业单位（9个）

乌鲁木齐海关后勤管理中心、乌鲁木齐海关技术中心、新疆国际旅行卫生保健中心（乌鲁木齐海关口岸门诊部）、中国电子口岸数据中心乌鲁木齐分中心（海关总署委托乌鲁木齐海关管理的海关总署所属事业单位）、海关总署乌鲁木齐教育培训基地、中国质量认证中心乌鲁木齐海关评审中心、喀什海关技术中心、伊宁海关技术中心、阿拉山口海关技术中心。

其中，中国质量认证中心乌鲁木齐海关评审中心为乌鲁木齐海关所属生产经营类事业单位，海关总署正在推动转企改制工作；喀什海关技术中心、伊宁海关技术中心、阿拉山口海关技术中心分别为喀什海关、伊宁海关、阿拉山口海关所属事业单位。

此外，乌鲁木齐海关缉私局内设10个处室，即办公室、政治处、纪检监察处、警务督察处、侦查处、查私处、刑事技术处、法制一处、法制二处、情报技术处；下设6个缉私分局，即喀什海关缉私分局、霍尔果斯海关缉私分局、阿拉山口海关缉私分局、塔城海关缉私分局、阿勒泰海关缉私分局、乌鲁木齐地窝堡机场海关缉私分局；在哈密海关、石河子海关、都拉塔海关、吉木乃海关、霍尔果斯国际边境合作中心海关、阿勒泰海关驻塔克什肯办事处、红其拉甫海关、伊尔克什坦海关、吐尔尕特海关、卡拉苏海关设10个口岸缉私科。

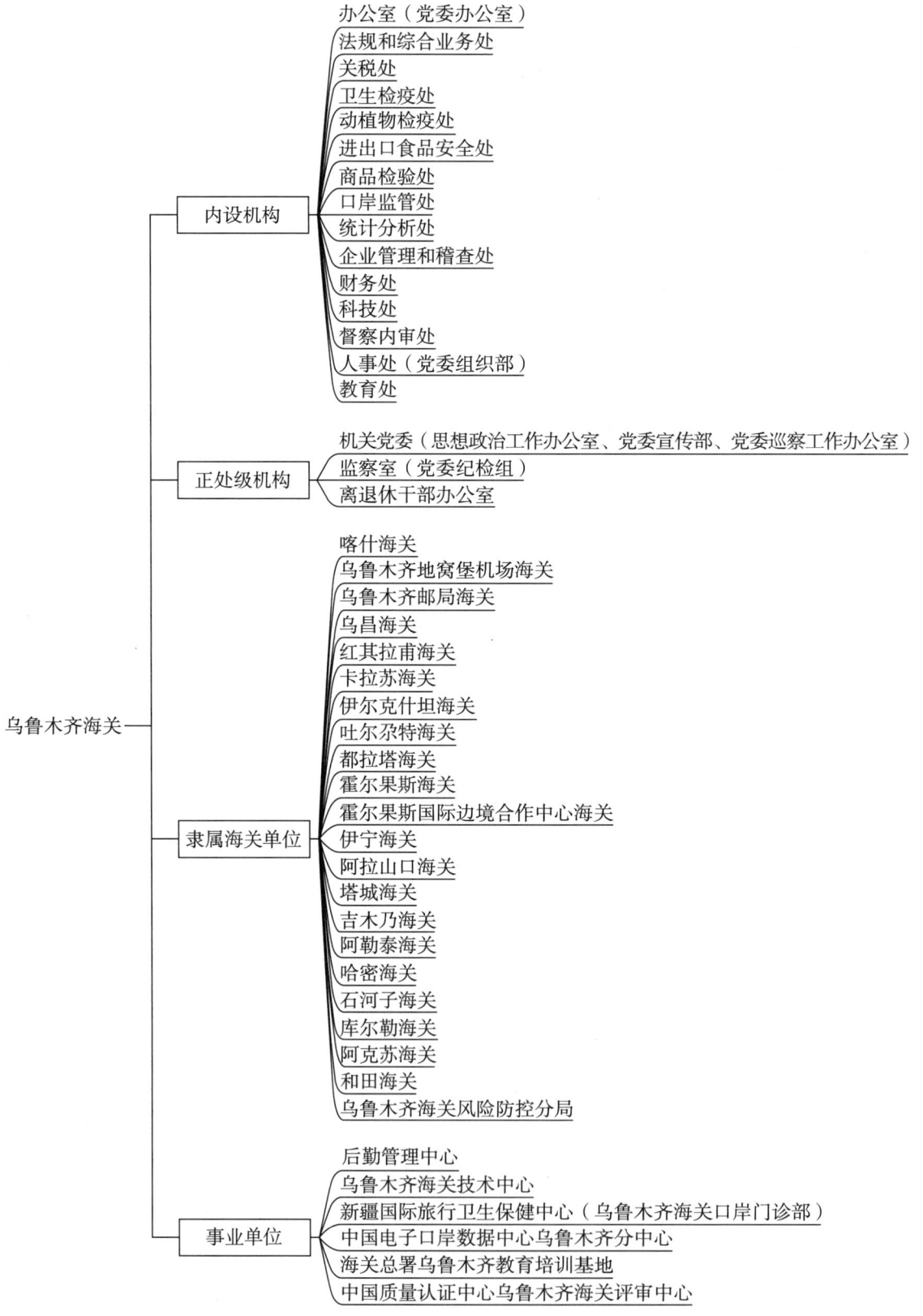

在 2022 年乌鲁木齐海关工作会议上的讲话

乌鲁木齐海关关长、党委书记　沈扬

（2022 年 1 月 29 日）

这次会议的主要任务是：以习近平新时代中国特色社会主义思想为指导，深入贯彻党的十九大和十九届历次全会精神，按照全国海关工作会议、全面从严治党工作会议以及自治区"两会"安排部署，总结工作，分析形势，明确要求，研究安排 2022 年工作，坚定不移强化政治担当，以优异的成绩迎接党的二十大胜利召开。

一、2021 年关区工作回顾

2021 年是中国共产党百年华诞，也是"十四五"规划的开局起步之年。全关上下凝心聚力、团结奋斗，坚定贯彻新时代党的治疆方略，扎实推进"五关"建设，深化落实"抓安全、保稳定、促发展、重统筹、求提升"的工作思路和要求，各项工作保持了良好的发展势头。

——这一年，是我们"砥砺初心强政治"的奋进之年。扎实开展党史学习教育，深入学习贯彻党的十九届六中全会精神，深刻领悟"两个确立"的决定性意义，不断增强"四个意识"、坚定"四个自信"、做到"两个维护"。坚持将"第一议题"制度作为讲政治、抓落实的有力举措，深入贯彻第三次中央新疆工作座谈会、中央民族工作会议、第三次"一带一路"建设座谈会等会议精神，始终从政治上看业务、在业务上体现政治机关属性，以务实行动推动政治建关向纵深发展。

——这一年，是我们"忠诚履职抓安全"的担当之年。始终把维护国门安全作为海关工作的生命线和首要职责，持续强化正面监管和检验检疫，在管制刀具、仿真枪、有害宣传品、管制类兴奋剂药品、非法转基因货物等方面均有查获。查办侵犯知识产权案件 147 起、案值 333.9 万元，同比分别增长 1.4 倍、1.9 倍。口岸一线同志连续奋战在"外防输入"最前沿，有力应对多重严峻考验。缉私干警千里奔袭、捷报频传，连续破获"洋垃圾"走私、羚羊角走私、"水客"走私、玉石走私等系列大要案，创近年来最好打私业绩。

——这一年，是我们"严管厚爱保稳定"的聚力之年。坚持严管与厚爱并重、激励与约束并举。树牢全面从严的主基调，依法依规严肃查处违纪行为。修订、制定《加强对"一把手"和领导班子监督的实施细则》《党纪政纪处分工作实施细则》等各类制度16项。完成对23个单位部门的政治巡察。审计督察覆盖面、监督力度和整改实效进一步提升。同时，统筹施策、倾心倾力加强关爱保障。针对优秀年轻干部培养、换防式交流、职级晋升等工作开展了大调研，重实干重实绩导向更加鲜明。有力解决干部职工子女在乌入学入托、边关同志来乌就医等系列"急难愁盼"问题，干部队伍的预期更稳、干劲更足、获得感更强。在中央和国家机关培训疗养机构改革工作中，海关总署乌鲁木齐教育培训基地的经验做法受到海关总署肯定并复制推广。

——这一年，是我们"主动作为促发展"的开局之年。将关区自身建设主动融入核心区高质量发展大局，顺利完成《落实"十四五"海关发展规划实施意见》以及人才、科技、法治等规划编制工作，"1+N"规划体系逐步健全完善。全国首票"铁路快通""关铁通"率先在疆落地，助力中欧班列逆风跑出加速度，监管班列数稳居全国首位。成功申建全国海关"三智"示范项目。新疆综合保税区再添新成员、再拓新业务，集聚辐射效应进一步增强。关区累计监管进出口货运量6221.2万吨，同比增长3.3%。

——这一年，是我们"综合施策重统筹"的提效之年。坚持系统观念，统筹国内国际两个市场，新疆外贸进出口总值达到1569.1亿元，同比增长5.8%。全力帮助企业纾困解难，新疆纺织服装、鞋靴等劳动密集型产品出口同比分别增长59%、40.4%。统筹疫情防控和经济社会发展，有力推动口岸疏港通关，2021年12月，进口、出口整体通关时间分别压缩至5.51小时、0.08小时，分别较2017年12月压缩93.91%、96.97%，顺利实现"双90%"的目标。统筹发展和安全，组织开展5轮安全生产大排查，稳定发展的基础更加坚实。统筹监督检查贯通融合，对6个隶属海关施行"巡审联动"，为增强监督合力、提高监督效能探求了新路径。

——这一年，是我们"质效并举求提升"的收获之年。牢固树立"边关也有大作为"的理念，关区"比学赶超"的氛围愈加浓厚，多个领域交出令人振奋的成绩单。取得各类业务资质人员突破2000人次，31个集体、24名个人获得省部级以上荣誉，3项科技成果获省部级奖励，商检领域线上练兵挺进全国八强，关区在中国海关学会的获奖论文数量历史性跃居全国首位，3篇分析报告获得上级领导批示。

一年来，我们马上就办、真抓实干，关区工作呈现出12个方面的特点和成效。

（一）政治建设"旗帜鲜明、坚定坚决"

坚持以政治建设为统领，突出强化海关作为政治机关的第一属性。理论武装更加深入。深入学习贯彻习近平新时代中国特色社会主义思想，围绕习近平总书记"七一"重要讲话和党的十九届六中全会精神等重点内容，开展15次中心组学习，组织专家讲座和处级以上领导干部专题学习班，理论自信进一步增强。"第一议题"落地砸实。将学习贯彻习近平总书记重要指示批示精神作为各类会议的首要议题和固定动作，建台账、明责任、强督办，讲政治、抓落实的政治底色更加鲜明。党委班子持续建强。修订、制定《党委工作规则》《"三重一大"决策制度实施办法》等6项规章制度，党委把方向、管大局、保落实的能力进一步提升。巡视整改见底清零。长期未能解决的要事难事得以整改完成，巡视反馈的问题整改完成率

100%。巡察监督纵深推进。针对巡察发现问题严肃反馈、严肃约谈、严肃整改、严肃画像，巡察发现的问题整改完成率98%。

（二）党史学习教育"深学细悟、务实笃行"

始终坚持以饱满的政治热情和强烈的政治责任感深入推进党史学习教育，做到学史明理、学史增信、学史崇德、学史力行，学党史、悟思想、办实事、开新局。以"3533"强化推进。抓好领导干部带头学、党员干部全面学、宣讲党课重点学"三项学习"，开展好"我为群众办实事"、知识竞赛、创先争优评选、系列主题党日、廉政警示教育"五项活动"，用好影视资源、红色资源、内外宣传"三个载体"，深入落实年度重点工作、乡村振兴、组织生活会"三项任务"，上下联动，强化督导，党史学习教育不断走深走实。以"宣讲演展"营造氛围。组织开展政治理论读书班和宣讲交流会，举办"书记讲堂"，建成以"党旗映天山"为主题的党员之家，举办"红色故事会"暨合唱比赛、"身边的榜样"故事演绎及"警旗下的我们"汇报展示活动，做到政治性、思想性、艺术性相结合。以解难纾困践行初心。建立"我为群众办实事"两级实践台账、四类项目清单，有效解决了一批企业群众关切的急事难事，3个民生项目入围海关总署"百佳项目"。

（三）疫情防控"众志成城、坚实如磐"

始终将疫情防控作为重要政治任务，牢记坚持就是胜利，坚持"内外同防、人物同防、多病同防"，坚决筑牢疫情防控屏障。严格防控措施确保规范到位。严格执行国务院联防联控机制和海关总署疫情防控的措施、规范，落实"五分五联"机制，确立"六抓"（抓责任规范要细、抓关键环节要实、抓结合部衔接要紧、抓过程留痕可溯要清、抓协调沟通要畅、抓执行落实要严）"十到位"（思想认识统一到位、流程机制梳理到位、关键节点管控到位、操作细节规范到位、结合部衔接到位、风险隐患整改到位、过程环节追溯到位、联防联控贯通到位、责任压力传导到位、人力物力保障到位）工作要求，强化源头管控和防疫处置。严格实施"3+2"安全防护制度，从严顶格抓好个人安全防护。全力保障干部职工核酸检测"应检尽检"，推动新冠疫苗"应接尽接"。严格监督检查确保落实到位。通过"四不两直""挑毛病"专家组、口岸督导组等加强调度检查，常态化开展风险研判、应急演练。乌鲁木齐海关疫情防控工作受到国务院联防联控专项工作组和自治区督导组的肯定。

（四）正面监管"精准发力、形成合力"

牢牢扭住强化监管这个硬责任，不断提高系统监管效能。突出强化安全准入。持续实施"3个100%"机检查验，深化集中审像、智能审图应用，深入推进专项风险防控，人工分析布控查获率持续提高。突出强化检验检疫。不断严密国门生物安全防控，截获进境有害生物133种、1.3万种次。坚决落实食品安全"四个最严"要求，检出不合格进口食品21批。持续加强商品检验监管，检出不合格进口工业品21批。严格落实进境矿产品100%固体废物排查要求，建立快速筛查机制，查获固体废物5批次。突出强化后续监管。转变工作理念和方法，以查发问题为导向推进稽查改革，稽查查发率、稽查追补税金额均大幅提高。核查作业按时办结率和执法人员随机选取率均为100%。突出强化综合治税。有序推进税收征管改革，不断提升综合治税效能，实征税款132.86亿元，同比增长4.7%。积极开展税则调研工作，9条税则调整建议被海关总署和税管局采纳。完善税收征管全领域风险防控机制。

（五）打击走私"连破大案、勇立新功"

紧紧聚焦习近平总书记重要指示批示精神，始终保持打击走私高压态势。重点领域打私战果丰硕。深入开展"国门利剑""蓝天""护卫"等专项行动，全年查办刑事案件案值18.53亿元、同比增长1.59倍。反走私综合治理成效更加突出。树牢"关警一家人"意识，促成自治区出台打私工作联系配合办法，实现打私办实体化运作，"党委领导、政府负责、各方协同"的反走私综合治理格局不断深化。

（六）服务发展"多措并举、再开新局"

我们以贯彻第三次中央新疆工作座谈会精神为主线，深入落实"六稳""六保"工作任务，积极服务新疆开放型经济高质量发展。优化通关保障西向国际物流大通道高效畅通。聚焦保供稳链，动态完善甩挂、吊装等运输方式，高质量推动中欧班列发展，监管中欧班列12210列，同比增长21.5%。拓展平台丰富新疆外贸发展布局。制定综合保税区"一区一策"指导意见，霍尔果斯综合保税区通过正式验收，喀什综合保税区获批建设全疆首个综合性指定监管场地，乌鲁木齐综合保税区建成全疆首家保税展示交易中心，阿拉山口综合保税区创新实施"区港联动"。全疆综合保税区贸易额159.39亿元，同比增长19.1%。其中，喀什综合保税区贸易额同比增长436.8%。创新举措促进开放产业多元发展。研究制定支持新疆"三农"工作的25条举措、促进劳动密集型产业开放发展的10条举措、促进陆港区高质量发展的36条举措等，新疆首家水产品生产企业获得欧盟官方注册，推动乌兹别克斯坦沙枣干、李子干获得输华准入。全力支持特色农副产品"走出去"，地产核桃等出口规模不断扩大。倾心用力绘就乡村振兴新景象。牢固树立"一队驻村，全关帮扶"的工作导向，全体驻村干部无私奉献、拼搏奋斗，推广实施20个乡村振兴帮扶项目，创响高原牦牛、雪菊、青稞、黑杞等特色农副产品品牌，不断促进农牧民增收和乡村治理水平提升。8个集体、16名个人获得省部级以上"访惠聚""民族团结一家亲"等荣誉表彰。

（七）改革创新"先行先试、提质增效"

持续加大"五项创新"等各项改革任务落实力度，不断提升企业对海关改革的获得感。营商环境更加优化。完成1272家企业新注册，实现外综服企业AEO认证"零的突破"，新疆高级认证企业达31家。深入落实减税享惠政策，为企业减免税672.11万元，帮助出口企业境外享惠近1.13亿元，集团财务公司担保改革顺利落地实施。把好统计基础数据质量关，按时发布、权威解读进出口数据。积极争取进口食品检疫审批权限下放，新增921项终审权限，审批时间压缩达70%以上。"关银—KEY通"覆盖全疆，项目推广的进度与数量均在全国名列前茅。"三智"建设纵深推进。保障自治区举办9场中哈、中吉、中塔口岸疫情防控视频会议，开展边境海关会谈会晤32次。联合乌兹别克斯坦和吉尔吉斯斯坦共享境外有害生物监测成果，组织开展面向中亚国家的业务交流培训，进一步密切规则标准层面的互认合作。不断完善"精准防控智慧监管"指挥系统，有力提升远程联动和监控预警能力。组织开展中哈食品安全技术法规与标准信息平台可行性调研，获得自治区立项。融合合作中心联网监管、中亚生物安全通道和农副产品快速通关等业务,"中哈贸易安全与便利智能监管合作项目"成功获批。

(八)队伍建设"导向鲜明、提振士气"

健全育选管用全链条机制,推动边关干部队伍良性循环和可持续发展。管理体系持续完善。修订职级管理、干部调动等11项制度,推进专业技术类公务员分类管理改革,优化事业单位管理机制,不断健全人事工作"四梁八柱"。选任晋升扎实开展。在深度调研的基础上形成6类"干部清单",制定工作表现、边关年限、驻村经历等变量要素,优化调整关区职级晋升工作口径。干部交流更加优化。进一步明确换防式交流"7项原则",更加突出干部培养和兼顾解决困难的导向,统筹开展换防式交流、干部遴选。群团工作有力加强。组建关区工会组织架构,成立47个基层工会及工会小组,工会桥梁纽带和服务基层作用有力提升。团工委筹建工作顺利完成。教育培训深入推进。举办线上、线下各类培训58期,参训8783人次,兼职教师储备同比增长21.7%,建成集装箱查验和旅检查验2个业务实操基地。

(九)基层党建"守正创新、亮点纷呈"

坚持"做实党建出战斗力、做强党建出竞争力、做细党建出凝聚力"的理念,不断推动党建工作高质量发展。"强基提质工程"创新领航。制定、修订8项党建工作制度,组织标准化"三会一课"和"一支部一品牌"现场展演,在9个基层党组织开展"书记项目"试点,评出"四强"(A类)党支部50个。6个党建品牌被评为全国海关党建示范及培育品牌,4个集体、5名个人分别获得自治区"两优一先"荣誉表彰。文化润关工程成效凸显。大力弘扬"四特"精神,"两红"党性教育基地网上VR展厅在海关总署网站上线,水布浪沟全国海关党性课堂成功申建自治区级爱国主义教育基地。职工书屋、知识竞赛、演讲比赛等在系统内外创出良好影响,2部红色文艺作品获自治区一等奖。

(十)"双基"工作"强基固本、提效赋能"

我们坚持大抓基层、狠抓基础的工作导向,关区"双基"工作水平得到进一步提升。科技支撑坚实有力。制定、修订《实验室管理实施细则》等7项科技管理制度。上线运行监管设备信息化管理平台,关区全部监管设备实现信息化管理。在全国率先完成新铁路运输工具、铁路舱单数据落地。扎实推进20项科研项目,13个科技创新项目在海关总署和自治区获批立项。积极推进综合实验室分场所整合和检测能力扩项,实验室技术支撑保障能力有力提升。法治建设扎实推进。深化"立改废释",全面梳理审定制度性文件,创新建立制度合法性前置审查机制。加强法治宣传教育,"八五"普法顺利开局,1个集体、1名个人获得"七五"普法全国先进荣誉。政务运行提质增效。修订"一总八分"应急预案,统筹政务公开、督查督办、人大建议和政协提案办理等工作,进一步优化职能和运行机制。保密密码工作通过自治区分级保护测评,获评全国海关保密工作先进集体。227篇新闻稿件在中央电视台《新闻联播》等中央级媒体刊发,乌鲁木齐海关连续3年获评自治区信息宣传先进单位。"乌鲁木齐海关发布""疆海飞扬"等新媒体宣传效应不断增强,政工新媒体稿件在海关总署"金钥匙"平台刊发量位居全国前列。

(十一)综合保障"用心用情、聚力暖心"

深入落实海关总署党委支持艰苦地区边关

的22条保障措施，不断在提升综合保障能力上想办法、谋举措。民生基础展现新面貌。坚持各方面保障向一线倾斜、向民生聚焦，"五小"民生工程实现隶属海关全覆盖，9个边关基建项目顺利竣工，为一线配备净化水设备、制氧机、光伏发电装置等各类民生设备，边关工作生活条件进一步改善。各事业单位开拓经营渠道，后勤服务更加贴心，技术支撑更加有效，为关区中心工作提供了坚实保障。如期完成企业脱钩任务，各项工作衔接平稳有序。民生保障实现新提升。机关食堂启用智慧餐厅系统，引领了节约用餐、品质服务的新风尚。用心用情做好离退休工作，以"信息化、精准化、规范化"建设为抓手，及时解决"急难愁盼"问题，离退休干部的"两项待遇"得到有力保障。合作共建打开新局面。围绕业务交流、党建共建、改革发展、民生保障等方面，与广州海关、克拉玛依市、清华同方等签订合作协议，有力营造了良好的内外部发展环境。

（十二）管党治党"立规明矩、警钟长鸣"

压紧压实"两个责任"，将全面从严治党向纵深推进。从严抓好制度约束。进一步健全"四责协同"机制，修订、制定关区《问责工作实施细则》等工作制度。持续推进准军建设，常态化实施党风廉政教育"五个一"。深化运用监督执纪"四种形态"。推进"制度+科技"监督，创新打造巡察信息化应用平台、督察审计问题管理模块，监督工作信息化、规范化水平有力提升。从严抓好意识形态工作。严格落实意识形态工作责任制，牢牢守住意识形态主阵地，全面开展干部政治审核。从严抓好监督执纪。深入推进"现场监管与外勤执法权力寻租"专项整治，执法风险隐患有效排查治理。各派驻纪检组聚焦政治监督，"点""面"结合不断提升监督成效。

这一年，我们立足新发展阶段、贯彻新发展理念、推动构建新发展格局，各项工作积极向好，关区"十四五"发展开局起步良好，展现新气象。海关总署及自治区党政领导对乌鲁木齐海关工作予以充分肯定。这些成绩的取得，得益于海关总署党委的坚强领导，离不开自治区党委政府和社会各界的支持帮助，更凝聚着关区全体干部职工的辛勤付出。在此，向一直以来关心支持乌鲁木齐海关工作的社会各界人士，向关区全体干部职工、离退休干部和家属，表示衷心的感谢并致以崇高的敬意！

2022年，我们将迎来党的二十大，这是党和国家政治生活中的一件大事，对关区发展来讲，也正处于各项事业再启新程的关键时期。结合各方面形势和关区实际，乌鲁木齐海关党委研究认为，2022年关区工作的总体要求是：以习近平新时代中国特色社会主义思想为指导，深入学习贯彻党的十九大和十九届历次全会精神，弘扬伟大建党精神，全面加强党的领导，坚定捍卫"两个确立"，坚决做到"两个维护"，坚持稳中求进工作总基调，落实"六稳""六保"部署，立足新发展阶段，完整准确全面贯彻新发展理念，加快构建新发展格局，深入践行新时代党的治疆方略，按照全国海关工作会议、全面从严治党工作会议部署，持续推进政治建关、改革强关、依法把关、科技兴关、从严治关，深化落实"强政治、抓安全、保稳定、促发展、重统筹、求提升"的"1+5"工作要求，实现政治建设再加强、思想认识再解放、监管服务再提质、基层基础再夯实、能力水平再提升，为推动丝绸之路经济带核心区高水平开放、高质量发展作出更多海关贡献，以优异的成绩迎接党的二十大胜利召开。

二、强化执行、狠抓落实，全力做好2022年重点工作

（一）坚持讲政治、见行动，在政治机关建设上再强化再加力

持续深入学习贯彻习近平新时代中国特色社会主义思想，深刻领悟"两个确立"的决定性意义，坚决做到"两个维护"。

1. 在更高站位上狠抓政治机关意识提升。扎实开展捍卫"两个确立"、做到"两个维护"、强化政治机关建设专项教育活动，坚持从政治上看事情、想问题、思履职、严要求，把学习、查摆、整改工作贯穿始终，坚决将旗帜鲜明讲政治落实到每项工作中、每个岗位上，不断提高政治判断力、政治领悟力、政治执行力。丰富拓展党委理论学习中心组学习的形式和内容，增强集中学习研讨和"调研式"学习效果。推进党史学习教育常态化长效化，抓好十九届六中全会精神处级以上领导干部全员轮训和党员干部系统培训，做好迎接党的二十大宣传引导和二十大精神宣传贯彻。

2. 在更高标准上狠抓政治能力提升。进一步健全固化"第一议题"制度，将学习贯彻习近平总书记重要讲话和重要指示批示精神作为各级各类会议的首要内容和固定动作。将贯彻"第一议题"制度情况列入巡察、审计重点内容，确保工作落实一贯到底。优化完善党委碰头会、形势分析及工作督查例会运行机制，更加突出重落实的导向和要求。扎实推进乡村振兴工作，配齐配强驻村人员，推动更多务实、精准、惠民的帮扶项目落地见效。

3. 在更高要求上狠抓政治纪律、政治规矩。实施"一把手"政治能力提升计划，强化隶属海关及事业单位党委依法依规议事决策的能力，不断提升基础工作的制度化、规范化、标准化水平。加强对"三重一大"事项的集体研究决策，切实抓好重要任务、敏感业务的请示汇报和分析研判。深入开展"三反"教育，巩固完善与法治教育、警示教育、反恐教育及文化润疆相结合的意识形态工作机制，压紧压实各级意识形态工作主体责任，年内开展2次意识形态综合分析研判。综合利用跨部门数据信息、个人自主申报、政策感召等，强化干部政治情况的核查和鉴别。达成五年巡察全覆盖的要求，同步启动下一个巡察五年规划的制定实施。

（二）坚持强监管、固底线，在严把国门安全上再强化再加力

深入践行总体国家安全观，采取更加严密高效的措施，坚决扛起维护国门安全的政治责任。

1. 突出强化疫情防控。坚决贯彻国务院联防联控机制决策部署，严格按照海关总署、自治区工作安排，结合"六抓""十到位"要求，不断完善防控策略。严格实施口岸环节卫生检疫、风险监测、预防性消毒监督及相关管控措施，稳妥做好全链条处置。从严就高做好安全防护，加强免疫接种，落实好封闭管理要求。加强疫情防控演练及培训，及时补齐短板、强化弱项。加大"四不两直""挑毛病"专家组等督导检查力度，压紧压实各方责任，确保规定动作100%做到位。深化口岸公共卫生核心能力建设，推动建立自治区联席会议机制，同步做好其他重大传染病口岸防控工作。

2. 突出强化正面监管。优化风险指令布控

规则，推进现场即决式布控，深入开展口岸安全风险联合防控，扎实做好乌鲁木齐海关风险情报工作站筹建工作，探索建立重点企业和重点行业"风险联络员"制度。强化口岸环节监管查缉，提升精准查发能力。深化监管装备智能化应用，实现三级监控指挥中心全覆盖。推进顺势监管、顺势检疫、顺势防疫，在确保安全严密的前提下，保障高效顺畅。总结巩固安全生产专项整治三年行动成效，毫不松懈抓好安全生产。安全高效做好北京冬奥会、冬残奥会、进博会和杭州亚运会等重大赛事活动监管服务保障。强化国门生物安全的系统治理和全链条防控，深入开展"国门绿盾2022"行动，严防动植物疫情疫病传入及外来物种入侵。落实"四个最严"要求，持续推进进口食品"国门守护"行动。深化商品检验模式改革，推进检验结果采信，探索扩大矿产品"先放后检""依企业申请"实施范围，加强重点敏感商品质量安全监管，严把进出口商品质量安全底线。深化稽查改革，加大涉检、涉税领域稽查力度。推进核查分类改革，开展重点领域核查行动。强化属地查检，规范执法作业。统筹推进"多查合一"。加强知识产权海关保护工作，严厉打击侵权假冒违法行为。深化综合治税，完善税收风险防控体系，稳步推广汇总征税、关税保证保险等便利措施，认真落实减税政策。加强原产地管理，扎实做好《区域全面经济伙伴关系协定》（RCEP）实施工作。

3. 突出强化严打走私。牢固树立"关警一家人"、打私"一盘棋"的意识，优化完善风险研判、线索移交、专业支撑等协作机制，不断深化全员打私。开展"国门利剑2022"联合行动，聚焦重点区域重点领域，始终保持打击象牙等濒危物种及其制品、"洋垃圾"、"水客"、农产品、冻品及成品油等走私的高压态势，严厉打击武器弹药、毒品、反宣品走私及涉检违法犯罪行为。强化执法规范化建设，加快推进"智慧缉私"。持续深化反走私综合治理，不断提升打私合力。

（三）坚持优服务、提效能，在推动开放发展上再强化再加力

紧扣"一港、两区、五大中心、口岸经济带"部署，全力以赴为新疆经济社会发展贡献更多海关力量。

1. 紧盯"三智"建设力促拓围提质。围绕外交外贸大局，深化对"三智"理念内涵的研究，积极筹划开展边境海关外事活动。大力推进海关总署批准立项的"中哈贸易安全与便利智能监管合作项目"，紧盯时间节点加快更多成果转化。探索实施中欧班列货物可视化实时在途监管，总结提炼中哈"关铁通"项目试点经验，保障中欧班列高效畅通运行。加强动植物检疫技术支持和多元共治，抓好智慧动植检信息化系统等信息平台的推广运行。稳妥推进优质农食产品输华准入评估。助力新疆"农牧渔"产业开放发展，年内完成3~5家企业的对外推荐注册工作。

2. 紧盯平台载体力促开发开放。紧扣自治区重点区域发展规划，推动乌鲁木齐国际陆港区、塔城重点开发开放试验区、喀什及霍尔果斯经济开发区、中哈霍尔果斯国际边境合作中心高质量开放发展。加强政策宣讲，助力招商引资，落实绩效评估机制，全力推动综合保税区高水平开放高质量发展。支持做好伊宁机场对外开放国家验收工作。

3. 紧盯优势产业力促转型升级。紧紧围绕

新疆开放型经济发展战略部署，统筹传统产业提升和新兴产业培育，助力打造向西出口生产基地。支持加大能源、矿产、粮食等战略资源保税储备，维护产业链供应链安全稳定。促进优势地产农副产品"走出去"、周边国家资源性农产品"引进来"，助力先进技术装备、优质种质资源等进口。推动建立具有新疆产业特色的技术性贸易措施研究评议基地，提升规则研究和运用水平。积极推动边民互市贸易发展。深化跨境电商多种业务模式协同发展，支持跨境电商班列、货运包机等常态化运行。

4. 紧盯优商育商力促红利释放。围绕"拓围、提质、增效"目标，推进全业务领域一体化改革。强化业务结合部协调配合，加快推进属地查检与口岸监管、稽核查工作执法联动。加强国际贸易"单一窗口"标准版的推广应用，积极参与"单一窗口"地方特色应用建设。深化"放管服"改革，推进"双随机、一公开"监管。持续巩固压缩整体通关时间成效，落实精简进出口监管证件要求。加大重点企业信用培育力度，年内实现高级认证企业数量增长10%。深入推进属地纳税人管理等改革举措，不断提升企业对海关改革的获得感。

5. 紧盯研究分析力促创新发展。落实"快、广、深"要求，继续坚持"政研先行"，进一步强化政策研究及统计分析工作，打造业务研究、贸易研究、宏观研究"三位一体"的融合分析研究格局。全面推进"公铁联运"常态化运行，并力争取得更多可复制可推广的首创经验。深入研究借鉴粤港澳大湾区、海南自由贸易港等东部沿海省份创新经验做法，积极推进已梳理的13项先进经验在疆复制，举一反三，建立对各类利疆惠疆政策的梳理、研究、运用及评估

的常态机制，不断将政策红利转化为发展红利。

（四）坚持严管理、厚关爱，在队伍建设上再强化再加力

突出"严管与厚爱并重、激励与约束并举"，统筹运用"建平台、搭擂台、设奖台"的方式方法，全力提升履职能力，全面提振精神动力，切实为各项工作高质量发展提供坚实保障。

1. 建好干事创业的平台。制定关区落实海关总署队伍建设发展规划的细化措施，进一步完善育选管用机制。统筹开展选拔任用、职级晋升、换防交流、干部遴选等，多维度优化干部队伍结构。科学配强领导班子和领导干部。落实好海关总署蹲点帮扶、对口援助工作制度。加强执法一线科长队伍建设，分批选派执法一线科长赴东部沿海地区参加挂职锻炼。加大年轻干部培养力度，注重用好各年龄段干部。深入开展机构改革"回头看"，进一步用好用足现有机构编制，优化科级机构设置和职能划分。

2. 搭好"比学赶超"的擂台。制定关区落实海关总署教育培训发展规划的细化措施，全面提升干部综合履职能力。用好"晨会一刻"等学习交流平台，组织广大干部职工广泛开展各条线各领域"专家讲堂"，围绕政策法规、业务标准、做法经验等充分交流提升。结合专项课题研究、各类专项工作、创新改革举措、岗位练兵、技能比武等，建立"揭榜打擂"机制，鼓励干部职工主动申领课题和任务、主动探索创新、主动攻坚克难，积极为关区事业发展贡献智慧和力量。

3. 设好重实干重实绩的奖台。完善职级晋升基本口径和激励口径，研究建立分层级统筹职级职数机制。持续推进事业单位改革，综合运用激励机制，更好发挥事业单位服务保障和

技术支撑作用。积极运用巡视巡察、督察审计、专项检查等结果，为领导班子和领导干部"精准画像"。用足用好各类奖励机制，对于重大贡献、突出成绩、成功经验，要丰富激励方法、及时跟进表彰，在干部选任、评奖评优、资源保障等各方面予以支持倾斜，不断提升广大干部职工干事创业的获得感、成就感。

（五）坚持扬精神、赋新能，在文化润关上再强化再加力

统筹抓好党建引领、"四特"赋能，以软实力的提升带动事业发展的进步，充分彰显文化润关的精神力量和深厚内涵。

1. 抓党建引领促强基提质。深化"四强"党支部创建，拓展"三会一课"现场展演、党建品牌推介等工作成果，进一步提升党建标准化规范化水平。积极开展"书记项目"试点，力争实现海关总署试点项目"零的突破"。优化蹲点调研帮建机制，完善党建考核体系，推动基础工作再强化。总结提炼具有实战力和辐射力的基层党建工作法，进一步提高关区A类党支部覆盖率，力争在创建海关总署示范或培育品牌上实现新的突破。落实好自治区关于"拓展新时代文明实践中心建设"的部署，着力提升文明创建、志愿服务等工作的综合成效。

2. 扬"四特"精神促发展新能。以"大讨论—明内涵—抓演绎—绘网络—扬精神"为工作脉络，实施"四特"精神赋新能专项行动。组织一次大讨论，通过微课题、"金点子"等形式，围绕"赋能'四特'精神时代新内涵"积极开展研究讨论。梳理一个新内涵，广泛调查研究，归纳提炼出更加契合时代精神、贴合关区事业发展、符合队伍建设需要的"四特"精神新内涵。抓好新一轮演绎，综合采取故事演绎、线上直播、巡回宣讲等形式，进一步扩大"四特"精神系统内外影响力。绘织一张共建网，充分学习借鉴海关系统红色资源、红色阵地的先进经验和做法，密切共学共建，形成优势互补、经验互学、联动发力的矩阵效应。振奋一腔精气神，综合多种举措，融合各种资源，筑红色基因之魂、塑国门铁军之形、固为民务实之本，推动关区在新时代新征程上赢得更大的胜利和荣光。

（六）坚持夯基础、固根本，在"双基"建设上再强化再加力

把提升基层基础水平摆在更加突出的位置，统筹抓好补短板、强弱项、提质效，切实为各项工作高质量推进打好坚实根基。

1. 着力提升法治建设水平。深入推进"立改废释"，强化规范性文件合法性审查。深化落实"三项制度"，年内选取20%的业务制度开展综合分析评估。推动乌鲁木齐海关及隶属海关层面的权责清单编制与公开，建立健全权责清单动态调整机制。完善改革风险评估研判机制，做好改革方案的法律论证，确保重大改革于法有据，及时将成熟的改革经验和举措固化为制度规范。组织开展综合执法检查，加大执法监督力度，增强执法公信力。提高关区公职律师覆盖率，建强以内部力量为主、外部资源为辅的法律顾问团队。创建"法润边关"法治服务品牌，扩大现有法治宣传教育基地辐射作用，积极申建新的法治宣传教育基地。

2. 着力提升科技供给质量。完善信息系统架构体系，全力做好署级重点信息系统的升级部署及应用推广。加快口岸监管设备的联网集成，提升口岸智能审图、行李预检实战能力。强化网络和信息系统运维管理，健全网络和数

据安全防护体系。积极推进海关总署、自治区重大科技项目落实，持续加大固废鉴定、归类化验及核生化、食品安全、传染病检测技术研究和应用，年内至少立项3个省部级以上科研项目。加强初筛鉴定室建设，充分发挥移动P2实验室作用。优化实验室布局，提升各类实验室属地化检测能力和协同互补效能。

3. 着力提升综合保障水平。深入落实海关总署22条保障措施，加快推进边关生活设施保障能力提升工程。坚持贯彻落实"过紧日子"要求，全面统筹资源，盘活存量资金，优先落实民生需求。重点保障刚性支出，精准保障"三智"建设、打击走私、疫情防控等重点工作。推动建立权责清晰、运转顺畅、协调高效的区域综合保障运行机制，不断提高区域海关保障质效。用心用情做好老干部工作，深化"智慧银海"平台推广应用，持续提升保障能力。提高办文办会办事水平，持续落实精文简会部署，强化督促检查，提升信息报送质效，妥善做好舆情应对处置。

（七）坚持零容忍、长震慑，在全面从严治关上再强化再加力

切实增强全面从严治党永远在路上的政治自觉，在"知"上更清醒，在"信"上更坚定，在"行"上更主动，永葆边关队伍的先进性和纯洁性。

1. 从严抓好压力传导。认真贯彻十九届中央纪委六次全会精神，坚持严的主基调，全面强化"四责协同"机制。加强对"一把手"和领导班子的监督，健全完善关区各级党委落实全面从严治党主体责任检查考核机制，切实抓好"两个责任"。落实垂管单位纪检监察体制改革部署，不断加强纪检干部队伍建设。加大对常态化疫情防控、安全生产等重点任务落实的专项监督力度，锲而不舍纠"四风"树新风，深化形式主义、官僚主义问题纠治。

2. 系统提升监督效能。积极探索不敢腐、不能腐、不想腐一体推进的实践载体，突出抓案件、抓规律、抓责任，统筹办案、整改、治理，贯通督察、审计、巡察及各类监督检查，继续抓好"巡审联动"，力争取得更大综合成效。开展"海关重点项目和财物管理以权谋私"专项整治，巩固"现场监管与外勤执法权力寻租"专项整治工作成果。充分发挥派驻纪检组作用，提升日常监督质效。推进内控体系化建设，有效发挥海廉平台事前风险防控作用，争创更多内控科室"样板间"。

3. 提升执纪问责效能。坚持标本兼治，扎实推进党风廉政建设和反腐败斗争，大力营造风清气正的政治生态。深化运用监督执纪"四种形态"。深化打私反腐"一案双查"，依法严肃查处各类违纪违法行为。推进精准规范问责，做到失责必问、问责必严。坚持"一案一警示、一案一剖析"，督促干部"见不贤而内自省"，力求实现查处一案、教育一片、治理一域的综合效果。抓好廉政文化建设，打造廉政文化品牌，讲好新时代清廉海关故事。一体推进不敢腐、不能腐、不想腐，将清廉海关建设向纵深推进。

征程万里风正劲，重任千钧再出发。2022年关区的工作任务和要求已经明确，让我们紧密团结在以习近平同志为核心的党中央周围，坚定捍卫"两个确立"，坚决做到"两个维护"，大力弘扬伟大建党精神，牢记嘱托、稳中求进，以史为鉴、勇毅前行，努力做好新形势下关区各项工作，为服务新疆社会稳定和长治久安大局作出新的更大贡献，以优异成绩迎接党的二十大胜利召开！

在 2022 年乌鲁木齐海关全面从严治党工作会议上的讲话

乌鲁木齐海关党委书记、关长　沈扬

（2022 年 1 月 29 日）

这次会议的主要任务是：以习近平新时代中国特色社会主义思想为指导，深入学习贯彻党的十九大、十九届历次全会和十九届中央纪委六次全会精神，认真落实全国海关全面从严治党工作会议部署，总结工作、分析形势、明确思路，研究部署 2022 年全面从严治党工作。

一、2021 年全面从严治党工作回顾

2021 年，关区各级党组织以习近平新时代中国特色社会主义思想为指导，以党的政治建设为统领，不断增强"四个意识"、坚定"四个自信"、做到"两个维护"；坚持严的主基调，坚决扛起管党治党政治责任，主动担当，积极作为；以党史学习教育为主线，全面深化政治建关、改革强关、依法把关、科技兴关、从严治关，落实"抓安全、保稳定、促发展、重统筹、求提升"工作要求，深入推进模范机关建设和党建工作高质量发展；以正风肃纪反腐为重点，党风廉政建设和反腐败工作、清廉海关建设有序推进，关区进一步形成风清气正的政治生态。

（一）坚持政治统领，坚定自觉做到"两个维护"

在政治立场、政治方向、政治原则、政治道路上始终同以习近平同志为核心的党中央保持高度一致，旗帜鲜明讲政治，以党的政治建设统领各项工作，确保了关区各项事业始终沿着正确的政治方向不断前进。

政治统领作用持续强化。落实"第一议题"制度，坚持将学习习近平总书记重要讲话精神、重要指示批示精神和党中央重大决策部署作为党委会、形势分析例会等会议的首要内容和固定动作，组织党委理论学习中心组学习 15 次，在深学细悟中捍卫"两个确立"，做到"两个维护"。时刻关注习近平总书记强调什么、要求什么，聚焦丝绸之路经济带核心区建设、统筹口岸疫情防控和促进外贸稳增长、打击象牙等濒危物种及其制品走私、禁止"洋垃圾"入境、国门生物安全、"三智"建设等重点工作，建台账、明责任、抓落实、强督办，切实将"两个维护"体现在具体行动中。

党史学习教育亮点纷呈。紧紧围绕"学党

史、悟思想、办实事、开新局"的目标，研究推行"抓好三项学习、五项活动、三个载体、三项任务"的"3533"工作思路。以"宣讲演展"大力营造庆祝中国共产党成立100周年活动氛围，紧扣党史关魂开展了"红色故事会"暨合唱比赛、"身边的榜样"故事演绎等活动，2部红色文艺作品获自治区一等奖，在活学活用中深入学习贯彻习近平总书记"七一"重要讲话精神。深入开展"我为群众办实事"实践活动，解决了积压货物疏港、中欧班列提速、干部职工子女入学等一系列民生领域"急难愁盼"问题。2021年重点打造的3个民生项目入围全国海关"百佳项目"。

理论武装不断深化。学懂弄通做实习近平新时代中国特色社会主义思想，及时跟进学习习近平总书记最新重要讲话精神，着力抓好领导班子带头学、专家宣讲辅导学、全员覆盖常态学，进一步增强党员干部的思想自觉、政治自觉和行动自觉。持续深入学习贯彻党的十九届六中全会精神，与党史学习教育紧密结合起来，开办1期为期7天的专题学习班，组织开展1次专题宣讲、2次集中学习专题研讨和2场专家辅导讲座，在学思践悟中进一步汲取奋进力量，增强政治定力。

意识形态工作稳步推进。把意识形态工作领导权牢牢抓在手里，建立党委统揽、分组负责、支部抓常工作机制，修订完善责任清单，召开3次党委专题会议研究意识形态工作。组织开展2次隶属海关意识形态工作专项检查，2次干部队伍思想动态调研，督促责任制落实。在全关区开展专题警示教育和"三反"教育，开展发声亮剑活动，坚决清除思想流毒。针对特殊的区情社情，以"民族团结一家亲"和民族团结联谊活动为载体，深入推动民族团结教育，进一步铸牢中华民族共同体意识，各族干部群众"三个离不开"思想、"五个认同"观念不断增强。

（二）坚持压实责任，不断筑牢全面从严治党根基

坚持以习近平新时代中国特色社会主义思想为指导，坚决扛起管党治党政治责任，把监督抓在日常，完善全面从严治党制度，制定两级党委全面从严治党主体责任清单，主体责任进一步压紧压实。

聚焦责任担当，深化全面从严治党"四责协同"机制。抓实"四责协同"，将党委主体责任、纪检机构监督责任、党委书记第一责任和班子成员"一岗双责"组成有机整体，推动形成横向协同协作、纵向压力传导、定期督责问责的管党治党新格局。贯彻落实《党委（党组）落实全面从严治党主体责任规定》，梳理乌鲁木齐海关党委落实全面从严治党主体责任36项任务清单，进一步明确党委、书记、委员及党委各工作部门职责，不断织密责任网。

聚焦"关键少数"，加强对"一把手"和领导班子监督。印发《中共乌鲁木齐海关委员会关于加强对"一把手"和领导班子监督的实施细则》，强化对各级"一把手"和领导班子的监督。组织召开关区述责述廉述党建会议，重点听取各单位、各部门"一把手"的履责情况报告，督促"一把手"履行好第一责任人责任。研究制定《乌鲁木齐海关党委纪检组政治监督清单》，组织开展40项专项监督工作，倒逼责任落实落地。

聚焦"严管厚爱"，树立正确的选人用人导向。始终坚持"严管与厚爱并重，激励与约束

并举",推动关区队伍建设良性循环和可持续发展。制定职级公务员管理办法,创新制定奖罚分明的激励口径,用好职级激励政策。突出实绩导向,在反恐维稳、疫情防控、乡村振兴、改革攻坚等"大战大考"中识别考察、选拔使用干部。

（三）坚持固本强基,不断夯实基层党建基础

党建引领是一切工作的基石。关区各级党组织坚持"做实基层党建出战斗力、做强基层党建出竞争力、做细基层党建出凝聚力",不断推动党建工作高质量发展。

党的建设工作机制优化完善。从优化党委议事清单、规范定期研究事项等方面进一步完善抓党建工作机制。调整完善关区党的建设领导小组,优化机构设置和职能职责,建立"抓两头带中间"、以强带弱、结对联建的工作机制,推动形成党建工作"后进赶先进、中间争先进、先进更前进"的浓厚氛围。完善基层党支部联系点制度,党委班子成员坚持做到深入基层、深入一线,协调解决基层联系点实际困难和问题,积极促进基层党建提质增效。

"强基提质工程"成效显著。紧盯"四强"党支部创建工作,实行动态管理机制,评出"四强"（A类）党支部50个。组织编印《党建标准化手册》和《"三会一课"记录范例》,推行党建"一本账"管理模式,为具体党务工作提供标准模板,不断提升党建标准化规范化水平。组织开展3批次"书记讲堂"活动,其中5名书记讲党课视频入选自治区直属机关"100强党课作品",1名支部书记微党课视频被海关总署政工办评为优秀作品。

抓党的建设工作方法不断创新。组织关区4个A类党支部开展标准化"三会一课"现场展演。深入开展"一支部一品牌"建设,6个党建品牌被评为全国海关党建示范及培育品牌。创新开展优秀党建品牌展示,9名党支部书记交流党建品牌创建经验。研究确立1个党总支和8个党支部作为"书记项目"试点,探索可复制可推广的措施方法,建立机关党委委员对口帮扶"相对后进"支部制度,实行"5个1"帮扶措施,有力推动解决了一些基层党建难题。4个集体、5名个人分别获得自治区"两优一先"荣誉表彰。

"文化润关"凝心聚力。将"文化润关"作为落实党中央"文化润疆"部署的有力抓手和生动体现,大力传承和弘扬以红其拉甫海关"四特"精神为代表的边关红色精神文化。"两红"党性教育基地网上VR展厅在海关总署"专题专栏"上线,推动水布浪沟全国海关党性课堂成功申建为自治区级爱国主义教育基地,建成以"党旗映天山"为主题的党员之家。2021年共有31个集体、24名个人获得"全国工人先锋号"等各类省部级以上荣誉。

（四）坚持问题导向,推动纪律作风建设走深走实

关区各级党组织牢固树立"作风建设永远在路上"的理念,坚持问题导向、目标导向、结果导向,推动纪律作风建设迈上新台阶。

纠治"四风"驰而不息。修订完善贯彻落实中央八项规定精神推进清廉海关建设的具体措施,从廉洁自律从政、严肃财经纪律、厉行勤俭节约等11个方面进一步严明纪律规矩、底线红线。组织2轮贯彻落实中央八项规定精神专项监督。深入贯彻落实海关总署党委关于为基层减负的部署安排,将基层定期上报表格材

料从363个压缩至144个，涉及基层单位的微信工作群由122个压缩至66个，分别压缩60.3%和45.9%。

警示教育入脑入心。集中开展为期2个月的警示教育活动，召开关区警示教育大会。抓好党风廉政经常性教育，常态化实施"每周一提醒、每月一学习、季度一警示、半年一分析、年度一报告"的"五个一"教育措施。推动各级党组织深化运用"第一种形态"，每半年通报运用情况，使抓早抓小、红脸出汗成为常态。

准军建设久久为功。组织开展"内务规范强化月"和准军建设活动，关领导带队开展内务督察，狠抓问题整改，打牢打实准军根基。扎实开展准军集训、队列会操，评选准军"优秀队列"，持续提振队伍精气神。组织开展岗位练兵和技能比武，苦练内功、提升能力，参加全国海关商检领域"万人争先"线上练兵，进入八强。

（五）坚持贯通协同，抓实监督执纪问责"全链条"

坚持监督、执纪、问责一体推进，把巡视巡察整改融入日常，贯通各类监督，严肃执纪问责，推动纪律检查工作高质量发展。

加强巡视整改，提升巡察质效。紧握巡视整改"接力棒"，重点督办整改遗留问题。注重发挥巡察的"利剑"作用，对23个单位、部门开展5轮常规巡察。强化巡视巡察结果运用，透过监督结果、整改结果对干部进行画像，并运用到干部选任、职级晋升、干部考核等具体实践中，不断提升巡视巡察的震慑力和对工作落实的推动力。研究制定关区《党委巡察工作实施细则》等规章制度，构建完善抓好巡察工作的长效机制。

坚持系统观念，贯通各类监督。以"四不两直"为抓手做实做细日常监督，针对疫情防控等重点内容组织开展对19个隶属海关单位的实地检查。推进"制度+科技"监督，深化运用电子廉政档案、新海廉系统，监督工作信息化水平得到有力提升。深入实施内控"样板间"工程，以内控工作的标准化、规范化为抓手进一步提升内控绩效水平。探索实施巡察与督审"一次进驻、并行开展、联动合作"的"巡审联动"模式。2021年对6个隶属海关施行"巡审联动"，较以往巡审分别进驻节省人力43%，压缩现场核查时间50%。发挥政务服务"好差评"系统监督效能，关区共办理政务服务158件，企业好评率为100%。

保持刀刃向内，精准执纪问责。加强对纪检机构的领导和支持，召开2次党委会专题听取党委纪检组及派驻纪检组工作汇报。抓实抓细"现场监管与外勤执法权力寻租"专项整治，严肃进行廉政风险大排查、大起底，排查领导干部个人事项报告及亲友从业情况。

一年来，关区全面从严治党形势持续向好、政治生态不断优化。全面从严治党有力促进了各项重大决策部署和重点工作的落地落实，党建与业务融合发展亮点频呈。在区直机关考核中，乌鲁木齐海关考核成绩为"好"。

二、2022年主要任务

当前，我们已经跨入了"十四五"开局起步、全面建设社会主义现代化国家的新征程，站在"两个一百年"奋斗目标的历史交汇点上，2022年关区全面从严治党工作的总体要求是：以习近平新时代中国特色社会主义思想为指导，全面贯彻党的十九大和十九届历次全会精神，认真落实十九届中央纪委六次全会部署，全面加强党的领导，增强"四个意识"、坚定"四个自信"、做到"两个维护"，弘扬伟大建党精神，永葆自我革命精神，坚持全面从严治党战略方针，落实全国海关全面从严治党工作会议部署，持续强化政治建设、强化责任担当、强化正风肃纪、强化权力制约、强化监督合力，一体推进不敢腐、不能腐、不想腐，推进清廉海关建设，以优异成绩迎接党的二十大胜利召开。2022年主要做好以下6个方面工作。

（一）强化政治建设，持续走好"两个维护"第一方阵

海关是政治机关，必须旗帜鲜明讲政治，要自觉把"两个维护"作为思想认识上的政治态度、政治信条，一切实践活动的政治原则、政治保障。

深入践行"两个维护"。始终坚持把学习领会、贯彻落实习近平总书记重要指示批示精神作为"第一议题"，做到时时处处向党中央看齐，扎扎实实贯彻党中央决策部署，确保执行不偏向、不变通、不走样。开展捍卫"两个确立"、做到"两个维护"、强化政治机关建设专项教育活动，按照"学习研讨、查找问题、整改落实、巩固拓展"4个环节稳步推进。推动各级党组织和广大党员干部树牢政治机关意识，深刻领悟"两个确立"的决定性意义，增强"四个意识"、坚定"四个自信"、做到"两个维护"，牢记"国之大者"，不断提高政治判断力、政治领悟力、政治执行力，切实把讲政治从外部要求转化为内在主动、有力举措，落实到关区工作各领域、全过程。

巩固拓展党史学习教育成果。建立党史学习教育常态化、长效化机制，把学党史作为必修课、常修课，通过"三会一课"、主题党日等方式，教育党员干部树立唯物史观和正确党史观。要继续深化"强基提质工程"，增强党支部政治功能和组织力凝聚力。抓好对党忠诚教育、党性教育和海关职业操守教育，持续开展"党旗在基层一线高高飘扬"等活动，筑牢边关"精神高地"，赋予"四特"精神时代新内涵。持续深入学习贯彻党的十九届六中全会精神，扎实开展轮训，抓好各级领导干部专题培训，深入推进青年理论学习提升工程。围绕喜迎党的二十大，开展"新时代海关展风采"主题宣传活动，深入总结和宣传党的十九大以来关区工作取得的显著成绩，为党的二十大胜利召开营造浓厚热烈氛围。

严守政治纪律政治规矩。要防止"七个有之"，做到"五个必须"。严格落实重大事项请示报告制度，加强督导检查，对上有政策下有对策、有令不行有禁不止、重大事项不及时报告的问题，要一查到底，严肃处置，绝不姑息纵容。严把选人用人"政治关"，严防带"病"提拔、带"病"上岗。要始终把严肃党内政治生活化为习惯，各级党组织和党员干部要深入贯彻新形势下党内政治生活的若干准则，提高民主生活会和组织生活会质量，切实增强党内政治生活的政治性、时代性、原则性、战斗性。

落实意识形态工作责任制。要牢牢把握意识形态工作的领导权、主动权，认真贯彻落实《党委（党组）意识形态工作责任制实施办法》，履行全面领导责任，各隶属海关党委每年要向乌鲁木齐海关党委书面汇报意识形态工作情况。要抓实学习教育，发挥党委理论学习中心组学习的示范引领作用，开展意识形态工作专题学习；要通过"三会一课"持续强化新疆"四史"

学习教育。要定期进行综合分析研判，做到哪里有潜在风险，意识形态工作就跟进到哪里、管控到哪里。要制订工作应对预案，完善防范措施，坚决依法处置涉及意识形态案（事）件和问题。

（二）强化责任担当，推动全面从严治党责任落实落地

全面从严治党是否有成效，关键在于党委主体责任、党委书记第一责任能否落实到位。要通过强化两级党委的政治担当，抓住"关键少数"，推动全面从严治党向纵深发展。

坚决扛起责任担当。关区两级党委要逐条落实全面从严治党主体责任清单，深入调查研究、定期听取汇报、专题研究部署、强化跟踪问效，切实加强对本单位全面从严治党各项工作的领导。要继续开展"书记组长谈责任"系列访谈活动，坚持"书记抓、抓书记"，党委书记要切实履行第一责任人职责，做到"四个亲自"，率先垂范，敢抓真管，督促班子成员以及下级党组织书记履职尽责。党委委员要带头履行"一岗双责"，有效发挥基层调研、基层联系点等制度作用，认真抓好管党治党工作在分管部门、分管领域直至基层一线的贯彻落实。

坚持紧盯"关键少数"。强化对"一把手"和领导班子监督。关区各级"一把手"要自觉主动接受监督，带头执行民主集中制，落实"一把手"末位表态，绝不能搞"一言堂"甚至"家长制"以及出现议而不决、决而不行的问题。严格落实"三重一大"等事项集体研究决策制度。上级"一把手"对下级"一把手"的监督最管用、最有效，2022年要把对各隶属海关、机关各部门、各事业单位"一把手"的监督作为重中之重，开展述责述廉述党建，全面强化监督。

完善考核评价机制。要抓实全面从严治党主体责任检查考核工作，制定落实全面从严治党主体责任检查考核实施细则，把各单位"一把手"和领导班子履行主体责任、落实"一岗双责"和从严管理监督干部情况，列入领导班子和领导干部考核、考察的重要内容，实行集中考核和日常考评相结合，用队伍建设综合管理平台对履责情况"精准画像"。考评结果作为对干部选拔任用、实绩评价、激励约束的重要依据，充分发挥"指挥棒"作用，督导各级领导干部履职尽责、担当作为。

（三）强化正风肃纪，持之以恒抓好纪律作风建设

纪律建设是全面从严治党的治本之策，作风建设是党的建设永恒课题，加强纪律作风建设必须做到态度不变、决心不减、尺度不松。

多管齐下严纪律。以党章为根本遵循，坚持纪在法前、纪严于法。深化运用"四种形态"特别是"第一种形态"，锲而不舍抓执行，督促干部职工绷紧纪法之弦，习惯在受监督和约束的环境中工作生活。修订《乌鲁木齐海关党纪政纪处分工作实施细则》，进一步明确党纪政纪处分工作程序。精准规范实施问责，压紧压实两级党委主体责任。各级纪检部门要坚持严的主基调，对干部群众举报、监督检查和明察暗访发现的问题线索，要揪住不放，迅速核查处置，对顶风违纪、屡教不改、情节恶劣的坚决严肃惩治。

锲而不舍纠"四风"。严格落实中央八项规定及其实施细则，抓实乌鲁木齐海关党委《关于加强对"一把手"和领导班子监督的实施细则》《贯彻落实中央八项规定精神 推进清廉海

关建设的具体措施》。整治形式主义、官僚主义和不担当不作为等顽瘴痼疾，从严查处享乐主义、奢靡之风，严防"旧病复发"和"隐形变异"，坚决防止反弹回潮。坚持运用系统思维，不断深化综合治理，紧盯重要节点，严查通过物流快递违规收送礼品、违规收送电子红包、违规接受管理和服务对象宴请等易发多发问题，持续释放一刻不停抓作风的强烈信号。

激浊扬清树新风。抓好基层减负常态化机制落实，创新工作方法手段，持续改进会风文风、政风行风，推动资源和服务下沉，真正做到为基层松绑减负、为基层赋能。加强政务保障，严格公文办理和审核把关制度执行，建立发文管理负面清单和基层上报事项正面清单。加强新闻宣传和舆论引导，提升政务公开和信访工作满意度。大力推动精神文明建设，开展窗口作风提升行动，推进12360海关热线并入地方12345政务服务热线标准化、规范化建设。发挥好特约监督员作用，推动关区政务服务"好差评"全事项、全渠道覆盖，以评促建。创建节约型机关，坚持"过紧日子"，引导干部职工养成简约适度、绿色办公行为习惯。

（四）强化权力制约，推进廉政风险源头防控

巩固提升"现场监管与外勤执法权力寻租"专项整治成果，加强对权力运行的制约和监督，突出重点领域和关键环节，紧盯源头、查找风险、完善措施、有效防控，大力推进廉政风险防控规范化建设。

着力排查风险问题。要清醒认识到当前关区党风廉政建设和反腐败斗争形势依然严峻复杂，开展廉政风险防控对策研究，梳理排查相关风险点，制定防范措施。针对巡察、督察审计、纪检监察、干部监督等发现的问题，全面建立整改台账，健全长效机制，重点解决屡查屡犯问题。常态化做好海关工作人员在企业违规兼任职清理工作，注重在领导干部报告个人有关事项、信访举报和干部考察考核中加强了解，发现存在违规兼任职行为的及时清理，发现兼任职行为存在权力寻租的严肃追究责任。

精准规范权力运行。要从制度执行的规范性和科技运用的有效性上下功夫，做到"制度管权"与"科技控权"的有机结合。一方面，要着力提高权力运行法治化水平。坚持以法治思维和法治方式统筹推动工作，继续修订权责清单，使权力归属更加清晰、运行流程更加规范。持续开展关区制度立改废释工作，以制度形式固化职责任务、管理模式、业务流程和改革成果，用制度给权力定规矩、划界限。另一方面，要着力提高权力运行的科技化水平，用好督察审计问题管理模块、巡察信息化应用平台等系统，优化跨境电商、智能审图等系统平台的风险信息化防控，有效规范执法行为、消除风险隐患。

抓好风险防控工作。加强执法一线科长风险防范，把执法一线科长队伍管理情况纳入隶属海关主要负责同志和领导班子年度考核重要内容，筑牢基层风险防范基础。严格事业单位管理监督，推进事业单位内控机制建设，针对关键环节、关键岗位建立风险防控措施，防范化解重大风险。严格协管员队伍管理，严格执行《关于进一步规范协管员管理工作的指导意见》等制度要求。要高度重视非执法领域风险，深入开展"海关重点项目和财物管理以权谋私"专项整治。

（五）强化监督合力，注重联动贯通提升实效

坚持完善监督制度，充分发挥党内监督的主导作用，统筹协调好监督决策部署、监督力量整合、监督手段运用，促进各类监督贯通协同，发挥监督保障执行作用。

突出政治监督，增强巡察实效。要牢牢把握巡察政治监督定位，紧密配合专项教育活动开展年度巡察工作，围绕专项教育活动强调的"四个是否"，深入查找被巡察党组织在各业务领域和具体工作中存在的政治偏差，充分发挥巡察政治监督作用，切实加强政治机关建设。要强化巡察"回头看"工作，把监督检查整改主体责任落实、推动解决问题、构建长效机制作为发力点、落脚点，巩固巡察成果。加强巡察成果运用，利用多种形式及时通报巡察发现的普遍性、倾向性问题，推动相关部门完善制度机制、持续传导压力、倒逼责任落实。

整合监督方法，形成工作合力。在关党委统一指挥下，推进纪律监督、巡察监督、派驻监督、审计监督等统筹衔接，形成责任共担、资源共享、风险共防、能力共强新格局。党委纪检组要履行好监督专责，推动监督下沉落地、监督于问题未发之时，同时要发挥牵头作用，加强组织协调，建立廉政形势综合分析研判机制；派驻纪检组要进一步发挥近距离、全天候、常态化的独特优势，聚焦聚力"最后一公里"的监督；巡察办、督察内审处要深化"巡审联动"，优势互补，提升发现问题能力；各基层党组织要持续深化运用监督执纪"第一种形态"，抓好日常监督，尤其要强化"八小时以外"监督，常态化抓好防范酒驾醉驾工作。

强化问题导向，抓实干部监督。人事部门要完善干部日常监督管理机制，落实干部政治情况报告制度。认真开展领导干部个人有关事项报告，领导干部配偶、子女从业情况登记，海关领导干部配偶、子女及其配偶经商办企业情况申报等专项工作，切实防止贴着海关发财等问题发生。严格干部交流任职，落实《海关领导干部交流工作办法》。严格执行干部岗位交流规定，对从事现场监管和外勤执法工作的监管通关、查验、外勤执法、风险布控等环节岗位人员定期交流轮岗。

（六）强化标本兼治，一体推进不敢腐、不能腐、不想腐

不敢腐、不能腐、不想腐是一个有机整体，"不敢"是前提，"不能"是关键，"不想"是根本。必须着力打通内在联系、统筹联动，保持反腐败政治定力，深化标本兼治，增强整体效果。

始终保持"不敢腐"的高压态势。紧盯"关键少数"、重点领域和关键岗位，坚持以零容忍态度整治受贿索贿、以权谋私、放纵走私等腐败问题，发现一起，处理一起，严惩不贷。坚决查处违反党的六大纪律、中央八项规定精神，以及贴着海关发财等违纪违法行为，及时清除"害群之马"。持续强化问责，对落实全面从严治党主体责任和监督责任不力的，严问严治，不留情面。

注重扎牢"不能腐"的制度笼子。各单位、各部门主要领导和班子成员要树立程序意识，各隶属海关党委要健全完善党委会议议事规则，落实民主集中制，哪些事项需要上会进行集体研究，都要清清楚楚。针对巡察审计发现的问题，凡涉及的单位、部门都要查找原因，举一反三，及时修改完善工作流程，抓紧制定防范措施，坚持用制度管人、用制度办事，切实消除潜在隐患风险。要加强"一案双查"成果运用，扎实开展"以案查漏""以案促改""以案促治"，推动相关业务领域堵塞漏洞、健全制度、规范管理。

加快形成"不想腐"的思想自觉。落实党风廉政建设经常性教育"五个一"措施，促使党员干部明法纪、知敬畏、守底线，筑牢不想腐的堤坝。要统筹开展激励教育、警示教育、思想道德和党纪国法教育，引导干部职工算好政治账、经济账、名誉账、家庭账、亲情账、自由账，常怀感恩之心、敬畏之心，履行好自己的职责，廉洁从政、廉洁从业。党员领导干部特别是"一把手"要带头落实关于加强新时代廉洁文化建设的意见，注重家教家风，以身作则管好配偶、子女，本分做人、干净做事。

各级党组织要积极打造廉洁文化品牌，讲好新时代清廉海关故事。要加强年轻干部教育监督管理，认真落实关心关爱干部工作，对担当作为失误的要容错免责，对受到诬告陷害的要澄清保护，对受到处理处分的要关心教育，使干部"轻装上阵"，保护干部的主动性积极性创造性。

艰难方显勇毅，磨砺始得玉成。让我们更加紧密地团结在以习近平同志为核心的党中央周围，深入学习贯彻习近平新时代中国特色社会主义思想，无愧使命担当，不负伟大梦想，永葆初心、埋头苦干，推进关区全面从严治党、党风廉政建设和反腐败斗争向纵深发展，在社会主义现代化海关建设新征程中走在前列，以优异成绩迎接党的二十大胜利召开！

在乌鲁木齐海关党委理论学习中心组（扩大）学习暨关区学习贯彻党的二十大精神培训班上的总结讲话

乌鲁木齐海关党委书记、关长　沈扬

（2022年11月22日）

学习宣传贯彻党的二十大精神是关区当前和今后一个时期的首要政治任务。2022年11月15—22日，我们举办了为期一周的学习贯彻党的二十大精神专题培训班和处级领导干部政治素质能力提升培训班，这是关区深入学习宣传贯彻党的二十大精神的重要安排和内容。其间，我们围绕《习近平谈治国理政》《党的二十大文件汇编》等开展了自学，邀请专家进行了专题辅导，开展了党建经验交流和品牌展示，举办了解放思想促发展大讨论成果展示会，通过身边人讲身边事，讲述了我们身边的先进典型和抗疫故事，包括关区青年干部、相关单位负责人在内的70余名同志开展了专题研讨交流，进一步加深了同志们对党的二十大精神的理解、领会、思考，大家普遍反映收获很大，起到了良好的预期效果。11月22日下午，乌鲁木齐海关党委专门召开理论学习中心组（扩大）学习会，各位党委委员分别就学习宣传贯彻党的二十大精神作了交流发言，提出了务实、有针对性的思路措施，为下一步工作提供了很多启发。

下面，我讲3点意见。

一、主要收获

（一）深化了认识、提高了站位，"铸忠诚"的信念更加坚定

关区紧紧围绕学习宣传贯彻党的二十大精神，通过紧扣主题学、专家辅导学、干部上台讲、结合实际思，进一步筑牢了忠诚于党、忠诚于核心、忠诚于海关事业的思想基础。大家一致认为，党确立习近平同志党中央的核心、全党的核心地位，确立习近平新时代中国特色社会主义思想的指导地位，反映了全党全军全国各族人民共同心愿，对新时代党和国家事业发展、对推进中华民族伟大复兴历史进程具有决定性意义。大家一致表示要深刻领悟"两个确立"的决定性意义，坚决做到"两个维护"，矢志不渝忠诚核心、拥戴核心、维护核心、追随核心，把思想和行动统一到党的二十大精神和习近平总书记对海关工作、新疆工作的重要指示批示精神上来，切实把"两个确立"的政治共识转化为坚决做到"两个维护"的自觉行动，做到有感悟、有表达、有情感、有行动、有成效。

（二）振奋了士气、激发了斗志，"担使命"的责任感更加强烈

海关总署党委强调，作为党和国家事业发展的重要组成部分，海关在推进中国式现代化进程中责任重大、不可替代。大家在培训中也纷纷表示，我们必须提高政治站位，把海关工作放到以中国式现代化全面推进中华民族伟大复兴的使命中去定位、去谋划、去推动。特别是关区青年关员在交流中谈到，要强化担当作为，练就过硬本领，让青春在中国式现代化建设征程中绽放绚丽之花。新时代新征程上，大家一致表示要始终保持这种奋发有为的精神状态，牢记党的二十大强调的"三个务必""六个坚持""五个必由之路"，咬定青山不放松、越是艰险越向前，以更加强烈的使命感、责任感，奋进新征程、建功新时代。

（三）明确了要求、强化了责任，"守国门"的决心更加笃定

党的二十大对维护国家安全和社会稳定作出系列重大部署，此次学习培训中，大家围绕海关总署党委强调的"口岸疫情防控海关必坚守""防范化解重大风险海关必上心""国门生物安全关口海关必把牢"等论述，开展了认真学习和思考。交流中，有的同志围绕践行总体国家安全观谈了认识，讲到要充分发挥好风险防控的作用，积极推动以新安全格局保障新发展格局；有的同志围绕强化实验室职责谈了体会，讲到要健全海关实验室"三应"运行机制，不断推动实验室工作高质量发展，这些意见建议都讲得非常深刻、很务实。大家一致认为，守国门是强关之基，是海关最基本、最重要的职责，国门安全才能保障开放安全，开放安全才能保障新发展格局安全。我们要有效应对各类风险挑战，切实为高水平开放高质量发展保驾护航。

（四）开拓了思维、鼓舞了干劲，"促发展"的劲头更加昂扬

这次培训中，我们还开展了解放思想大讨论成果展示，这是在前期关区上下广泛开展大讨论活动的基础上，专门选取一些研讨成果进行分享交流。研讨过程中，有的同志围绕如何更好地服务核心区发展谈了思路，讲到要聚焦"集货、建园、聚产业、强物流"，促进国际陆港区高质量发展；有的同志围绕优化机构和职能设置谈了体会，讲到了合理调整业务架构布局和机构职能，系统盘活关区人力资源和组织保障。这些思路和举措对我们下一步的工作具有很强的参考价值。大家普遍感到，听了同志们的交流分享，很受启发，一致认为，学习贯彻党的二十大精神，我们必须积极解放思想、转变观念，勇于打破制约发展的藩篱，善于摆脱固有思维的禁锢，进一步增强"育新机""开新局"的信心和底气，如此才能更好地把握新疆难得的开放发展的大好机遇。

（五）增进了团结、凝聚了力量，"齐奋斗"的动能更加有力

此次学习培训中，我们专门安排了党建工作交流和身边人讲身边的故事，大家围绕党建品牌创建、党建和业务深度融合等内容展示成效、交流经验，讲述了身边的先进典型和抗疫故事，都很有感染力，并且各有千秋，充分体现了同志们关键时刻迎难而上、勇挑重担的精神品格，有鲜明的边关特质和特色，很多好的做法非常值得相互借鉴。从大家的交流分享中，可以深切地感受到，我们的干部队伍是团结向上的、是朝气蓬勃的，能够拥有这样一支边关队伍，是我们由"大关"向"强关"迈进最大的底气、最有力的依托。面向未来，我们要始终坚持"以党建引领""与榜样同行"，怀抱梦想又脚踏实地，敢想敢为又善作善成，切实用团结奋斗将党的二十大擘画的宏伟蓝图变为美好现实。

二、不断兴起学习宣传贯彻党的二十大精神热潮

为期一周的集中学习培训结束了，但是我们的学习不能止步。我们要坚持把学习宣传贯彻党的二十大精神作为当前和今后一个时期的首要政治任务，不断增强思想自觉、政治自觉、行动自觉，进一步在全面学习、全面把握、全面落实上下功夫，切实走好第一方阵、当好"三个表率"、建设模范机关。

（一）进一步在全面学习上"出实招"

党的二十大报告是一篇马克思主义的纲领性文献，视野宏阔、底蕴深厚、内涵丰富，大家要全身心投入，在深入地潜心研读中做到学有所思、学有所悟、学有所得。坚持原原本本学。实践证明，原原本本、原汁原味，是把科学理论学深学透、融会贯通的有效方法。要在前一阶段学习的基础上，特别是在这次专题学习的积累上，继续沉下心来，逐字逐句对党的二十大报告再研读、再思考，在高质量的耐心沉淀、消化吸收中，更好地用科学理论武装头脑、指导实践、推动工作。坚持率先示范学。各级领导干部特别是"一把手"要以身作则、带头学习，积极开展宣讲辅导，为关区广大党员干部作出表率，以"关键少数"引领学习热潮。处级以上领导干部要积极撰写研讨文章，围绕党的二十大的重点部署，紧扣海关总署党委强调的"12个必""38个深入思考"，结合关区工作实际，主动牵头开展课题研究，切实做到学以致用、用以促学、学用相长。坚持丰富形式学。要充分发挥主观能动性，多开展一些契合实际的、有效的、同志们喜闻乐见的学习活动，增强沉浸感、获得感、吸引力，让大家真正带着兴趣、带着热情、带着感情去学习，确保各项学习要求落到实处。这几天，我们开展了"身边人讲身边事"主题活动，效果很不错。同时，我们身边还有很多优秀的同志、先进的典型，都很值得我们学习，各单位各部门要进一步挖掘身边涌现出的先进典型和感人事迹，政工办要将相关资料汇集成册，开展更加深入、更加生动、更有感染力的交流学习，更好地汇聚起支撑我们由"大关"向"强关"迈进的强大精神动能。要切实将这些活动与学习融合起来，真正推动各项学习往深里走、往实里走、往心里走。

（二）进一步在全面把握上"用实功"

党的二十大对未来一个时期党和国家事业发展作出全面部署，学习宣传贯彻党的二十大精神，要立足我们自身实际，与海关工作、新疆工作、关区发展实际紧密结合起来，切实做到学思用贯通、知信行统一。把学习贯彻党的二十大精神与做好海关工作紧密结合起来。我们在全面学习贯彻落实党的二十大精神的同时，要格外注重那些与海关工作密切相关的内容，比如，"一带一路"建设、推进高水平对外开放、维护国家安全、国内国际双循环、制度型开放等。海关总署党委也专门强调，"要积极研

究新思路新举措，推动党的二十大部署具体涉及海关的12个方面重点工作落地见效"。我们要紧紧聚焦"铸忠诚、担使命、守国门、促发展、齐奋斗"，更加有力有为地履行海关职能使命，为全面建设社会主义现代化国家、全面推进中华民族伟大复兴贡献边关力量。把学习贯彻党的二十大精神与做好新疆工作紧密结合起来。我们在全面学习贯彻落实党的二十大精神的同时，也要格外注重那些与新疆工作密切相关的内容，比如，西部大开发、民族团结、中华民族共同体意识、乡村振兴、西部陆海新通道等，正如自治区党委强调的"要把党的二十大精神转化为扎实做好当前重点工作、奋发有为建设美好新疆的实际行动和工作成效"。我们要完整准确贯彻新时代党的治疆方略，牢牢扭住社会稳定和长治久安工作总目标，深入思考和找准找实海关发挥作用的着力点和切入点，切实为建设美好新疆贡献海关力量。把学习贯彻党的二十大精神与关区发展实际紧密结合起来。我们在学习贯彻党的二十大精神的工作中，要紧密结合边关发展的方方面面，对标对表党的二十大的重大部署和目标任务，全方位抓好政治机关建设、强化监管优化服务、边关干部队伍建设、年轻干部培养、强化综合保障、全面从严治党等各方面工作，立足实情、立足岗位、立足实地，一步一个脚印地把各项工作抓好抓实，切实将党的二十大精神转化为推进关区事业高质量发展的强大动能。

（三）进一步在全面落实上"求实效"

我们学习宣传贯彻党的二十大精神，要紧密对标海关总署党委强调的"12个必""38个深入思考"，立足关区改革发展实际，结合乌鲁木齐海关党委确立的"1+5"工作要求，进一步再研究、再深化、再落实、再创新，不断打开关区事业发展的新局面。我们要围绕"强政治"，深入思考如何高标准严要求强化政治机关建设，巩固拓展"学查改"专项工作和政治机关专项教育活动的成效，不断擦亮"政治大关"的鲜明底色；深入思考如何进一步传承弘扬"四特"精神、落实"四不"要求，大力推进准军事化纪律部队建设，进一步激发干事创业热情和动能；深入思考如何厚植"三实"海关文化，将之与边关国门文化有机结合，纵深推进"文化润关工程"；深入思考如何紧扣新疆特殊区情社情，牢牢守住意识形态主阵地。我们要围绕"抓安全"，深入思考如何强化国门安全防控体系建设，通过机构的优化、职能的调整，构建更加科学高效的防控格局；深入思考如何进一步织密安全防线，在抓好全领域安全防控的同时，突出抓好安全准入防控，切实维护社会安全稳定和人民健康安全；深入思考如何动态制定更加科学精准高效的口岸疫情防控流程举措，全力以赴扛好"外防输入"的职责使命；深入思考如何支持周边国家石油、天然气、煤炭、矿产品、粮食等大宗商品扩大进口，提升产业链供应链韧性和安全水平，保障国家能源资源战略安全。我们要围绕"保稳定"，深入思考如何进一步优化考核及奖惩机制，把重实干重实绩摆在更加突出的位置，大力营造"想干事、肯干事、能干事、干成事"的良好氛围；深入思考如何加强对干部职工的关心关爱，提高综合保障水平，提高边关收入待遇，以心聚人、以情暖人，带着温度、带着责任，用心用情用力经营我们的团队；深入思考如何进一步优化干部交流机制，盘活人力资源，调动干事创业积极性，推动形成良性循环和可持续发展的人才培养机制；深入思考如何抓好青年工作这一战略性工作，培养一支有理想、敢担当、能吃苦、肯奋斗的新时代青年队伍；深入思考如何坚持从严管理，一体推进"不敢腐、不能腐、不想腐"，严明纪律规矩，确保队伍的纯洁稳定。我们要围绕"促发展"，深入思考如何进一步优化业务、协调联动，提高口岸通行效能，确保国家向西开放大通道的高效畅通；深入思考如何将关区支持内外贸一体化发展的四十条工作措施进一步落实落细，彰显海关服务外贸发展的担当作为，引领形成抢抓机遇、厚积成势的实质成效；深入思考如何大力支持以"中吉乌"为代表的公铁等多式联运发展，助力新疆参与西部陆海新通道建设；深入思考如何纵深推进关区各类"三智"项目，着力在贸易安全和通关便利化合作上取得更多务实成效；深入思考如何积极推动国际陆港区、综合保税区等开放平台高质量发展，大力推动自由贸易试验区申建工作，切实打造拉动经济发展的强力引擎；深入思考如何对标优质营商环境，聚焦巩固压缩通关时间成效、优化监管通关流程、企业信用管理等重点，积极推动市场化法治化国际化营商环境建设。我们要围绕"重统筹"，深入思考如何进一步解放思想、转变观念，研究探索更加科学高效的工作方法和举措，以理念的创新和思维的转变，促进工作质效的进一步提升；深入思考如何以科技赋能进一步强化监管，建设业务监控平台，提升关区业务"三应"机制的能力和水平；深入思考如何优化关区实验室运行体系、职能设置与规划布局，推动形成更加优质专业的技术支撑和服务保障；深入思考如何进一步深化政研先行，大兴调查研究之风，统筹加强各类课题研究，促进课题成果转化，研究形成更多促进发展的"金点子""好办法"；深入思考如何进一步优化人力资源设置，跟进做好职能职责等配套调整，更好地服务关区中心工作运转；深入思考如何统筹各类监督检查，进一步在减负担、提质效、增动能上取得新成效。我们要围绕"求提升"，深入思考如何在"扬优势"上打响边关品牌，特别是围绕中欧班列、核心区建设、大宗商品监管、海关国际合作、边关文化等特色亮点，积极贡献"边关方案""边关经验"；深入思考如何在"补短板"上进一步夯实根基，对照海关总署党委要求，对标关区发展实际，以更强的责任感使命感抓好改进提高，力争更多的领域和工作成绩进入全国海关第一梯队。总之，我们要以党的二十大精神为指引，把海关总署党委"铸忠诚、担使命、守国门、促发展、齐奋斗"的部署要求与乌鲁木齐海关党委"1+5"工作要求贯通起来，主动谋划长远之策，扎实推进务实之举，带着思考、带着责任、带着感情，推动学习宣传贯彻党的二十大精神在关区不断走深走实。

三、扎实做好年底各项重点工作

时值岁末年终，在关区深入学习宣传贯彻党的二十大精神的重要时期，我们专门举办这次系列学习培训，就是为了以党的二十大精神为引领，进一步统一思想、统一意志、统一行动，整顿行装更好地出发。大家要带着学习培训的成效，紧紧围绕"疫情要防住、经济要稳住、发展要安全"的要求，确保关区全年工作圆满收官。我在这里强调8个方面的重点。

（一）狠抓疫情防控

要按照海关总署关于科学精准做好疫情防

控工作的最新部署要求，慎终如始、积极稳妥地履行好疫情防控这一重要职责。一方面，要坚决把好"外防输入"关口。严格落实海关总署党委强调的"口岸疫情防控海关必坚守"，坚持"内外同防""人、物、环境同防""多病同防"，落实落细"六抓""十到位"要求，全方位、全环节、全链条地做好口岸疫情防控工作，确保疫情零输入、关员零感染、操作零失误、通关零延误。另一方面，要坚决筑牢"内防倒灌"屏障。针对新疆疫情的新情况新趋势，各单位各部门要保持行百里者半九十的清醒，加强总体情况研判，持之以恒严格落实各项内部防控要求，坚决防止社会面疫情向集中办公区"倒灌"，坚决防止社会面疫情向口岸封闭管理区"倒灌"。同时，要特别注重关心爱护。新冠疫情发生的近3年来，同志们大力传承和弘扬"四特""四不"等宝贵精神品质，不畏艰险、逆行出征、攻坚克难、接续奋战，高效统筹疫情防控和促进外贸稳增长，在大考中抒写忠诚答卷，在大战中淬炼顽强作风，充分展现了边关人的家国情怀和使命担当。特别是此轮疫情防控工作中，同志们在坚决扛好口岸疫情防控和保通保畅职责的同时，有力服从和服务于社会面的疫情防控，有的党员干部响应号召毅然投身社区防疫工作，为社会面疫情防控作出了突出贡献，得到地方党政的高度肯定。乌鲁木齐海关党委对同志们在"一内""一外"两端的疫情防控工作取得的成效都表示充分的肯定。各单位各部门要进一步加强关心关爱，关心大家的身心健康，关心大家的工作实际，关心大家的"急难愁盼"问题，千方百计为同志们排忧解难，引导和鼓励大家坚定必胜信念，以积极的心态、昂扬的斗志，众志成城、齐心协力打赢常态化疫情防控攻坚战。

（二）狠抓外贸增长

2022年新疆外贸呈现快速增长的喜人态势，要研究采取更加务实有效的措施，充分发挥海关职能作用，切实巩固来之不易的外贸发展成果。着力进一步释放政策红利。紧盯海关总署、自治区和关区促进外贸保稳提质各项举措落实的力度和实效，发挥好优惠政策"叠加效应"，不断提升企业"获得感"。推进监管体制机制创新，深化关检业务融合的化学反应，科学合理简化通关流程，实现顺势监管、精准监管、高效监管，切实为企业"松绑减负"。着力进一步提升发展能级。充分把握好国家赋予新疆的内外贸一体化、进口贸易创新示范区、市场采购、新型边民互市等优惠政策，加强海关对接方案和措施的研究，着力推动形成新的增长极、增长点。统筹推进传统产业转型升级和新兴产业培育壮大，深入研究海关发挥作用的切入点和着力点，推动开放产业厚积成势、做大做强。着力进一步助企纾困解难。临近年底，外贸企业将面临订单上涨、交付增多、物流增长等多方面可预见的潜在形势。我们要不断优化服务举措，切实帮助企业排除后顾之忧。要加强企业调研，多问一句、多帮一点、多想一层，充分用好"企业协调员"、"企业直通车服务平台"、12360海关热线等，及时回应解答企业诉求。

（三）狠抓保通保畅

岁末将至，消费市场需求不断增加，给外贸企业带来发展机遇，国际贸易及物流迎来高峰期，与此同时，口岸通关压力也会持续增大。要针对性地提出有效举措，全力以赴保障通关顺畅。措施上要再强化。时刻紧盯影响口岸通关的堵点难点问题，梳理形成保通保畅一揽子工作措施，促进货物、人员更加安全高效地跨境流动。立足口岸实际，在优化监管流程上下功夫，巩固好压缩通关时效成果，保障中欧班列等重要通道高效运行，推动口岸通关扩量增效。成效上要再凸显。围绕前期疏港通关工作中的经验做法，加强总结梳理，着力固化形成长效机制。对口岸出现的重点情况、重点问题加大协调推动力度，全力抓好口岸保通保畅，尤其是全力抓好粮食、能源资源、重要产业链供应链安全稳定等工作。合作上要再深化。上周（即 2022 年 11 月中旬）我们与哈方海关顺利举行了边境海关负责人会谈，达成了多项共识、取得了一定成效。2022 年以来，我们保障了 11 场海关总署、自治区与周边国家各类视频会议，各隶属海关与周边国家口岸海关举行了 26 次边境会晤。要充分总结这些活动中所取得的合作成果，更好地发挥边境海关国际合作优势，深挖合作潜能，为高水平对外开放提供更多助力。

（四）狠抓严格监管

必须坚定不移贯彻总体国家安全观，牢记严格监管是本职、放松监管就是失职渎职，优执法、强监管，坚决守好祖国西北安全屏障。突出严密防控。要立足业务实际，不断健全系统完备、科学规范、运行有效的全链条监管体系。健全完善风险管理制度机制，强化各领域风险一体化防控。紧扣新疆特殊区情社情，切实维护意识形态安全、国门生物安全、税收安全、进出口食品安全、商品质量安全等。突出精准查发。客观审视监管工作中存在的薄弱环节，全面提高监管的科学性和有效性。根据不同口岸、不同业务类型、不同运输方式等，找准重点风险部位。运用"制度+情报+科技"手段，提升防控精准性有效性。突出多元治理。以强化"三应"运行机制为抓手，进一步深化口岸国门安全防控体系建设。完善内外协同联动机制，明晰事权范围和职责边界。充分发挥各自优势和积极性，强化协同处置能力，拓展监管时空，增强整体效能。

（五）狠抓打击走私

要不断增强工作的敏感性、警觉性，始终保持打击走私的高压态势。一方面，要坚决打好年度反走私收官战。紧紧围绕"国门利剑""护卫""清风""国门勇士""清源断流"等系列专项行动，抓好既定重点任务和重大事项的推进落实，特别是要加大对"中央关心、群众关切、社会关注"突出走私问题的打击力度，确保全环节、全要素、全链条打深打透打彻底。另一方面，要推动打私整体效能再提升。要做好对全年打私工作的总结梳理，进一步汲取经验、挖掘潜能。缉私部门要充分发挥专业打私作用，坚持"量、质、效、能"并重，强化执法规范化建设，深化"智慧缉私"，不断提升风险预警能力、案件查发能力和阵地掌控能力。关区各单位各部门要进一步树牢"关警一家人"、打私"一盘棋"意识，深化协作配合，推进关区整体打私工作提档升级。要认真落实海关总署打私量化任务要求，进一步做好案件线索移交等工作。

（六）狠抓安全生产

当前，叠加疫情形势和冬季天气影响，安全生产的不稳定性、不确定性因素增多，我们要始终保持"时时放心不下"的责任感，坚决防止各类"黑天鹅""灰犀牛"事件，坚决守好安全生产的红线、底线。意识之弦要紧绷。

安全生产工作是一个长期而艰巨的任务，只有严格要求、时刻保持警惕，不疏忽大意，不心存侥幸，才能创造良好有序的发展环境。各单位各部门要经常性开展安全生产培训和警示案例教育，警钟长鸣、举一反三，切实树牢风险意识、底线思维，做到人人守安全、时时保安全。重点领域要紧盯。前期，关区开展了"口岸危险品综合治理"百日专项行动，取得了很好的成效，我们的经验也在海关总署层面得到了推广，在接下来的工作当中，要坚持常态化抓好口岸危险品综合治理。同时，各单位各部门要紧紧盯住口岸监管、机要保密、网络运行、信访舆情、行车安全、水电供暖、实验室安全、防震减灾等各个重点领域、各个重点环节，切实把安全生产责任放在心上、抓在手上、扛在肩上。细节盲区要紧抓。安全之根本在于细节，安全隐患无一不显现于细节。要时刻保持如履薄冰的高度警觉，坚决克服麻痹思想、经验主义，全面梳理排查安全生产的各环节、各领域、各方面，把安全生产的点点滴滴抓严、抓细、抓深、抓全，做到不留死角、不留盲区。对相关的薄弱环节和风险隐患，要以"严防死守"的决心认真加以整改，进一步筑牢安全屏障、夯实安全根基，确保安全生产万无一失。

（七）狠抓指标绩效

考核指标是关党委反复强调的一项重点工作，当前时间非常紧迫，大家务必要铆足干劲、奋力冲刺，坚决将各项工作落到实处。全力抓好海关总署指标落实。牢固树立争先创优意识，各职能部门要坚持牵头抓总，加强横向、纵向的联系，特别是各业务处室要加强和海关总署对口司局及相关处室的沟通，优秀指标要巩固好，中流指标要争先进，短板指标要补上来，全力推动各项工作提质增效。积极对接自治区指标。2022年，自治区把关区多项工作纳入目标责任考核体系，我们也制订了推进方案，相关职能部门要加强对接。一方面要精准掌握各项指标的趋势，有针对性地开展工作，力争取得好成绩；另一方面也要把考核作为展示关区工作成果、提升工作影响力的契机，进一步营造良好发展环境。联动推进关区指标。年内我们对照海关总署考核指标，细化了对关区各单位部门的指标，这不仅是我们做好各项工作、推进关区发展的基础，也是落实上级指标的有机组成部分。大家要把这些考核指标与海关总署的指标、自治区的指标有机结合，一体推进、联动落实，更加高效地统筹推进各项工作。

（八）狠抓工作谋划

善谋者行远，实干者乃成。再过一周就进入12月份了，乌鲁木齐海关已制发了做好年度工作总结的通知，各单位各部门要高度重视，扎实做好梳理总结与前瞻谋划。全力冲刺年底，确保圆满收官。要聚焦海关总署党委、乌鲁木齐海关党委各项工作部署，锚定年初和年中两级海关工作会议确定的目标任务，突出重点难点，统筹人力物力，倒排工期、挂图作战、逐项推进，全力以赴推动各项工作取得圆满成效。全面规划明年，确保顺利开局。2023年是全面贯彻落实党的二十大精神的开局之年，做好全年工作具有特殊重大意义。要带着此次学习培训的所思所想所得，对标海关总署党委和自治区党委政府部署要求，深度思考关区在业务创新、改革攻坚、队伍建设、科技支撑、项目规划等各方面的重点抓手和目标任务，为明年关区事业发展奠定坚实基础。

同志们，这次系列学习培训已完成全部既定内容，我们要以此为新的起点，进一步深入学习宣传贯彻党的二十大精神，紧紧围绕"铸忠诚、担使命、守国门、促发展、齐奋斗"，认真落实乌鲁木齐海关党委"1+5"工作要求，真抓实干、勇毅前行，推动党的二十大精神在关区走深走实，切实把党的二十大作出的重大决策部署付诸行动、见之于成效。

第二篇 专记

乌鲁木齐海关深入学习贯彻习近平总书记视察新疆重要讲话重要指示精神

2022年7月12—15日，中共中央总书记、国家主席、中央军委主席习近平时隔8年再次专程赴新疆考察调研，从战略和全局高度为新疆把脉定向、掌舵领航，进一步为新时代新征程上推动新疆高质量发展指明了前进方向、提供了行动指南、注入了强劲动能。2022年7月15日，习近平总书记来到乌鲁木齐国际陆港区考察，看望在乌鲁木齐国际陆港区服务大厅的现场关员，通过视频实时画面视察通关业务现场，并专门对丝绸之路经济带核心区建设、疫情防控等工作发表重要讲话、作出重要指示。习近平总书记视察新疆，特别是在海关业务现场驻足，在乌鲁木齐海关引起热烈反响，关区上下备受鼓舞、倍感振奋。乌鲁木齐海关把学习宣传贯彻习近平总书记视察新疆重要讲话重要指示精神作为重大政治任务，立足海关职能，切实履职尽责，为奋力建设团结和谐、繁荣富裕、文明进步、安居乐业、生态良好的美好新疆作出更大贡献。

一、持续兴起学习宣传贯彻习近平总书记视察新疆重要讲话重要指示精神热潮

乌鲁木齐海关周密部署、迅速行动，综合采取集体学习传达、支部研讨交流、个人深入研学等多种形式，持续推动关区上下深入学习领悟习近平总书记视察新疆重要讲话重要指示精神。

（一）迅速学习领会

第一时间召开党委会、党委碰头会，学习传达习近平总书记视察新疆重要讲话重要指示精神，并就关区学习宣传贯彻工作作出安排部署。关区两级党委组织开展了党委理论学习中心组（扩大）专题学习研讨，各单位各部门通过关务会、主题党日、"晨会一刻"等形式，把习近平总书记重要讲话重要指示精神传达到每一名干部职工，坚决把思想和行动统一到贯彻落实习近平总书记重要讲话重要指示精神上来，不断增强坚定拥护"两个确立"、坚决做到"两个维护"的思想自觉、政治自觉、行动自觉。

（二）狠抓贯彻落实

制发《乌鲁木齐海关关于学习贯彻习近平总书记视察新疆重要讲话重要指示精神的通知》，要求关区各单位各部门紧密结合海关职能，不断兴起学习宣传贯彻热潮。把学习贯彻习近平总书记重要讲话重要指示精神同落实海关总署年中工作会议部署要求、自治区党委十届三次全会精神、

关区各项工作任务有机结合、贯通融合，对标对表新一届海关总署党委重点工作任务，着力在"强监管、优服务，防风险、保安全，抓管理、带队伍，打基础、求提升"上下功夫，推动关区各项事业健康稳定有序发展。

（三）营造浓厚氛围

在广泛学思践悟的基础上，组织开展"深入学习贯彻落实习近平总书记视察新疆重要讲话重要指示精神"交流研讨会，14名处级、科级领导干部作交流研讨发言，充分交流学习感悟，进一步深化对新时代党的治疆方略的理解和认识。大力营造学习宣传贯彻的浓厚氛围，多形式、多层次、全方位地通过微信、微博、微视频等新媒体平台宣传工作成效、亮点做法，有力推动学习贯彻习近平总书记视察新疆重要讲话重要指示精神在关区落地生根。

二、在深刻领会习近平总书记视察新疆重要讲话重要指示精神中增强使命感责任感

乌鲁木齐海关切实以习近平总书记视察新疆重要讲话重要指示精神统一思想、凝聚力量、指导实践、推动工作，关区全体干部职工"听党话、跟党走"的信心决心更加坚定坚决，"守国门、保稳定"的思想意识更加牢固严密，"促发展、兴边疆"的干劲斗志更加昂扬有力。

（一）进一步增强了对做好新疆工作重要性的认识

经过持续深入学习，关区干部职工更加深刻领会到，新疆工作在党和国家事业大局、中华民族伟大复兴全局中具有重要地位，新疆作为丝绸之路经济带核心区在国家对外开放特别是共建"一带一路"中具有重要作用。习近平总书记赴新疆考察调研，看望慰问各族干部群众，问民生、话团结、谈稳定、论发展，充分体现了以习近平同志为核心的党中央对新疆工作的高度重视、对新疆各族干部群众的深情关爱，必须坚决把习近平总书记的殷殷关怀、谆谆嘱托转化为奋力投身美好新疆建设的实际行动。

（二）进一步深刻认识到肩负的重大职责使命

经过持续深入学习，关区干部职工更加深刻领会到，必须完整准确贯彻新时代党的治疆方略，牢牢扭住社会稳定和长治久安这一新疆工作总目标，统筹疫情防控和经济社会发展，统筹发展和安全，重点做好增强民族团结、守牢意识形态领域阵地、铸牢中华民族共同体意识、支持丝绸之路经济带核心区建设、以高水平开放服务高质量发展、助力脱贫攻坚与乡村振兴有效衔接等方面工作，不断为新疆社会稳定和长治久安作出海关贡献，做到党中央有部署、海关有落实、边关有行动。

（三）进一步明晰了服务新疆开放发展的思路措施

经过持续深入学习，关区干部职工更加深刻领会到，海关作为进出境监督管理机关，首先是政治机关，必须胸怀"两个大局"、牢记"国之大者"，主动担当尽责，坚决把习近平总书记的殷殷关怀、谆谆嘱托转化为履职尽责的强大动力和实际行动。及时总结学习宣传贯彻过程中好的经验做法和成效，梳理形成《乌鲁木齐海关关于深入学习贯彻落实习近平总书记视察新疆重要讲话重要指示精神相关情况的报告》，受到海关总署主要负责同志批示肯定，有关工作建议被海关总署相关司局推动落实。

三、牢记嘱托、感恩奋进，多措并举狠抓贯彻落实取得实效

乌鲁木齐海关将认真学习贯彻习近平总书记视察新疆重要讲话重要指示精神与学习落实第二次、第三次中央新疆工作座谈会精神相结合，与贯彻落实习近平总书记关于新疆工作、海关工作的重要讲话和重要指示批示精神相结合，与全面学习、全面把握、全面落实党的二十大精神相结合，推动习近平总书记视察新疆重要讲话重要指示精神在关区入脑入心、见行见效、落地落实。

（一）践行一腔忠诚，在完整准确贯彻新时代党的治疆方略中不断强化政治机关建设

坚决把党中央要求落实到实际行动上和工作成效上，确保关区工作始终沿着正确方向前进，坚定坚决走好践行"两个维护"第一方阵。坚持带着感情"学"。坚定不移用党的创新理论武装头脑、凝心铸魂，更加自觉自觉地凝聚起对党的核心、人民领袖、军队统帅的忠诚拥护和衷心爱戴。坚持带着使命"行"。把维护党中央权威和集中统一领导作为最高政治原则和根本政治规矩，坚定拥戴核心，忠诚紧跟领袖，始终做到距离再远不忘忠诚、氧气再少不缺精神、海拔再高不降标准、环境再苦不破规矩。坚持带着责任"干"。聚焦新时代党的治疆方略，切实履行海关强化监管、优化服务各项职责任务，切实在国家开发开放大局和新疆经济社会发展中扛好政治责任。2022年，关区各类要情专报、专题材料、调研报告等受到上级领导批示91次，数量创近年新高。

（二）守卫一方安全，在把好国门中坚决维护新疆社会稳定和长治久安

牢牢扭住社会稳定和长治久安新疆工作总目标，统筹疫情防控和经济社会发展，统筹发展和安全，严把国门安全。坚决守好安全准入防线。严厉打击武器弹药、核生化爆、管制刀具、毒品、政治类违禁品等走私违法行为。严把国门生物安全关、食品安全关、商品质量关，切实保障人民生命健康和财产安全。坚决守好疫情管控防线。坚持"外防输入、内防反弹"总策略和"动态清零"总方针，更加科学精准执行好口岸疫情防控各项措施。自治区领导在关区宣讲党的二十大精神时指出："海关严防死守口岸疫情防控一线千余天，未出现一起因境外输入造成疫病传播事件，为全疆防疫大局做出了扎实贡献。"坚决守好打击走私防线。紧盯新疆各口岸重点商品、重点领域，坚持扭住不放、露头就打，不断提升打私工作的精准性、系统性、有效性，在打击"水客"走私、玉石走私、兴奋剂走私、"洗钱犯罪"、禁限物品走私等方面取得一系列丰硕战果，2022年侦办刑事案件37起、案值5.1亿元，同比分别增长19.4%、1.4%。坚决守好安全生产防线。深化落实国家防范遏制重特大事故的15条硬措施，全面排查整治重大安全风险隐患。扎实推进"口岸危险品综合治理"百日专项行动。

（三）扭住一个关键，在纵深推进改革建设发展中防范化解重大、系统性风险

增强"时时放心不下"的责任感，紧盯新疆特殊区情社情，坚决有力做好防范化解重大、系统性风险各项工作，切实以新安全格局保障新发展格局。筑牢风险防控机制"防火墙"。优

化风险布控规则，健全完善指令下达、执行、反馈、评估的闭环。加快构建"风险（问题）隐患+应对措施+制度机制"防范化解体系。稳步推进风险情报站建设，进一步凝聚风险情报、职能监控、智能监管的整体合力。深化推广"吹哨人"制度，及时拉响风险警报。拧紧重点领域风险"安全阀"。聚焦海关总署"7+21"项及关区"15+32"项风险清单，结合实际动态梳理排查涉及政治、业务、队伍等重点领域的重大、系统性风险，一体推进系统性梳理、体制性预防和应急式处置。压实"三应"运行机制"责任链"。强化"下对上"的响应，增强垂直管理意识，提高制度指令执行力，严防领悟不准确、落实不严不实等风险。强化"左和右"的呼应，密切配合保障，深化协同联动，严防信息不对称、协作不到位等风险。强化"上对下"的反应，大力纠治推诿扯皮、不担当不作为等情事，严防信任缺失、自行其是等风险。

（四）畅通一条通道，在助力构建新发展格局中切实保障产业链供应链安全稳定

不断巩固拓展新疆作为国家向西开放"桥头堡""大通道"的物流枢纽作用，加快建设对外开放大通道，更好利用国际国内两个市场、两种资源。在"点"上发力，强枢纽。推动加强阿拉山口、霍尔果斯、乌鲁木齐国际陆港等重点枢纽通关能力建设，促进联动发展、互补发展。在"线"上发力，畅联通。不断打响、擦亮中欧班列这个"旗舰项目"，在全国率先完成"关铁通"试点运行，促成"中吉乌"公铁联运班列顺利开行，2022年监管中欧（中亚）班列1.3万列，同比增长8.7%，监管列数创历史新高并稳居全国首位。大力助推发展航空直达、货运包机等，加快与中亚、欧洲、东盟国家国际通道建设步伐。在"面"上发力，优网络。稳步推进支持乌鲁木齐国际陆港区高质量发展的45条措施落实落地，扎实推进"集货、建园、聚产业、强物流"。支持开展以铁路运输为纽带的海铁、公铁、空铁多式联运业务，逐步形成"1+N"多式联运物流网络，切实提升西向国际物流大通道周转集散能力。

（五）打造一个高地，在促进开放平台建设中不断拓展多层次开放发展格局

推进丝绸之路经济带核心区建设，切实将各类开放平台打造为拉动经济发展的强力引擎，着力把新疆的区域性开放战略纳入国家向西开放的总体布局中。建强综合保税区这个"动力源"。积极推行区港联动、融资租赁、保税展示等新业务模式，不断挖掘发展潜能。深入推进综合保税区绩效评估，完善"一区一策""一企一策"模式，全疆综合保税区贸易额同比增长4.4倍。支持申建自由贸易区这块"试验田"。学习借鉴其他自由贸易试验区创新成果及相关直属海关经验做法，因地制宜做好政策储备和预案应对。梳理自由贸易试验区带有共性、可复制的措施，推动创新制度落地，支持新兴贸易业态发展，着力构建新疆外贸竞争新优势。擦亮国际陆港区这张"新名片"。加强专项分析研究，支持开展口岸作业功能拓展等创新举措，不断深化"集货、建园、聚产业、强物流"。推动乌鲁木齐国际陆港区与临空经济区、综合保税区、跨境电商综合试验区联动发展，不断优化作业流程、降低企业成本。

（六）优化一个支撑，在统筹传统产业提升和新兴产业培育中有力夯实发展根基

加大对产业升级和新业态发展的支持力度，推动传统产业提质增效，激发新兴产业发展潜

▲2022年2月27日，阿拉山口海关保障全国首列跨境电商综合试验区"阿拉山口—塔什干"专列开行 （黄标 摄）

能，不断助推新疆外贸质稳量升。助力能源储运创新路。畅通石油、天然气、矿产品等能源资源进口，积极支持保税航油、保税能源仓储等新业务发展，丰富多元供给渠道，保障国家能源安全。助推边民互市育新机。大力推动"边民互市+落地加工"，优化监管流程，提高产品附加值，培育集综合加工、商贸流通、现代物流等于一体的新型发展模式。支持吉木乃国际商贸城等平台创新发展，助力打造东联西出国际贸易新的增长极、增长点。服务农牧业发展出新绩。在"三国五线"布局基础上，推动实现中哈口岸农副产品"绿色通道"全覆盖，丰富适用产品目录。稳妥推进优质农食产品输华准入评估。支持优质种质资源进口，助力苜蓿、豆粕、麦麸等饲草料及屠宰驴等活畜扩大进口。促进跨境电商赋新能。支持"跨境电商+中欧班列""跨境电商+货运包机"等跨境物流新模式，支持"多仓联动"集拼集运。拓展"保税展示+新零售"业务，逐步扩大B2B直接出口、海外仓等业务规模。强化调查研究谱新章。加快推动"研究型海关"建设，倡导问题共答、政研先行，高质量完成多项署级、关级课题研究，不断催生高含金量的"好主意""金点子"。

（七）厚植一方沃土，在营造市场化、法治化、国际化营商环境中不断增强发展信心

深化"放管服"改革，多措并举促进外贸保稳提质，千方百计助企纾困渡难关，大力营造市场化、法治化、国际化的口岸营商环境。打造通关时效"快车道"。加强口岸通行效率监测分析，巩固压缩整体通关时间成效。强化业务结合部协调配合，提升口岸查检时效，加快企业急需货物通关。2022年，新疆口岸进、出口整体通关时间较全国平均水平分别快24.9小时、1.2小时，通关效率分别位居全国第9位、第2位。提高助企纾困"软实力"。研究制定复制借鉴粤港澳大湾区等地经验做法的13项创新措施、促进新疆外贸保稳提质的16条措施、支持内外贸一体化发展的40条措施等系列务实举措，有力打出了服务外贸发展的"组合拳"。统筹用好"关长接待日"、关长信箱、12360海关热线、"企业直通车服务平台"等，及时妥善处置企业问题诉求，帮助快速解决通关难题。增强惠企政策"获得感"。狠抓海关总署、乌鲁木齐海关各项稳外贸政策落地见效，帮助企业充分享受税收优惠，累计减免税2.4亿元，同比增长35.3倍。推动企业"白名单"制度落地，开展"专精特新""小巨人"等企业信用培育。2022年，面对疫情影响等多重不利因素，新疆外贸实现逆势上扬，全年进出口总值首次突破2400亿元大关，创历史新高，增速位居全国第一。

（八）深化一个融合，在支持更好发挥特殊作用中助力将兵团建设得更强大更繁荣

紧扣兵团发展实际，多谋长远之策、多行固本之举，系统施策、精准发力，推动兵团开放型经济高质量发展。以"实举措"支持特色

产业发展。加大政策、技术等指导帮扶力度，推动兵团葡萄、棉花、番茄酱、纺织等优质特色产业扩大出口。不断完善钢铁、煤化工、能源炼化等企业进口能源资源检验监管模式，助力兵团企业降低进口成本。以"新举措"优化对外开放布局。助力兵地共建综合保税区，支持在确有需求且符合条件的情况下申建保税物流中心等开放平台。积极推进南疆区域公铁联运项目建设，助力提高南疆师市贸易质量。促成兵团首次对AEO（经认证的经营者）认证企业出台奖补政策。以"硬举措"应对经贸摩擦。全面梳理分析美西方相关措施，强化技贸措施研究，形成一揽子应对举措，帮助企业化解负面影响。支持兵团企业调整出口布局，积极拓展"一带一路"共建国家（地区）和RCEP贸易伙伴等新兴市场。

（九）铸牢一个意识，在有形有感有效中促进各民族深入交往交流交融

紧盯铸牢中华民族共同体意识这条主线，促进各民族像石榴籽一样紧紧抱在一起，切实汇聚起各民族共同团结奋斗的干事创业力量。牢牢抓好意识形态工作。常态化开展"三反"教育，旗帜鲜明地向"两面人"发声亮剑，坚决守好意识形态主阵地。定期进行意识形态领域研判，做好全员政治情况核查。积极助力乡村振兴。扎实开展"访惠聚"驻村等工作，坚持"一队驻村、全关帮扶"，52名驻村干部和第一书记奋战在乡村振兴第一线，不断以发展成果惠及民生、凝聚人心。深入开展"民族团结一家亲"，用心用情系牢各民族交往交流交融的情感纽带。纵深推进"文化润关"。用好红其拉甫海关"四特"精神这个"传家宝"，深入开展"四特"精神赋新能专项行动。积极开展"大讨论"、寻找"我身边的榜样"等活动，加大文明单位、党建品牌等荣誉的争创力度，"创先进、争优秀"成为思想共识和自觉行动，不断凝聚干事创业的正风正气正能量。

（十）建强一支队伍，在全力打造高素质干部队伍中不断夯实发展根基

树立重政治、重品行、重基层、重担当、重实绩的鲜明用人导向，坚持"一把尺""一张单""一盘棋"评价使用干部，严管与厚爱并重、激励与约束并举，切实打造忠诚干净担当的过硬边关队伍。以导向激励促担当作为。加大年轻干部培养力度，合理使用各年龄段优秀干部，让想干事、肯干事、能干事、干成事的干部脱颖而出、有用武之地。2022年，关区28个集体、32名个人获评全国"人民满意的公务员"、全国五一劳动奖状、全国民族团结示范单位、全国青年文明号等省部级以上荣誉。以学练考用促能力提升。统筹运用"建平台、搭擂台、设奖台"的方式方法，把干部放在改革创新、课题攻关、疫情防控一线等急难险重岗位，经风雨、壮筋骨、长才干。强化实战演练、业务交流、技能比武，大力营造"比学赶帮超"的浓厚氛围。以全面从严促明规守矩。一体推进"三不腐"，强化监督执纪问责，驰而不息狠抓纪律作风建设，常态化开展党风廉政建设"五个一"，培育富有边关特色的廉政文化品牌，坚持树正气、易俗气、遏邪气，倾力打造清廉海关。

撰稿人

党晓明　崔盛杰

乌鲁木齐海关扎实开展政治机关专项教育活动和"学查改"专项工作

2022年，乌鲁木齐海关深入学习贯彻习近平新时代中国特色社会主义思想，把开展捍卫"两个确立"、做到"两个维护"、强化政治机关建设专项教育活动（以下简称政治机关专项教育活动）和开展以机关党建推动落实习近平总书记重要指示和党中央经济工作决策部署专项工作（以下简称"学查改"专项工作）作为强化政治机关意识的具体行动，作为巩固拓展党史学习教育成果的重要内容，紧密结合关区实际，扎实开展政治机关专项教育活动和"学查改"专项工作取得实效。

一、组织推进情况

（一）深化统筹，加强组织领导

乌鲁木齐海关成立了以党委书记为组长、党委委员为成员的"学查改"专项工作领导小组，与政治机关专项教育活动领导小组同组同责，一体部署、一体推进、一体考核。机关党委负责组织推动，抽调人员组建工作专班承担日常具体工作，各级党组织书记承担本部门专项工作第一责任人责任。通过党委碰头会、领导小组会、形势分析及工作督查例会等研究专项工作，建立"每月一小结、季度一报告"推进工作机制，做到"学查改"专项工作和政治机关专项教育活动在机制上、内容上、力量上"三统筹"。

（二）细化措施，明确目标任务

乌鲁木齐海关严格按照总署党委部署要求，结合关区实际制订《乌鲁木齐海关开展捍卫"两个确立"、做到"两个维护"、强化政治机关建设专项教育活动实施方案》，细化4个步骤和16项重点工作任务以及5个方面17项具体推进措施。制订《乌鲁木齐海关关于在机关开展"学习研讨、查摆问题、改进提高"专项工作的实施方案》，明确提高政治站位、统筹同步推进、坚持一盘棋思想、注重工作实效4项工作要求，确保"规定动作"做到位、"自选动作"有特色，保证专项工作见实效。

（三）强化督导，确保责任落实

乌鲁木齐海关整合各类监督力量，紧盯任务重点，抓好跟踪落实。分片区成立4个督导组，通过列席会议、实地检查、电话了解、调阅材料等方式，对"学没学、查没查、改没改"进行常态化、全过程、全覆盖督导检查。将专项工作开展情况纳入督察审计、巡察监督重点，对4个单位开展政治巡察，完成8个督察审计项目，聚焦思想认识、组织推动、执行落实是否到位开展监督检查。充分发挥量化考核"指挥棒"作用，将专项工作开展情况纳入考核指标，确保专项工作走深走实。

▲2022年1月25日，哈密海关开展政治机关建设交流研讨会（刘玉梅 摄）

二、采取的举措和主要做法

（一）坚持同向发力，学习研讨有深度

乌鲁木齐海关结合开展政治机关专项教育活动，将学习研讨贯穿工作始终。一是示范引领带头学。坚持"第一议题"制度，将学习贯彻习近平总书记重要指示批示精神作为各类会议的首要内容和固定动作，跟进学习习近平总书记重要讲话22次。发挥领学促学作用，开展两级党委理论学习中心组学习122次，围绕习近平总书记关于加强党的政治建设重要论述、习近平经济思想等内容开展研讨交流，乌鲁木齐海关党委开展2次"体验式"学习，实地参观自治区博物馆、贯彻落实党中央治疆方略工作展，深刻领会新时代党的治疆方略，以及海关落实"三新"要求的职责使命。举办2期学习贯彻党的十九届六中全会精神轮训班。二是全员覆盖深入学。各级党组织将指定内容纳入"晨会一刻""三会一课"学习范围，开展集中学习3367次，围绕"没有离开政治的业务、也没有离开业务的政治"等主题开展研讨交流512次、撰写心得体会1099篇。选派150名党支部书记和党务干部参加自治区能力素质提升培训。召开"巾帼心向党、建功新时代"座谈会，举办形式多样的文体活动，激发女同志讲政治、提能力、强担当的热情和自觉。以健全关区团组织机构为契机，推进青年理论学习提升工程，组建关区统计研究系统青年理论学习小组，组织"青年心向党——我在抗疫第一线"抗疫故事展评活动，举办"奋进新征程、建功新时代、青春献国门"十佳微视频作品评选活动，征集微视频56个，鼓励青年干部增强政治意识。三是创新载体系统学。拓宽"线上+线下"多种学习方式，邀请海关内外部专家围绕国门生物安全等主题，开展6期"乌关讲堂"。结合新疆特殊区情，加强意识形态领域工作，开展"三反"教育专题辅导。开展"强化政治机关建设、赋能'四特'精神新内涵"大讨论活动，征集"金点子"360条、微课题83篇、主题征文38篇。用好"海关e课堂""钉钉""学习强国"等平台，组织1567人参加网上专题学习。利用"疆海飞扬"微信平台开展"讲政治、强能力、严作风"系列主题知识竞赛10期，检验巩固学习成效，达到"以考促学、以学促用"目的。

（二）坚持动真碰硬，查摆问题有准度

乌鲁木齐海关在深入学习研讨的基础上，围绕"四个是否""六对照六看六查"深入查摆存在的突出问题。一是严把政治方向，理清政治要求。立足关区实际，持续加强政治机关意识教育，结合基层党建"双提升"工作，创新"主题党日+业务探讨"工作模式，切实推动党

员干部完整、准确、全面把握海关工作的政治方向、政治原则、政治要求。各级党组织开展主题党日活动313次，184人次参加党组织书记讲授的"走好第一方阵、我为二十大作贡献"主题党课。按照"重要论述+岗位职责+重点工作"的方式进行脉络式梳理、递进式排查，汇总关区各岗位政治要求。二是加强调查研究，深挖风险隐患。通过调研走访、座谈交流、问卷调查、自查梳理等多种方式，查摆落实政治要求方面存在的问题和短板。党员领导干部带头围绕"从政治角度强化业务工作"谈认识、找差距，检视风险隐患和自身问题，深刻剖析原因。坚持广泛深入调研，党委班子成员牵头指导分管领域的问题排查，深入口岸一线、地方政府和外贸企业，开展调查研究和检查指导49次。各单位、各部门开展调研248次，征集到对海关工作的意见建议477条，研究推动解决口岸通关不畅、实验室检测时长过长等一批地方政府和企业"急难愁盼"问题240个。三是突出精准画像，建立问题清单。对标"四个是否""六对照六看六查"，查摆履行全面从严治党主体责任、"三智"项目推进、促进新疆优质农产品扩大出口、统筹关区统计分析研究等方面问题，结合巡视巡察、督察审计发现的问题，以及民主生活会、组织生活会查摆的问题，开展全面排查评估，针对性制定整改措施。

（三）坚持巩固拓展，改进提高有力度

乌鲁木齐海关坚持目标导向和问题导向相统一，推进问题整改成果转化为提升政治能力的实际行动。一是推行"清单式"管理，压实整改责任。建立关区和各部门单位"1+46"项问题清单和整改方案，推行"揭榜挂帅"工作机制，明确责任领导、主协办部门、整改措施目标及完成时限，实行项目化推进、销号式整改。坚持远近结合、整体推进，按照"立行立改、近期、中长期"3个时限节点实行挂图作战、对账销号，建立问题整改情况"每月报告单"制度，确保问题整改落地砸实。二是加强协同配合，凝聚整改合力。统筹推进整改问题落实，针对促进新疆综合保税区高质量发展、进口固体废弃物监管排查处置、口岸疫情防控、安全生产风险隐患排查等复杂问题，建立"机关+一线""部门+部门"联合攻关机制，共同研究整改落实。强化党建引领，抓实基层党建"双提升"活动，各级党组织与海关系统、地方政府部门和企业党组织开展联学联建128次。三是促进成果转化，提升工作质效。坚持既"管当前"又"利长远"的原则，突出重大风险防控、闭环运行管理、监管能力提升、责任担当落实等四项机制建设，把整改成果转化为解决实际问题、破解发展瓶颈的有效举措。通过问题整改，制修订《乌鲁木齐海关"企业直通车服务平台"服务企业工作实施方案》《乌鲁木齐海关进口货物固体废物属性鉴别工作规范》等61项工作方案和管理制度。

撰稿人

赵志强　牛雅洁

乌鲁木齐海关服务丝绸之路经济带核心区建设提级扩能

2022年,乌鲁木齐海关聚焦"一港、两区、五大中心、口岸经济带"布局,紧紧围绕自治区"从八方面持续用力,坚持主动融入和服务国家'一带一路'大局,以重点突破带动核心区建设整体推进"工作要求,高效统筹口岸疫情防控和促进外贸稳增长,从政策研究措施到位、整体推进重点突破、强化协作务求实效等方面加大工作力度,推进丝绸之路经济带核心区高质量发展。2022年,新疆外贸进出口总值2463.6亿元,创历史新高,同比增长57%,高于全国增速49.3个百分点,增速居全国首位。

一、运用系统思维,统筹发力强化整体推动

(一)政策上持续发力

乌鲁木齐海关紧扣自治区重点区域发展规划,立足新疆高水平开放、高质量发展工作实际,聚焦稳外贸稳外资、保通保畅、助企纾困降成本等,深入开展政策研究工作。接续推出创新试点项目复制先进经验"1+13"项改革举措、促进新疆外贸保稳提质16条措施、促进新疆外向型农业高质量发展13项落实措施、全面推进乡村振兴10条措施、促进新疆内外贸一体化发展40条工作措施等系列支持措施,细化形成海关推进丝绸之路经济带核心区高质量建设108项具体任务。稳步推进外贸保稳提质、口岸保通保畅、助企纾困降成本、压缩口岸整体通关时间、保障中欧班列高效运行、扩大饲草料进口和农食产品出口等重点事项取得新成效,推动新疆外贸实现量的合理增长和质的有效提升。

(二)落实上合力推动

乌鲁木齐海关牢固树立系统观念,强化关区"一盘棋"意识,形成各司其职、齐抓共管、协同推进的工作机制,形成内外联动、上下联动、关企联动良好局面。坚持开展"防疫情、稳外贸、保安全"大调研大排查,选取有行业代表性的企业作为联系企业,实地开展调研活动。指导隶属海关做好促进外贸保稳提质细化落实工作,针对出现的新情况、新问题,及时调整完善,推动各项措施任务稳步推进、务求实效。做好"月度总结完善"工作,聚焦薄弱环节、问题短板进行再补课、再攻坚、再完善,巩固深化各项措施取得成效。

(三)宣传上多维发力

乌鲁木齐海关围绕海关政策法规、服务举

措和工作成效等方面加大宣传力度，尤其是对 RCEP、中欧班列、跨境电商等惠企保畅措施强化宣传效果。组织新闻发布会 5 次，参加自治区新闻发布会 2 次，在中央级媒体和省部级媒体发稿 796 篇/条，其中中央级媒体刊稿量占总量的 18%，不断扩大丝绸之路经济带核心区高质量建设的影响力和受惠面，取得良好的社会反响。深挖特色、打造亮点，做好成果总结提升，形成具有示范引领作用的典型案例，助推自治区"突出重点推动中欧班列高效通行"和"博州坚持补短板优环境抓关键全力推进'口岸强州'战略"，被国务院第九次大督查作为典型经验做法受到国务院办公厅通报表扬。

二、立足海关职能，突出重点务求实效

（一）强化政研稳预期

持续跟踪监测全球、全国货物贸易动态，以及新疆外贸、主要贸易伙伴、重要商品规模及流向变化情况，积极开展企业的进出口分析和调研，定期向自治区党委政府和兵团报送外贸监测分析报告，为服务新疆丝绸之路经济带核心区建设提供政策研究服务。2022 年，先后牵头和参与中欧班列运行、中欧中俄物流供应链安全、欧亚经济联盟贸易影响等 8 轮共计 9 个专项课题研究，3 篇研究成果获上级领导批示和肯定。围绕新疆外贸发展、大宗商品进口、优化营商环境、扩大优势农产品出口等地方党政关注点开展专项分析研究，上报 79 篇海关工作专报，30 篇获得自治区（兵团）领导的批示。

（二）抓住重点强引领

着力推进乌鲁木齐国际陆港区发展。研究提出促进国际陆港区高质量发展的 45 项措施，探索并实践"产地组货集结""内外贸货物混编运输"等创新举措，培育跨境电商、TIR 运输等新业态，监管"陆港区—边境口岸"转关货物约 1.5 万辆次，推动实现中吉乌"公铁联运"、"铁路快通"、陆海新通道和跨境电商等国际货运班列常态化发运，引导企业使用"两步申报""两段准入"等通关模式，将进口木材、粮食等货物自口岸提离至国际陆港区实施海关检查，在有效缓解口岸货物通行压力的同时，支持提升班列集结中心货物集聚效应，持续提升乌鲁木齐在核心区建设中的引领作用。

着力推进喀什、霍尔果斯经济开发区高质量发展。落实落细国家赋予的特殊政策，推进霍尔果斯经济开发区提质增效、喀什经济开发区加快发展，加快构建面向中亚、西亚、南亚和欧洲的特色产业集群，打造核心区重要支点。扎实推进"关铁通"项目实施和"铁路快通"业务发展，保障中欧班列高效畅通运行。大力支持以"中吉乌"为代表的公铁等多式联运发展，打造"公铁联运"新疆特色品牌线路。探索实施"区港联动"，推动综合保税区与航空口岸、边境口岸实现转关直通。密切与铁路部门的联系配合，实施电子数据提前对接、宽准轨互换等创新措施，确保物流大通道畅通高效，促进口岸商贸物流功能持续拓展，枢纽作用进一步凸显。

着力推进口岸经济带建设。推动多窗口联动发展，专门设立鲜活易腐农食产品属地查检"绿色通道"，进一步提升口岸农副产品快速通关"绿色通道"规模效能，加快推动中哈边境公路口岸"绿色通道"全覆盖，支持地方政府用好农副产品快速通关"绿色通道"。完成 6 个边民互市全流程业务实单测试，实现巴克图边民互市进

口商品落地加工"整进整出",指导地方政府和运营单位注重发挥边民互市与进境粮食、水果等指定监管场地叠加优势,推动"通道经济"向"产业经济""口岸经济"转变。

▲2022年9月17日,霍尔果斯海关关员保障中欧班列顺畅通关 (高露 摄)

着力推动综合保税区快速增长。以紧盯业务发展态势为重点,建立综合保税区发展绩效评估定期监测通报机制,进一步压紧压实地方政府主体责任、现场主管海关管理责任,督促引导各单位关注综合保税区发展状况,实现高质量发展。推动区港联动、保税融资租赁、保税展示等三项业务改革,支持扩大区港联动范围,支持新疆首家保税融资租赁公司入驻霍尔果斯综合保税区,支持在乌鲁木齐开设两个保税展示中心,形成良好示范效应。2022年,新疆4个综合保税区进出口贸易额850.23亿元,同比增长433.43%,占新疆外贸总值的34.51%。其中,进口124.91亿元,同比增长86.54%;出口725.32亿元,同比增长684.72%。

着力推动商贸物流中心建设。助力新疆打造内外联动、高效安全畅通、具有全国影响力的商贸物流中心,支持加快建设国际物流枢纽,积极推进外贸转型升级,线上线下发展会展经济,做好第七届中国—亚欧博览会物资通关保障工作。加快"丝路电商"建设,深化跨境电商多种业务模式协同发展,支持跨境电商通过中欧班列、货运包机、公路运输等多种运输方式常态化运行,先后保障乌鲁木齐—布达佩斯、喀什—塔什干、阿拉山口—塔什干跨境电商班列从新疆本地始发,相继开通喀什至巴基斯坦伊斯兰堡、匈牙利布达佩斯、比利时列日、巴基斯坦拉合尔的4条国际货运航线。

(三)快速通关保畅通

多措并举提升口岸通行效能。在严格做好疫情防控工作的前提下,科学研判风险,实施"一货一策",优化进出口监管作业环节,提升通关便利化水平。配合自治区主管部门开展口岸保通保畅调研,牵头拟定优化口岸疫情防控流程、提升进出口货物及运输工具通行效率、外贸进出口货物标准作业程序参考等各类方案指引文件6份,强化与相关部门的联动发力,有力提升联动共治水平。充分发挥边境海关外事合作优势,坚持"无事常联系,有事勤商量"原则,密切与周边国家海关的联系合作,有力服务国际疫情防控协作和口岸通行协调,在推进口岸保通保畅、解决空挂车入境、商品车出境拥堵等方面取得成效。

不断巩固压缩通关时间成果。加强口岸通行效率监测分析,会同相关部门定期出具口岸通行时间监测分析报告,不断提升新疆口岸整体通行效率。2022年,全力保障全疆15个口岸、169条跨境班列线路(2022年新增48条)、24条国际货运航线(2022年新增11条)、6个边民互市的安全高效运营,进一步跑出跨境通关新速度，促进产业链供应链循环畅通。新疆口岸进、出口整体通关时间分别为15.28小时、0.1小时，通关时效分别位居全国第9位、第2位，分别较2017年12月压缩84.31%、99.19%，均处于历史最好水平。

（四）优化监管促产业发展

支持优势产业健康发展。立足新疆产业特点，通过优化查验布控模式、简化检疫审批流程、创新检疫监管模式等改革政策，精准助力矿产、粮食、农副产品、种质资源等重点产业发展，进一步增强新疆外贸竞争新优势。探索扩大矿产品"先放后检""依企业申请"实施范围，推动全国首个陆路口岸进口铜精矿监管模式创新试点落户新疆。推动农副产品快速通关"绿色通道"监管应用平台纳入国际贸易"单一窗口"，实现地方特色应用零的突破。

支持农食产品加工产业发展。出台促进外向型农业高质量发展13项落实措施。在关区16个海关设立进出口鲜活易腐农食产品属地查检绿色通道，实行优先查检和"5+2"预约查检，支持农食产品扩大进出口。减少特定资质备案事项，取消进口肉类收货人和进口化妆品进口商备案，简化企业备案材料，取消出口食品原料种植场备案申请人提高土壤和灌溉用水检查报告的要求，压缩出口食品生产企业备案时限。创新工作模式，开展"零接触"式出口食品生产企业境外注册推荐工作。支持种质资源基地建设，助推昌吉州打造全国制种中心，完成36份、109吨进口甜菜、玉米、西甜瓜、向日葵、苜蓿草等种质资源调入隔离试种，保障优质种质资源安全引进。压缩备案时限，助力食品生产企业开拓国际市场。

支持市场主体发展壮大。抓好企业"白名单"制度落地，开展"专精特新""小巨人"等企业信用培育，将设立"企业协调员"等高级认证企业享受的优惠措施逐步扩大至受疫情影响较大的企业，将对关区高级认证生产型企业"两步申报"申请免担保优惠措施扩展至关区所有高级认证企业均可申请，进一步释放政策红利。及时解决企业通过"多证合一"方式备案时遇到的各类问题，实现让数据多跑路、让企业少跑腿。全年新增备案企业1655家，同比增长30%，关区高级认证企业数量增至33家。

（五）精准服务激活力

聚焦市场主体关切，积极回应广大中小企业发展诉求，坚持纾困和培优两手抓，突出精准性和实效性，切实打通服务企业的"最后一公里"。

落实税收优惠政策。坚持精准惠企服务，积极探索"线上预审+线下速办"新模式，全年为企业办理减免税2.44亿元，同比增长35.3倍。深化税收征管方式改革，落实"经核准出口商""智能审核+自助打印"便利化举措，持续释放政策红利，年内签发各类原产地证书1.60万份，签证金额82.01亿元，签证量首次破万份。签发证书种类增至RCEP、中国—毛里求斯、中国—柬埔寨自贸协定等19种，签证产品增至116种，签证国家增至128个。深入推进多元化税款担保改革，助力企业缓解资金压力，年内备案税款总担保减轻企业占用资金约7.06亿元。稳步提升"汇总征税""自报自缴"占比，2022年自报自缴报关单占比87.36%、汇总征税税款占比45.62%，同比分别增长4.92%、34.27%。

坚持"问题清零"，做好精准帮扶。依托

"企业直通车服务平台"、12360海关热线等，实施"首问负责""一次性告知""限时办理"等工作模式，精准聚焦企业及改革发展难题。2022年服务企业3000余家，受理解决关于冷链肉类进口、危险品通关、食品企业注册备案、一体化通关查检等100余项困难诉求。

强化统计监测分析和数据服务。发挥统计调查联络员作用，做好外贸出口先导指数调查等海关统计专项调查工作，及时收集、反馈企业提出的海关业务问题。坚持每月在乌鲁木齐海关门户网站更新上月新疆外贸主要数据报表、新疆外贸简报，积极向社会宣传推介海关统计在线查询系统，不断提升面向社会公众的数字化统计服务水平，为外贸稳增长和高质量发展提供有力预期引导。

撰稿人

欧阳斌

乌鲁木齐海关深入开展打击走私重点专项工作

2022年，在海关总署党委的坚强领导下，乌鲁木齐海关坚决贯彻习近平总书记关于打击走私工作的重要指示批示精神，全面落实党中央、国务院决策部署，深入践行总体国家安全观，聚焦"中央关注、社会关切、群众关心"的突出走私问题，始终保持打击走私高压态势，扎实开展"国门利剑""蓝天""护卫"等联合专项行动，依法严厉打击各类走私违法犯罪活动，全力维护国门安全和进出口贸易正常秩序。

一、深入开展缉枪治爆"国门勇士"和禁毒"清源断流"专项行动，严厉打击涉枪涉毒走私

2022年，乌鲁木齐海关认真贯彻落实"全国深化打击整治枪爆违法犯罪专项行动"部署，坚持"清源与堵源并重、查缉毒品与管控制毒物品并举"，深入开展"国门勇士2022"专项行动和打击毒品走私专项行动，坚定不移实施"清源断流"行动。与有关部门密切配合，强化与航空、铁路、邮递等管理部门信息共享，加强研判，扩展线索来源渠道。严密防范枪弹毒、反宣品以及核生化爆等危安物品流入风险，持续加大对新型毒品、淫秽物品和文物走私的打击力度，优化联合打击模式，形成全链条严打严治严控涉枪涉爆涉毒违法犯罪的合力，筑牢国门安全屏障，完成党的二十大和北京冬奥会、冬残奥会等重大安保维稳任务。乌鲁木齐海关缉私局积极协调相关单位，成功破获一起走私冰毒入境案，该案是乌鲁木齐关区近三年来破获的首起走私毒品案件。

二、持续开展打击治理"水客"联合行动，坚决维护口岸进出口贸易秩序

2022年，乌鲁木齐海关坚决贯彻落实习近平总书记关于打击走私工作的重要指示批示精神，继续巩固打击"水客"走私成果，学习借鉴珠澳、深港等口岸打击治理"水客"走私的经验做法，针对重点口岸、重点人群，加强态势掌控和口岸监管，进一步完善打击治理"水客"走私长效机制，开展高频查缉和滚动打击，严防"水客"走私向寄递、货运等渠道转移。密切关注中哈霍尔果斯国际边境合作中心恢复常态运行后"水客"走私动向，严厉打击"水客"走私违法行为。加强与地方相关执法单位联系配合，健全集中专项整治和常态化打击机制，做好行政案件、刑事案件衔接。坚持"打头挖根、破网除链"，探索建立分析研判模型，推导团伙活动范围和运作模式，实现"打团伙、摧网络、断链条"，严防"水客"走私反弹回潮。

2022年，乌鲁木齐海关立案侦办"水客"走私案件15起，案值4234万元，其中，破获乌鲁木齐关区首起销售海南离岛免税"套代购"走私商品犯罪案件，立案案值31.2万元。通过持续打击整治，有力遏制"水客"走私势头，为优化营商环境、促进新疆外贸持续健康发展作出积极贡献。

三、严厉打击禁限物品走私，切实维护国门生物安全和生态安全

2022年，乌鲁木齐海关坚决贯彻落实习近平总书记关于坚决推进反兴奋剂斗争重要指示精神，破获关区首起走私兴奋剂出口案件，得到公安部、国家体育总局、海关总署缉私局的高度关注和充分肯定。该案累计查获片剂类药品5种1300盒（100片/盒）、注射类药剂9种3000瓶、瓶装黄色液体2.48千克、袋装粉末颗粒20.02千克，经取样送检鉴定，上述药品均为《2021年兴奋剂目录》中蛋白同化制剂类兴奋剂。在海关总署缉私局、公安部经侦局的统一指挥下，在自治区公安厅的大力支持下，办案单位发扬连续作战精神，克服疫情影响，查扣大量涉案兴奋剂成品和兴奋剂原料，并查发多条非法生产、买卖和走私兴奋剂案件线索。根据案件管辖权限通报当地公安机关后，成功打掉了一个涉及7个省市90余人的非法生产、经营、走私兴奋剂的犯罪网络。该案是2022年全国海关查获的首例走私兴奋剂出口案件，为维护我国负责任的大国形象作出积极贡献。

2022年1月初，乌鲁木齐海关缉私局与相关单位组建联合工作专班，对举报线索开展经营侦查，成功打掉一个集"境外揽货、绕关走私、周转仓储、检疫运输、收购销售、养殖繁育"为一体的走私国家禁止入境活体动物犯罪链条。乌鲁木齐海关缉私局立案3起，抓获犯罪嫌疑人20人，查扣走私入境大马士革山羊11只，查证走私入境大马士革山羊38只，有效防范通过活体动物传播动物疫病风险，维护了国门生物安全。以上两起案件的成功破获，为维护国门安全作出了积极贡献，得到自治区党委主要领导的批示肯定。

四、严厉打击重点涉税商品走私，坚决维护国家税收安全

随着我国加快构建以国内大循环为主体、国内国际双循环相互促进的新发展格局，一些重点涉税商品的国内供给难以满足消费升级的需要，诱发涉税走私活动持续活跃。同时，自治区党委依法科学精准优化疫情防控工作，各口岸的陆续恢复通关和人流物流的畅通往来成为必然，重点涉税商品走私风险也随之增大。

▲2022年8月15日，阿拉山口海关关员查获一批涉嫌侵犯知识产权的货物　（池田　摄）

2022年，乌鲁木齐海关全面总结近年来在打击涉税商品走私方面的经验做法，加强战术战法提炼，优化打击策略，强化情报经营和大数据应用，聚焦高档消费品等重点涉税商品、

冻品、烟草、粮食等农产品和货运、寄递、跨境电商、边民互市等重点渠道，加强分析研判、监控预警，严厉打击伪报品名、低报价格走私以及虚假贸易骗取出口退税行为，坚决做到"露头就打"，严密防范行业性走私风险。认真贯彻落实"六部门"打击虚开骗税违法犯罪工作机制，突出情报先导，加强信息共享、数据分析和案件拓展，将虚开、骗税、骗补与走私、洗钱等违法犯罪一并纳入侦查范围，强化案件联合经营、联合侦办，实现全链条、一体化打击整治。积极与人民银行、税务、地方公安、检察院、法院加强协作配合，循线打击与走私相关联的洗钱犯罪，完善相关工作机制，坚决维护国家经济安全。加大对货运渠道低报价格走私、跨境电商渠道"三单造假"走私和冒用边民互市政策走私的打击力度，严防走私活动跨渠道"漂移"。扎实开展"以打促税"百日攻坚专项行动，破获低报价格走私玉石案件6起，立案案值4.4亿元。查办申报不实影响出口退税行政案件81起，案值3499万元。深挖与走私相关联的各类违法犯罪活动，破获洗钱犯罪案件2起，案值428万元。

撰稿人

侯亚昕

第三篇

大事记

2022 年乌鲁木齐海关大事记

1月

1日 中央政治局委员、自治区党委书记马兴瑞在吉木乃口岸调研。其间，听取吉木乃海关相关工作情况介绍。

全国首票中国—哈萨克斯坦"关铁通"项目试运行出口货物在阿拉山口海关顺利通关。

14日 乌鲁木齐海关召开视频会议，部署北京冬奥会、冬残奥会卫生检疫工作。

17日 塔克什肯口岸恢复货运通关。

19日 中央政治局委员、自治区党委书记马兴瑞在霍尔果斯国际边境合作中心海关、霍尔果斯综合保税区调研。其间，听取霍尔果斯海关、霍尔果斯国际边境合作中心海关相关工作情况介绍。

21日 海关总署党委委员、政治部主任、副署长胡伟通过视频形式与新调整、提任直属海关政治部主任进行集体任前谈话。乌鲁木齐海关新提任直属海关政治部主任曹雷同志按要求参会，并进行表态发言。

22日 根据《国务院关于同意在鄂尔多斯等27个城市和地区设立跨境电子商务综合试验区的批复》（国函〔2022〕8号），同意在喀什地区、阿拉山口市等27个城市和地区设立跨境电子商务综合试验区，新疆喀什地区、阿拉山口市获批设立跨境电子商务综合试验区。

26日 海关总署驻华海关专员联络机制2022年度会议暨国际海关日活动视频会议在乌鲁木齐海关举行。

28日 中央政治局委员、自治区党委书记马兴瑞在巴克图口岸就塔城综合开发开放试验区展示馆相关工作、新国门"甩挂"作业相关情况调研。

29日 乌鲁木齐海关召开2022年关区工作会议、全面从严治党工作会议。关长、党委书记沈扬作题为《强化政治机关建设 坚定贯彻新时代党的治疆方略 以优异成绩迎接党的二十大胜利召开》的主题报告，总结回顾2021年工作，研究安排2022年工作，并对各项工作进行部署。

2月

12日 中央政治局委员、自治区党委书记马兴瑞在阿拉山口口岸调研。其间，实地查看铁路国际联运大楼、阿拉山口综合保税区等相关情况。

15日 乌鲁木齐海关召开国门安全防控委员会联席会议暨口岸监管反恐防范工作会议。

吉木乃口岸正式恢复货运通关。

16日 乌鲁木齐海关召开"海关重点项目

和财物管理以权谋私"专项整治工作动员部署视频会议。

18日 乌鲁木齐海关召开2022年关区缉私工作电视电话会议。

22日 伊尔克什坦口岸恢复进口货运业务，当日进口煤炭91吨。

25—26日 喀什海关、霍尔果斯海关、伊宁海关新冠病毒核酸检测实验室顺利通过自治区临床检验中心验收。

28日 乌鲁木齐海关参加海关总署与哈萨克斯坦财政部国家收入委员会视频会晤，并就提升中国—哈萨克斯坦边境口岸过货能力、恢复都拉塔口岸货运通关等哈方关切问题作出回应。

塔城海关恢复进口货运通关业务。

3月

9日 乌鲁木齐海关第四届机关工会第一次会员代表大会顺利召开。同日召开机关工会委员会、经费审查委员会、女职工委员会全体会议，选举刘兆斌同志为机关工会主席、胡齐东同志为副主席，贺军同志为经费审查委员会主任，韩冬艳同志为女职工委员会主任。

14日 自治区副主席孙红梅听取乌鲁木齐海关党委书记、关长沈扬介绍工作情况。

17日 乌鲁木齐海关首次组织召开自治区地方标准审定会。

25日 乌鲁木齐海关党委召开党委理论学习中心组捍卫"两个确立"、做到"两个维护"、强化政治机关建设专题（扩大）学习暨经验交流会。

全疆首列转关乌鲁木齐—哈萨克斯坦敞顶箱专列在乌鲁木齐国际陆港区正式发运。

29日 乌鲁木齐海关召开处级领导干部学习贯彻党的十九届六中全会精神集中轮训班开班仪式。

乌鲁木齐海关与新疆贸易促进委员会共同举办"RCEP实施给新疆带来的发展机遇和红利"主题政策培训会。

乌鲁木齐海关与乌鲁木齐市委、市政府组织召开企业座谈会。

30日 都拉塔口岸正式恢复货运通关。

乌鲁木齐邮局海关连续查获疑似含有管制类精神药品成分"减肥药"1344粒。

31日 乌鲁木齐海关与新疆生产建设兵团第八师石河子市签署《乌鲁木齐海关 八师石河子市关于加强关地合作、促进外向型经济发展合作备忘录》。

4月

1日 乌鲁木齐海关与自治区市场监督管理局（知识产权局）签署海外知识产权保护工作合作备忘录。

霍尔果斯海关保障首列"霍尔果斯—哈萨克斯坦"跨境电商专列开行。该专列共搭载41个集装箱标箱，主要为新疆伊犁地产瓷砖、番茄酱、调味品等，货重1025吨，货值560万元。

6日 喀什海关保障关区首趟喀什至欧洲卡航顺利开行。该批货物为分子筛，合计重量118.8吨，货值280万元，由伊尔克什坦口岸出境至德国慕尼黑。

4月6日至7月5日 海关总署"百名科长百日督查"督查组在乌鲁木齐海关开展督查。其间，前往乌昌海关、霍尔果斯海关、石河子海关、霍尔果斯国际边境合作中心海关、都拉塔海关、吐尔尕特海关等隶属海关开展实地督查。

12日 自治区党委常委、自治区总工会主席伊力扎提·艾合买提在喀什综合保税区调研。其间，听取喀什海关关于支持综合保税区发展的措施以及区内企业生产加工和外贸出口情况的介绍。

13日 乌鲁木齐海关召开关区"三智"署级项目业务工作汇报会。

14日 根据《乌鲁木齐海关关于调整办公室、统计分析处职能配置等相关事项的通知》（乌关人〔2022〕68号），对乌鲁木齐海关办公室、统计分析处职能配置进行调整，乌鲁木齐海关办公室政策研究室更名为"文秘科"。

15日 乌鲁木齐海关组织召开中国—塔吉克斯坦海关视频会议。

乌鲁木齐海关组织内部疫情防控"无脚本"应急处置演练。

18日 乌鲁木齐海关参加中国（新疆）自由贸易试验区总体方案编制工作电视电话会议并发言。

19日 乌鲁木齐海关以视频形式与成都海关、贵阳海关、武汉海关召开保税航油业务推进会。

乌鲁木齐海关、西安海关、西宁海关和银川海关联合举办跨关区知识产权保护线上培训。

21日 乌鲁木齐海关报送乌昌海关查获出口摩托车案入选2021年中国海关知识产权保护十大典型案例。

22日 乌鲁木齐海关办理首宗稽查部门自主查发的"快速办理案件"。

乌鲁木齐海关与青岛海关开展科研项目云签约。青岛海关保健中心与新疆国际旅行卫生保健中心（乌鲁木齐海关口岸门诊部）、阿拉山口海关技术中心签订合作协议，共同开展输入性病媒生物监测、携带病原体检测协作研究。

23—24日 乌鲁木齐海关技术中心顺利通过国家市场监督管理总局检验检测机构资质认定扩项评审。新增食品领域78个项目检测能力。

28日 老爷庙口岸正式恢复货运通关。

29日 乌鲁木齐海关召开乌鲁木齐海关团工委成立大会。

5月

1日 霍尔果斯海关、霍尔果斯国际边境合作中心海关保障首列自霍尔果斯铁路口岸始发至波兰马拉舍维奇"霍欧中铁班车"开行。

7日 中央政治局委员、自治区党委书记马兴瑞在伊尔克什坦口岸调研，了解口岸进出口货物类型、口岸通关及疫情防控情况，并慰问坚守在口岸一线的工作人员。

9日 乌鲁木齐机场海关成功破获一起寄递渠道走私毒品案。查获疑似冰毒净重0.65克，抓获犯罪嫌疑人1名，此案件是关区近三年来办理的首起毒品走私案件，也是自治区禁毒与缉私协作机制建立以来协同破获的首起涉毒案件。

12日 乌鲁木齐海关研究制定《乌鲁木齐海关促进新疆外贸保稳提质的十六条措施》。

13日 海关总署党委书记、署长俞建华视频连线乌鲁木齐海关，乌鲁木齐海关党委书记、关长沈扬汇报关区工作情况。

14日 乌鲁木齐地窝堡机场海关保障乌鲁木齐航空乌鲁木齐—阿克托别"客改货包机航班"顺利首航。该航班主要装载服装、玩具、显卡、汽车导航等电商百货，共计507件，货值

38700美元。

16日 自治区党委常委、自治区常务副主席陈伟俊一行在巴克图口岸实地调研。

乌拉斯台口岸正式恢复货运通关。

17日 乌鲁木齐海关持续巩固深化"我为群众办实事"重点措施——"智能自助洗车房"在培训基地启动试运行。

18日 石河子海关签发全疆首份中国—毛里求斯自贸协定原产地证书。

23日 自治区党委副书记、自治区主席艾尔肯·吐尼亚孜在都拉塔口岸调研。

乌鲁木齐海关完成关区首家RCEP自由贸易协定项下"经核准出口商"备案工作。

24日 库尔勒海关保障关区首次出口化工品磺甲基酚醛树脂至哈萨克斯坦。

25日 卡拉苏口岸恢复进口货运通关业务。

26—28日 自治区副主席孙红梅在伊尔克什坦口岸、吐尔尕特口岸、红其拉甫口岸、卡拉苏口岸调研。其间，听取4个隶属海关相关情况介绍。

27日 乌鲁木齐海关党委书记、关长沈扬拜访自治区副主席、兵团党委副书记、司令员薛斌，双方就相互支持、加强合作、共促发展进行交流。

乌鲁木齐地窝堡机场海关、乌昌海关联合助力国际货运包机"乌鲁木齐综合保税区号"首航。主要装载仪器设备、服装、箱包及鞋帽等货物，货重42吨，货值135万美元，目的地为哈萨克斯坦阿拉木图。

乌鲁木齐海关技术中心获评海关总署2021年度海关科技成果3项。其中，二级成果1项，为《反刍动物主要疫病检测与防控技术及其标准化应用研究》；三级成果2项，分别为《新疆进出口特色农产品中化学有害物质检测技术研究与应用》《应对出口蜂王浆质量安全壁垒检测技术标准化研究及应用》。

30日 自治区党委常委、自治区常务副主席陈伟俊在霍尔果斯口岸就霍尔果斯5G智能物流港、霍尔果斯综合保税区跨境电商分拨中心等情况进行调研。乌鲁木齐海关党委书记、关长沈扬一同调研。

乌鲁木齐海关以视频方式参加喀什地区与巴基斯坦吉尔吉特—巴尔蒂斯坦地区会议。

31日 新疆首架复航国际客运航班顺利入境。该航班由哈萨克斯坦阿拉木图市起飞，直航至乌鲁木齐地窝堡国际机场，搭乘旅客206人、机组16人。乌鲁木齐地窝堡机场海关共采集鼻咽拭子、口咽拭子222份。

乌鲁木齐海关召开关长办公会，会议研究制定《乌鲁木齐海关口岸疫情防控人力资源保障应急工作预案》。

乌鲁木齐海关召开"关长走进口岸封管区"工作事项安排部署会。

6月

1日 伊宁海关技术中心主持制定的《新疆进出口特色农产品中化学有害物质检测技术研究与应用》获海关科技三级成果奖。

石河子海关签发全疆首份中国—柬埔寨自贸协定原产地证书。

自治区党委常委、纪委书记、监委主任田湘利在阿拉山口口岸调研，听取关于粮油加工产业发展、跨境电商综合试验区政策运用等情况介绍。

5日 海关总署党委委员、副署长王令浚在霍尔果斯口岸调研。了解霍尔果斯海关三级监控指挥中心建设运行情况，与干部职工代表互动交流，并通过视频连线方式亲切慰问梯队一线同志。

6—7日 乌鲁木齐海关完成12360海关热线与12345政务服务便民热线归并工作。

7日 新疆国际旅行卫生保健中心参与的科研项目《高致病性人冠状病毒口岸应急防控体系的建立与应用》获得海关总署科技成果评定三级成果。

11日 自治区党委副书记、自治区主席艾尔肯·吐尼亚孜在巴克图口岸调研。

12日 石河子海关签发全疆首份新版中国—韩国自贸协定原产地证书。该份证书货物为番茄酱，货值约14.33万美元。

13日 根据《乌鲁木齐海关关于王明军等34人职务、职级任免的通知》（乌关人〔2022〕107号），34人在关区内进行换防式交流。

14日 乌鲁木齐海关党委召开党委理论学习中心组"意识形态"专题（扩大）学习活动。

霍尔果斯边民互市贸易区顺利通过自治区商务厅、乌鲁木齐海关等部门联合验收。

15日 乌鲁木齐海关设立进出口鲜活易腐农食产品属地查检"绿色通道"。

21日 乌鲁木齐地窝堡国际机场口岸首次以"跨境电商B2B直接出口"模式出口货物。该批货物通过全货包机出口至俄罗斯，主要为固态硬盘和内存条，货值85.98万美元。

29日 乌鲁木齐海关联合西安海关启动对哈萨克斯坦海关AEO互认安排实施工作。

吐尔尕特口岸恢复空集装箱入境。当日，吐尔尕特海关以"跨界吊装"模式监管入境空集装箱5个。

7月

4日 中央政治局委员、自治区党委书记马兴瑞，自治区党委副书记、自治区主席艾尔肯·吐尼亚孜一行在乌鲁木齐海关调研并召开座谈会。其间，听取乌鲁木齐海关服务丝绸之路经济带核心区建设工作情况介绍。

21日 乌鲁木齐海关与海关总署研究中心进境动物隔离场风险评估和中亚五国输华农产品贸易调研组召开见面会。

22日 乌鲁木齐海关召开年中工作会议。深入学习落实总署年中工作会议部署，总结上半年关区各项工作开展情况，分析形势和存在问题，安排下半年重点工作。

25日 乌鲁木齐海关组织召开2022年上半年关区安全生产工作会议暨"口岸危险品综合治理"百日专项行动部署动员会。

26日 自治区人民政府批复同意霍尔果斯边民互市贸易区运营。

27日 新疆首家保税融资租赁企业正式备案落户霍尔果斯综合保税区。

28日 乌鲁木齐海关缉私局举行"全国反走私综合治理调查研究中心新疆工作站"揭牌仪式。

29日 乌鲁木齐海关参加中国—吉尔吉斯斯坦政府间经贸合作委员会中国新疆和吉尔吉斯斯坦毗邻州区合作工作组第十一次会议。

31日 库尔勒海关保障首列"库尔勒—加里宁格勒"中欧班列开行。该班列搭载集装箱96个，商品为化工品精对苯二甲酸（PTA），货重2474吨，货值1923.14万元。

8月

1日 乌鲁木齐海关组织开展关区首次全国

海关企业认证初级资质考核工作。

3日 吐尔尕特口岸恢复货物进口业务。

4日 乌鲁木齐海关精准防控智慧监管指挥应用项目顺利通过验收。

9日 乌鲁木齐海关召开乌鲁木齐海关党委（扩大）会，专题传达学习海关总署党委书记、署长俞建华在《乌鲁木齐海关关于深入学习贯彻落实习近平总书记视察新疆时重要讲话重要指示精神相关情况的报告》上的批示要求，并开展研讨交流。

10日 霍尔果斯海关、乌昌海关助力第七届中国—亚欧博览会首批展览品顺利通关。

19日 红其拉甫海关水布浪沟"海关特色党性教育课堂"被自治区党委组织部和自治区党校命名为"新疆维吾尔自治区干部教育培训现场教学基地"。

30日 霍尔果斯海关李清华同志获评全国"人民满意的公务员"荣誉称号。

9月

2日 乌鲁木齐海关召开全国"人民满意的公务员"李清华同志先进事迹宣讲报告。李清华同志以《以奋斗姿态与新时代边关"双向奔赴"》为题作宣讲报告。

3日 乌鲁木齐海关召开2022年全国海关乌鲁木齐承训点新录用公务员初任培训开班仪式。

8日 乌鲁木齐海关参加自治区与哈萨克斯坦四州友好合作对话会暨友城意向书签字仪式。

20—24日 海关总署党委委员、副署长王令浚一行在阿克苏地区、兵团第一师阿拉尔市、哈密地区调研。了解阿克苏海关、哈密海关工作情况及地方经济社会发展、重点外贸企业生产运营情况，听取别迭里口岸建设情况汇报，并与现场关员交流。

26日 乌鲁木齐海关召开关区迎党的二十大口岸监管环节安保反恐工作会议暨关区安全生产工作会议。

27日 乌鲁木齐海关所属红其拉甫海关与中国海关博物馆联合举办"赓续红色血脉 传承'四特'精神"品牌创建云共建主题党日活动。

29日 乌鲁木齐海关与乌兹别克斯坦海关开展AEO互认首轮磋商。

根据《乌鲁木齐海关关于刘扬等25人职务职级任免的通知》（乌关人〔2022〕168号），25人通过遴选考试进入乌鲁木齐海关机关和在乌隶属海关单位工作。

10月

8日 自治区副主席孙红梅在阿拉山口口岸调研。听取阿拉山口海关关于统筹做好口岸疫情防控和促进外贸稳增长、支持综合保税区和跨境电商综试区高质量发展相关情况介绍。

17日 伊尔克什坦海关快速验放全国首趟中吉乌—深穗喀"双循环"多式联运班列车辆。

19日 乌鲁木齐海关召开2022年关区内控工作会议暨"内控示范科室"创设经验交流推进会。

31日 乌鲁木齐海关召开学习贯彻党的二十大精神视频会议。学习传达党的二十大精神，安排《乌鲁木齐海关学习宣传贯彻党的二十大精神的工作方案》落实工作。

11月

1日 乌鲁木齐海关组织召开党委理论学习中心组（扩大）学习宣传贯彻党的二十大精神

专题会议。围绕学习贯彻党的二十大精神培训班分组研讨题目,结合关区工作实际就学习宣传贯彻党的二十大精神开展研讨交流。

17—22日 乌鲁木齐海关召开学习贯彻党的二十大精神能力提升培训班,党委书记、关长沈扬在开班式、小结会议上讲话。培训期间,举办理论学习中心组专题研讨交流会、党建工作交流会、解放思想促发展大讨论成果展示会、"学习榜样见行动 建功立业新时代"宣讲会、"青年干部担使命 建功立业新时代"专题研讨交流、处级领导干部专题研讨交流会等系列学习活动。

18日 乌鲁木齐海关以视频方式举行2022年度中国—哈萨克斯坦边境海关负责人会谈。

12月

5日 自治区党委常委、自治区常务副主席陈伟俊在乌鲁木齐海关开展党的二十大精神学习宣讲。

8日 乌鲁木齐海关参加自治区外事办组织的中国—塔吉克斯坦边境口岸疫情联防联控机制工作组视频会议。

16日 乌鲁木齐海关组织新任处级领导干部、执法一线科长担任隶属海关党委委员宪法宣誓仪式。党委书记、关长沈扬对新任处级领导干部、执法一线科长担任隶属海关党委委员进行集体任前谈话并提出相关要求。

乌鲁木齐海关向自治区林草局移交濒危野生动植物制品7.97千克。至此,关区所有已结案象牙等野生动植物制品全部移交完毕。

17日 乌鲁木齐海关与新疆出入境边防检查总站签署《强化党建引领 筑牢国门安全 打造丝绸之路经济带核心区开放高地合作备忘录》。

23日 乌鲁木齐海关办理首笔保税研发业务。主要研发项目为葵花仁油与葵花仁活性蛋白加工工艺创新集成与科学节能。

24日 乌鲁木齐海关与中国人民银行乌鲁木齐中心支行、国家外汇管理局自治区分局签署《打造丝绸之路经济带核心区开放高地 推动新疆开放型经济高质量发展合作备忘录》。

26日 乌鲁木齐海关党委书记、关长沈扬拜访自治区副主席、兵团党委副书记、司令员薛斌,介绍2022年以来乌鲁木齐海关促进兵团开放型经济发展相关工作情况。

第四篇

党的建设

党建工作

【概况】2022年，乌鲁木齐海关围绕海关总署党委"铸忠诚、担使命、守国门、促发展、齐奋斗"工作要求及"12个必"重点工作，坚持党建引领，从"四特"精神中汲取营养，从"距离再远不忘忠诚、氧气再少不缺精神、海拔再高不降标准、环境再苦不破规矩"的"四不"要求中凝聚力量，推进以"强基提质—创先争优—相融互促"为脉络的"三步走"党建工作思路，将党建作为开启"强关之路"的金钥匙，以高质量基层党建引领边关事业高质量发展。

【学习宣传贯彻党的二十大精神】2022年，乌鲁木齐海关把学习宣传贯彻党的二十大精神作为首要政治任务，深入学习领会精神实质、掌握核心要义、统一思想认识，聚焦"全面学习、全面把握、全面落实"总体要求，按照"四学习、三开展、三强化"的工作思路，推动党的二十大精神在关区落地见效。即：集中传达学、中心组系统学、基层党组织灵活学、轮训重点学；开展党的二十大精神大宣讲活动、党建品牌交流展示活动、"学习贯彻党的二十大精神 高质量建设一流边关"课题研究；强化线上展示能力、强化线下宣传效果、强化新闻宣传力度。坚持领导带头学，关区两级党委开展中心组学习35次，两级党委班子成员参加基层党组织专题学习90次，各单位部门"一把手"开展专题辅导48人次。坚持全员覆盖学，运用"线上""线下"相结合、深读原文与交流研讨相结合等方式开展学习活动。坚持抓住重点学，将学习安排与关区"解放思想大讨论"活动结合起来，与"学习榜样见行动，建功立业新时代"宣讲活动结合起来，关区16名青年干部和50余名领导干部分享党的二十大精神学习感悟，干部职工精神更加振奋，信心更加充沛，信念更加坚定。

【政治机关建设】2022年，乌鲁木齐海关深入推进政治机关建设，统筹开展政治机关专项教育和"学查改"专项工作，作为巩固拓展党史学习教育成果的重要内容，扎实推进，取得实效。建立"每月一小结、季度一报告"推进工作机制，制订《乌鲁木齐海关关于在机关开展"学习研讨、查摆问题、改进提高"专项工作的实施方案》，确保"规定动作"做到位、"自选动作"有特色，保证专项工作见实效。整合各类监督力量，分片区成立4个督导组，通过列席会议、实地检查、电话了解、调阅材料等方式，对"学没学、查没查、改没改"进行常态化、全过程、全覆盖督导检查。充分发挥量化考核"指挥棒"作用，将专项工作开展情况纳入考核指标，确保专项工作走深走实。在深入学习研讨的基础上，对标"四个是否""六对照六看六查"，结合巡视巡察、督察审计发现的问题，以及民主生活会、组织生活会查摆的问题，开展全面排查评估。按照"立行立改、近期、中长期"3个时限节点实行挂图作战、对账销号，建立问题整改情况"每月报告单"制度，确保问题整改落地砸实。

【模范机关创建】2022年，乌鲁木齐海关深入开展模范机关建设工作，对照总体要求和年度工作任务，强化分类指导，增强创建工作的针对性和实效性。组织机关各处室制定创建模范机关先进单位任务清单，培育特色品牌，打造工作亮点，对标"讲政治、守纪律、负责任、有效率"要求，找全自身存在问题，抓好整改落实，抓好自评和推优评选工作，向总署推荐2个处室的创建经验材料。通过信息、简报、政务网、电子显示屏、宣传栏等宣传阵地和"金钥匙""疆海飞扬"等新媒体平台进行广泛宣传，推动形成积极争创、拼搏干事的良好氛围。

【宣传思想和意识形态工作】2022年，乌鲁木齐海关持续强化政治理论武装，研究制订党委理论学习中心组学习计划，完善"一学一报""每半年一总结"工作机制。组织党委理论学习中心组学习18次、研讨交流4次、实地参观2次，配发辅导书籍260本。深入学习贯彻习近平总书记视察新疆重要讲话重要指示精神，组织开展"进一步解放思想、转变观念，服务高质量发展见成效"大讨论活动，制订6个研讨选题，划分4个研讨区域，评选出8个优秀研讨作品并在关区展示推广。推动党史学习教育常态化长效化，制定巩固深化"我为群众办实事"39个项目，推动2个清单台账"动态清零"，党委班子成员深入地方政府和外贸企业，收集并解决监管场所设立、税费减免等各类困难诉求34件。建立健全意识形态领域工作机制，定期开展思想动态调查和分析研判，开展心理援助484人次。狠抓"三反"教育、法治教育和民族团结教育，不断铸牢中华民族共同体意识。大力培育和践行社会主义核心价值观，印发精神文明建设要点，开展"书香天山"全民阅读、"我推荐我评议身边好人"、"5·8"人道公益日线上众筹活动。

【基层党组织建设】2022年，乌鲁木齐海关从基层党建基础建设入手，不断夯实发展根基。推行"现场展演+示范观摩+联学联建"的党建工作机制，9个支部开展"三会一课"标准化演示，直观展示经验做法。推行先进带后进"对口联建""抓两头带中间"促进基层党建全面提质。组织实施书记项目制度化，围绕解难题开展53个书记项目，1个项目获评全国海关优秀书记项目。建立"支部自评+组织推荐+专家考核"的考核评价体系，75个支部获评"四强"党支部，7个党建品牌被评为全国海关党建示范和培育品牌。成功申创全国海关首批基层党建实训点、自治区首批"五个好"标准化规范化党支部示范点。深入发掘一线党员同志的先进事迹和平凡故事，通过"讲学展演"等形式，以身边事教育身边人、以身边榜样激励身边人，传递正风正气正能量。汇集"百年口岸""红色通道"等8类红色资源，丰富党史教育馆、党员活动室、关史陈列室，打造文化阵地。推出《逐梦边关》《领航》《梯队》等群众文艺作品，汇聚情感共鸣。组织开展"青丝银发"结对，让离退休同志和年轻关员在共建中传承红色血脉、激扬青春韶华。

【党风廉政建设】2022年，乌鲁木齐海关制定并完成关区全面从严治党工作会议57项重点任务，加强党风廉政建设和反腐败工作形势分析研判，压紧压实主体责任。抓实"一把手"和领导班子监督，按季度汇总并向总署报备关领导重点事项监督自查报告表。组织209名领导干部填写《领导干部配偶、子女及其配偶从业状况自查表》，抽核45人未发现违规事项。推送"书记组长谈责任"访谈优秀视频3条。召开警示教育大会，分批组织1700余人观看警示教育片，落实总署警示教育月和自治区第24个党风廉政教育月活动安排。举办党支部书记讲廉政党课170余次，制作"微党课"视频37份，召开"清风润国门 廉洁伴我行"主题党日180余次、"廉洁·青年说"主题团日12次。各级党组织开展党章党规党纪学习1780余次、警示教育510余次，实现党风廉政建设形势分析和情况报告全覆盖。以研促廉，丰富载体，围绕提高一体推进"三不腐"能力组织撰写研究课题62篇。大力开展"清风国门"廉洁文化创意作品征集活动，收集汇总廉洁文化作品362件，向总署推选71件，其中20件获奖，乌鲁木齐海关获总署"最佳组织奖"荣誉称号。

【准军事化纪律部队建设】2022年，乌鲁木齐海关制定印发《乌鲁木齐海关关于2022年准军事化纪律部队建设有关工作的通知》，对目标任务、时间安排、活动内容、督察方式等提出具体要求。以"晨会一刻"等形式专题学习《海关内务规范》，利用办公楼LED显示屏、楼宇电视等平台滚动播放《内务规范示范片》，营造浓厚活动氛围。成立队列指挥小教员示范班，以小教员专训带动全员普训，开展精准单训及强化训练，规范动作要领，切实增强令行禁止意识。创新"自选动作"，开展"驻地连队一日生活"体验，学习军人作风，找准自身差距，及时改进提升。建立常态化内务督察机制，制发《乌鲁木齐海关关于常态化开展内务规范督察工作的通知》《乌鲁木齐海关内务督察量化扣分标准》，重点针对工作纪律、着装仪容、工作秩序、办公环境四个方面38项标准进行检查，不定期对机关单位现场督察、对各隶属海关业务现场视频督察。对督察中发现的问题及时制发整改通知书，限时要求整改，将督察结果与绩效考核等挂钩，促使内务督察工作抓常抓实。

【文化润关工程】2022年，乌鲁木齐海关弘扬"求实、扎实、朴实"，大力培育具有边关特色的海关文化。开展"奋斗新征程'四特'赋新能"活动，征集"金点子"360条、微课题92篇、"国门之星"故事和典型事迹38篇。开展"我身边的榜样"演绎活动，在传承红色基因中汲取精神力量。与地方政府、联检单位联合开展"国门大党建"等活动，实现更广范围、更宽领域互鉴共享。打造边关文化矩阵，建成"党史教育馆、党员活动室、关史陈列室"三大阵地，红其拉甫海关水布浪沟特色教学基地成功申创全国海关基层党建实训点。"围绕学习宣传贯彻党的二十大精神""讲好边关榜样故事"等主题开展新媒体宣传，关区"疆海飞扬"微信平台发布稿件407篇，被海关总署"金钥匙"微信公众号采用78篇，其中

《领航》稿件阅读量突破6万人次，连续9年获评全国海关"金钥匙"纸媒、新媒体"双十佳"单位。

【工会工作】2022年，乌鲁木齐海关紧紧围绕中心工作重点任务，推动发挥工会组织桥梁纽带作用，工会各项工作呈现良好发展势头。发挥模范先进的示范引领作用，关区6个先进集体及优秀个人获评"全国五一劳动奖状"等荣誉称号。加强基层一线职工书屋建设，一个职工书屋荣获全国工会品牌职工书屋示范点，一个读书小组荣获全国工会优秀职工读书组织。下大力气集中解决职工"急难愁盼"问题，积极争取地方政策资金支持，为关区争取300个职工疗养名额、900份职工互助保险；加大工会经费投入支援疫情防控，对口岸一线防疫人员、困难职工、"访惠聚"驻村队员开展"送温暖""送清凉"慰问超1000人次；通过摸底调查、广泛协调，40余人次职工家庭困难得到有关部门推进解决。全力推进"我为群众办实事"项目，多方筹措资金为关区1928名职工投保自治区职工互助保险；策划举办2期关区职工子女假期训练营，150多个职工家庭190余名学员参训；支持海关健康小屋有效运转，协助"海之馨"心理健康志愿服务队开展"心灵驿站"服务。加强职工文化建设，开设17个职工文体协会，在重大节日节点常态化开展群众性文体活动，分四个赛区举办关区职工运动会预赛阶段比赛，以实际举措增强关区广大职工的获得感、幸福感、归属感。多路并进建设职工创新阵地矩阵，申报817个职工创新成果获自治区总工会通报奖励，获奖数量位居中央驻疆单位第一名；建立巡察信息化创新工作室、外贸监测分析创新工作室、边境海关国际合作创新工作室。加强工会组织建设、队伍建设和能力建设，规范工会委员会工作机制，主动开展工会经费审查监督；以模范职工之家、模范职工小家评选为抓手加强基层组织规范化建设；组织60名工会干部参加实地培训开展交流互鉴；督促任届期满的基层工会及时开展换届选举，关区工会组织的执行力、凝聚力不断提升。

【共青团工作】2022年，乌鲁木齐海关全面落实党管青年工作原则，筹备成立乌鲁木齐海关团工委，选优配强团工委领导班子。关心关注青年成长发展，举办"学习榜样见行动"青年宣讲会和"青年干部担使命"研讨交流会，倾听29名青年干部代表心声。组建青年理论学习小组93个、覆盖青年学员974人，覆盖率100%，结合"线上＋线下"学习平台，开展"三会一课"、青年大学习、读书沙龙等活动116次。选派18名团支书参加团务能力提升班，组织关区85名团干部开展"四个一"岗位大练兵活动。逐步解决团籍注册问题，截至2022年年底，251名团员信息完整，100%注册成为志愿服务者。制定《乌鲁木齐海关团组织"对标定级"工作手册》，收集团建制度12项、团务工作指引6项、团建相关记录26个。编制《关区团组织换届选举工作手册（试行）》，简化换届和新建团支部选举程序。开展"青年岗位能手"和"青年理论学习示范小组和学习标兵"评选表彰活动。经常性开展"推优入党"活动，推荐23名优秀团员成为入党积极分子和党的发展对象。举办"百年团史"宣讲会、"青老结对"走访活动，引导关区青年厚植爱国爱团情感。开展植树护绿、美化家园等志愿服务活动,增强为民服务意识。2022年,共青团中央授予迪力努尔·巴合提江同志"全国优秀共青团干部"称号。全国创建青年文明号活动组委会认定红其拉甫海关、哈密海关、卡拉苏海关、阿拉山口海关报关大厅、塔城海关报关大厅5个集体为"一星级全国青年文明号"。自治区共青团委员会命名霍尔果斯海关监管三科、吐尔尕特海关2个集体为"第19届自治区青年文明号"。

【乡村振兴和"访惠聚"驻村工作】2022年,乌鲁木齐海关不断夯实工作基础,健全"队员当代表、单位做后盾、一把手负总责"工作机制,巩固脱贫攻坚成果和推进乡村振兴工作取得新成效。选优配强驻村干部,向全疆19个村(社区)派出"访惠聚"驻村工作队9个、驻村第一书记19人、驻村干部52人,并加强经费保障。指导规范帮扶村党组织建设,健全村民议事机制和为民服务保障机制。全面落实各项巩固提升措施,运用"红橙黄绿"分级监测预警机制,对结对帮扶村未消除返贫风险的115户503人制定"一人一策、一户一办法"工作台账,有效防止返贫。探索"党支部领办合作社"新模式,组建农牧民合作社21家,通过批发零售、网络直播带货等多种方式助力扩大特色农产品销量,以食堂选购、工会订购等方式采购特色农产品142万元。

▲2022年4月29日,乌鲁木齐海关召开团工委成立大会 (张翼鹏 摄)

撰稿人

于　静　姚姣姣　赵志强　牛雅洁　麻卫亮
张翼鹏　李希杰　徐新峰　缪　何

巡视巡察

【概况】2022年，乌鲁木齐海关党委加强对巡察工作的全面领导，围绕"政治巡察高质量发展"主线，紧扣"三个聚焦"监督重点，认真履行"统筹协调、指导督导、服务保障"工作职责，牢牢抓住"巡察监督全覆盖、巡视问题全整改"两个工作重点，做到巡察工作数量与质量并重、进度与效果兼顾，充分发挥巡察"利剑"作用。2022年，乌鲁木齐海关全面完成党的十九大以来五年巡察全覆盖任务，累计对关区45个单位开展政治巡察，对发现的问题按计划持续推进整改，切实保证巡察工作取得实效。年内，总署各类信息网站发布乌鲁木齐海关巡察信息和研究文章50篇，组织拍摄《用巡察之镜 扬利剑之威》动漫微视频在总署网站播出。

【巡视巡察整改】2022年，乌鲁木齐海关牢固树立"一盘棋"思想，加强巡视巡察整改上下联动，建立《乌鲁木齐海关巡视巡察共性问题库》，对照自查，举一反三，做到未巡先改。按照海关总署党委关于落实巡视巡察整改自查评估及集中清查工作新要求，对照"中央巡视海关总署党组、海关总署党委巡视乌鲁木齐海关党委、乌鲁木齐海关党委巡察关区各单位党组织"发现的问题，创新开展巡视巡察整改"三合一"集中清查及评估，受到总署巡视办和天津特派办的肯定。通过自查评估，对中央巡视海关总署党组反馈意见查找的问题以及海关总署党委第九巡视组巡视乌鲁木齐海关党委反馈的问题，均已实现整改见底清零。结合海关总署巡视办对乌鲁木齐海关巡视整改自查情况审核意见，细化分解9个问题，推动关区各单位逐个对照自查，制定整改措施362条，已全部整改落实到位。结合巡视巡察问题整改，推动标本兼治，建立制度机制96项。

【巡察监督】2022年，乌鲁木齐海关制订年度巡察工作计划，召开关区巡察工作动员部署会，组建2个巡察组，对2个机关处室、2个隶属海关开展常规巡察，对2个隶属海关开展巡察"回头看"。提升巡察工作规范化水平，年内制发巡察相关制度规定1个，整理《乌鲁木齐海关巡察工作指引》《乌鲁木齐海关巡察工作监督要点》等巡察"工具书"11册。建立"巡办"研讨机制，商定巡察工作方案，找准巡察重点，为实地巡察打下良好基础。将内控管理嵌入巡察工作，新增巡察领域内控节点12个，促进巡察监督流程更加规范。坚守巡察政治定位，将强化政治机关专项教育活动和"学查改"专项工作开展情况纳入巡察监督重点，对照"四个是否"细化4个方面12项监督内容，为巡察监督提供指引。监督体系进一步贯通协调，继续开展"巡审联动"，形成监督合力，扩大监督成效。探索巡察监督与统计监督贯通协调，撰写的关级课题获得关区三等奖。

【巡察队伍建设】2022年，乌鲁木齐海关以强化政治机关意识为重点，组织开展巡视巡察理论学习，召开巡察工作交流研讨会，围绕政治和业务的辩证关系开展讨论，贡献"金点子"18条。举办2022年关区巡察干部培训班，邀请海关总署巡视办、广东分署、地方巡察部门专家以及关区督察内审业务骨干授课，对关区160余名巡察干部进行培训，并组织巡察组开展巡前培训，切实提升巡察干部履职能力。巡察办、教育处、工会等部门联合组织开展"学习贯彻党的二十大精神巡察干部岗位练兵比武"，207名巡察及相关岗位人员参加，对5个单位和40名成绩优异者给予通报表扬，达到以考促学、以学促用的效果。派员参加海关总署巡视工作和全国海关系统巡视整改集中清查工作，参与撰写的简报信息被上级部门采编，受到好评。2022年9月，关区9名同志参加海关总署巡视工作，得到充分肯定并获得荣誉证书。

▲2022年2月28日，乌鲁木齐海关召开巡察工作研讨交流暨巡察信息化应用演示会议 （唐明明 摄）

【巡察信息化应用】2022年，乌鲁木齐海关深入落实海关总署党委关于"加强巡视巡察信息化建设"的工作要求，以探索"科技+巡察"新路径为抓手，自主开发建设"巡察信息化应用"平台，有效提升巡察工作数字化、规范化、实时化、信息化水平。召开巡察信息化应用演示会议，介绍该平台针对巡察工作领导小组、巡察办、巡察组、被巡察单位等不同岗位特点，以"信息技术手段+常规巡察方法"，清晰有效管理巡察各阶段工作，演示效果得到充分肯定，该平台在关区全面推广使用。紧盯巡察前、中、后三个环节，全链条梳理、全过程保存巡察工作档案，巡察档案录入即归档，归档查档效率明显提升，较以往查阅纸质档案时间压缩90%。将关区五年巡察全覆盖任务细化分解到年，通过地图形式全景展示关区巡察进度、年度已巡察单位数及时间节点、巡察全覆盖率等，实现"一张地图管到底"。绘制巡察监督发现问题年度走势图，实时反映各监督重点项下发现问题个数对比情况。通过数据采集、融合比对，将"数据巡察"与"人工巡察"同步推进，助推巡察工作提质增效，有效提升巡察优政辅政水平和巡察工作管理水平。年内,"乌鲁木齐海关巡察信息化应用"项目入选劳模引领性优秀创新成果,"乌鲁木齐海关巡察信息化应用二期项目"、巡察制度"工具包"入选"五小"群众性优秀创新成果。

撰稿人

唐明明

纪检监察

【概况】 2022年，乌鲁木齐海关认真落实全国海关全面从严治党会议、全国海关纪检监察工作会议部署，紧扣高质量发展主题，推动全面从严治党、党风廉政建设和反腐败斗争向纵深发展。聚焦监督执纪问责职责定位，加大对全面从严治党主体责任和制度执行的监督力度，突出对"一把手"和领导班子的监督，积极探索智慧监督模式。提高"不敢腐、不能腐、不想腐"一体推进水平，在更宽领域巩固深化"驻署纪检监察组—地方纪委监委—直属海关单位纪检机构"协作配合机制成果，提升派驻监督工作质效。开展"海关重点项目和财物管理以权谋私"专项整治，深化作风建设，保持惩治腐败高压态势，精准追责问责。统筹纪检干部参与党委政治巡察、纪律审查、民主生活会督导等工作，切实增强纪检监察工作实效。

【监督检查】 2022年，乌鲁木齐海关聚焦贯彻落实习近平总书记重要指示批示精神、党中央重大决策部署和新时代党的治疆方略等重大工作，明确59项监督任务，全面提高监督检查工作水平。紧盯海关总署党委重点工作部署，开展安全生产、统筹做好疫情防控和推动外贸保稳提质、巡视巡察整改、选人用人、扶贫项目和资金使用管理等专项监督10项，发现并纠治问题37个。健全月度重点工作提示、季度工作例会、半年工作汇报等制度，逐级压实责任，持续提升派驻监督质效。紧盯权力运行"关键点"、内部管理"薄弱点"、问题易发"风险点"做实日常监督，制发监督建议书126份，发现并纠治问题197个。统筹各类监督资源整合和协同联动，推动将巡视巡察、督察审计、干部监督等工作发现的问题纳入"监督问题台账"，建立问题共享共用共清机制。

【执纪问责】 2022年，乌鲁木齐海关严厉查处违纪违法问题，形成持续震慑作用。紧盯"四风"新表现新变种，组织开展元旦、春节、五一、端午期间纠治"四风"问题的监督检查和明察暗访，发布节前廉政提醒，坚持不懈纠治四风，夯实加固中央八项规定精神的堤坝。突出抓好责任重点，用好问责利器，倒逼主体责任落实，研究制定《乌鲁木齐海关党委做实以案促改推进清廉海关建设实施细则》。深入开展纪法教育和警示教育，坚持用身边事教育身边人，编发典型案例通报2期，召开关区层面警示教育大会2次，针对"关键少数"和年轻干部违纪违法问题开展专题警示教育3次。各级党组织加强日常教育管理监督，落实运用《乌鲁木齐海关运用监督执纪"第一种形态"实施细则（试行）》。

【"海关重点项目和财物管理以权谋私"专项整治】2022年，按照海关总署、驻署纪检监察组统一部署安排，乌鲁木齐海关在持续巩固"现场监管与外勤执法权力寻租"专项整治成果的基础上，深入开展"海关重点项目和财物管理以权谋私"专项整治，大力整治非执法领域腐败问题。党委书记履行"第一责任人"职责，重要工作亲自部署，重大问题亲自过问，重点环节亲自协调，重要案件亲自督办；党委委员认真落实"一岗双责"，经常性加强检查、督促和指导，切实抓好分管联系领域的专项整治工作。研究制订工作实施方案，细化41项具体任务清单。建立"党委领导、纪检组督导、综合组+专班运行"的"3+1"协同工作机制，协调召开专项整治工作领导小组会议21次。畅通举报渠道，在工作场所张贴海报，设立举报箱，给1209家企事业单位送达"给企业的一封信"，广泛接受内外部监督。深入企业开展走访调研，征集离退老干部工作建议意见，梳理汇总全面自查、督导反馈及举一反三问题37个，细化整改措施78条，梳理廉政风险点，建立关区廉政风险防控清单，健全完善制度机制109项。

▲2022年2月28日，乌鲁木齐海关召开"海关重点项目和财物管理以权谋私"专项整治工作动员部署视频会 （全秋百卉 摄）

撰稿人

罗 现

干部队伍管理

【概况】2022年，乌鲁木齐海关贯彻新时代党的建设总要求和新时代党的组织路线，聚焦忠诚干净担当标准，紧紧围绕海关总署党委"铸忠诚、担使命、守国门、促发展、齐奋斗"的部署要求，牢固树立重政治、重品行、重基层、重担当、重实绩的鲜明用人导向，坚持严管与厚爱结合、激励与约束并重，系统谋划领导班子建设和干部队伍建设，深入落实全面从严管理干部要求，用好用实关心关爱政策，用正确导向引领政治生态，营造担当作为干事创业的良好氛围，以组织建设助力关区各项工作任务圆满完成。

【机构编制管理】2022年，乌鲁木齐海关为进一步发挥政研先行作用，准确把握海关政策研究和统计工作面临的形势、职责、任务变化，提升关区政策研究和统计分析工作质效，乌鲁木齐海关对办公室、统计分析处职能配置、内设机构名称等进行调整。调整乌鲁木齐海关办公室、统计分析处"三定"事项，将乌鲁木齐海关办公室承担的"关区政策研究和整体改革发展规划工作，承办署级课题项目、组织开展关级课题研究工作，关区政研刊物编发工作"职责调整至统计分析处。乌鲁木齐海关办公室"政策研究室"更名为"文秘科"。明确乌鲁木齐海关政研载体管理职责分工。

【领导班子建设】2022年，乌鲁木齐海关党委始终把党的政治建设摆在首位，坚持把学习宣传贯彻党的二十大精神作为当前和今后一个时期的首要政治任务。党委班子成员示范带动全员学、跟进学、及时学，通过"乌关讲堂"、专家辅导等开展专题学习256次，集中研讨交流30次，66名青年干部和处级领导走上讲台分享体会，切实把党员干部的思想和行动统一到党的二十大精神上来。紧盯新疆特殊区情，严格落实意识形态工作责任制，坚持政治报告"全覆盖"，政治考察"全过程"，树牢"边疆无小事，事事连政治"意识。

坚持严格标准，用"一把尺"从政治上、业务上、能力上考核衡量、选拔使用干部，用好领导干部和领导班子综合分析研判实施办法，研发"智慧政治部信息化"平台，定期分析巡视、审计、督察各方面评价意见，将评价人和评价事有机结合，对领导干部精准"画像"。在职级晋升工作中，创新机制，优化口径，坚持实干实绩实效的择优导向，引导干部在边关建设中正向发力。不断优化完善年度考核、平时考核、专项考核"三位一体"考核体系，通过"定性+定量、先考班子再考个人"检验工作成效，将结果应用于干部选任晋升、奖励待遇，用好考核

"指挥棒"。坚持公道正派,在干部选拔中坚持"一张单",坚持事业为上、人岗相适、人事相宜,事前沟通商量、征求意见,坚决抵制和杜绝"个人说了算""说情打招呼"等不正之风,大力选拔想干事、能干事、干成事的干部,优先选用政治素质过硬、综合素质全面的干部。坚持大局观念,从改革发展全局和关区事业整体出发,注重近期与长远相结合,建强领导班子与优化队伍结构相结合,兼顾干部个人困难诉求,统筹领导干部选拔和职级晋升,协同推进换防式交流和干部遴选,做好关区人才培养和梯队建设,用好各年龄段优秀干部,切实提升组织效能。

【干部队伍建设】2022年,乌鲁木齐海关坚持服务大局和改革发展需要,推进《关区"十四五"人才发展规划》实施,加强优秀年轻干部培养和人才队伍建设。建立干部进出分析研判规划机制,科学设置招录计划和进出平衡规划。首次运用"结构化小组"面试方式招录公务员57人,改进新录用人员政治审核、见习培养、轮岗和分配机制,有针对性地实施蹲苗壮苗工程。

完善优秀干部动态储备机制,常态化开展处、科级优秀干部调研,动态调整干部储备库名单,制定源头储备、实践锻炼等5个方面15项优秀年轻干部培养措施,为持续优化各级领导班子结构和队伍梯次培养打好基底。多渠道培养锻炼各年龄段优秀干部,年内选派2名处级干部赴地方经济口挂职,4名科级干部赴隶属海关蹲点帮扶,27名干部赴海关总署、自治区相关单位集中工作,52名干部驻村,41名干部参与关区巡察、审计任务。

优化专业人才队伍培养机制,落实人才工作"八个坚持"要求,分类分阶段建设"五支队伍"和"三类人才",积极申报国家级博士后工作站,申请纳入自治区"天山英才""天池人才"培养引进计划,入选全国级专家2人,入选海关总署专业委9人、科技委22人,入选自治区各类专家人才18人,海关专业人才队伍焕发生机。优化换防式交流和干部遴选机制,年内开展换防式交流45人,遴选25名干部到乌鲁木齐海关和在乌海关单位。

【队伍监督管理】2022年乌鲁木齐海关注重监督功能提升,构建"大监督"体系,加强干部全方位管理和经常性监督。狠抓个人有关事项报告,通过历年"大数据"逻辑性、规范性校验,强化个人事项的准确性,并与"一把手"填报事项公开、领导干部亲属经商办企业、"海关重点项目和财物管理以权谋私"专项整治"三结合",全年查核6批43人次。扎实做好干部个人有关政治情况报告工作,从防范风险的角度摸排干部本人、家庭主要成员违反政治要求情况,"闭环"反馈至隶属海关党委,压紧压实从严管理队伍的主体责任。坚持"凡提四必",制定联系配合办法,防止干部"带病上岗"和"带病提拔"。

规范选人用人程序,通过内控平台进行日常监督,开展人事条线重点专项工作落实情况检查,并对出台制度执行情况评估。人事、纪检部门联合开展选人用人专项监督检查,实现三年所有隶属海关"全覆盖"。强化专项监督检查,通过干部自主申报、"天眼查"、"国家企业信用信息公示系统"等多种查询途径,切实抓好"裸官"、违规经商办企业、防治"吃空饷"、社团兼(任)职等专项整治常态化管理。充分运用组织措施，通过开展函询、批评教育，让干部真切感到组织就在身边、监督就在眼前，防止小毛病演变成大问题。

【队伍激励培养】2022年，乌鲁木齐海关加强政策宣讲，落实落细支持措施，强化正向激励，用心用情保障，引导干部安心安身安业。常态化用好奖励正向激励，研究制定及时奖励量化标准操作办法，统一奖励标准，为关区奖励工作明确制度依据。突出基层和实绩导向，提高基层执法一线奖励比例，提振干部队伍精气神。系统性强化先进典型作用，深挖全国"人民满意的公务员"李清华同志先进事迹，成立宣传工作室，利用"传统媒体+新兴媒体"，通过"内部宣传+外部宣传"加大影响力，拓展延伸宣传渠道，用"身边人身边事"激发广大边关干部队伍干事创业热情，切实发挥好先进典型长期示范引领作用。

关注疫情防控一线人员，制定关心关爱措施60条，加大对梯队人员和志愿服务队的慰问，为一线干部提供更多关心和保障。机制化解决干部后顾之忧，巩固"我为群众办实事"成果，联系自治区人社厅、社保局妥善解决退休"中

▲2022年12月22日，乌鲁木齐海关召开新任处级领导干部、执法一线科长担任隶属海关党委委员宪法宣誓仪式　（李健宁　摄）

人"正式待遇核定，确保关区未到法定年龄提前退休人员按实际退休时的工龄核定正式待遇，解决了多年来的历史遗留难题。采取多种方式"一对一"做好政策解释，开展谈心谈话，排解退休干部的负面情绪，保障退休人员的合法权益，确保关区养老保险改革工作顺利收官。联合工会群团组织，及时了解干部困难，突出抚恤救助、困难帮扶，建立长效机制，着重跟进解决子女入托入学、家属就业就医等特殊困难，争取与固定学校签订联建协议，持续发挥组织的保障作用，传递组织关怀。

【事业单位改革】2022年，乌鲁木齐海关在海关系统率先推动事业单位绩效工资改革落地，在关区7家事业单位正式实施绩效工资改革，调动事业单位工作人员的积极性、创造性，构建专业技术人才梯队，助力事业单位提质增效。根据《事业单位人事管理条例》等政策要求，按照海关总署进一步加大对艰苦地区边关支持保障22条措施和海关总署关心爱护疫情防控一线人员16条措施相关要求，在前期已明确的事业单位岗位设置、晋升原则及口径等工作基础上，开展专业技术岗位晋升工作，其中晋升基层一线、疫情防控一线19人，占比79.2%。

撰稿人

李　恺

教育培训

【概况】2022年,乌鲁木齐海关充分发挥干部教育培训在干部队伍建设中的先导性、基础性、战略性作用,深刻把握新时代海关干部教育培训工作的使命任务,认真贯彻落实"十四五"海关教育培训规划,聚焦"供需、工学、精泛"矛盾,加强需求调研分析,深入推进分类分级精准施训,加快教育培训体系建设,努力办好广大关员满意的教育。强化干部政治、业务、执法"三训练",集中内外优质资源,举办"线上+线下"培训班46期、"乌关讲堂"14期、"业务执法讲座"2期,累计培训1.75万人次。

【政治能力培训】2022年,乌鲁木齐海关大力开展党的基本理论教育、党性教育、廉政教育以及准军事化纪律部队作风教育,把提高政治觉悟、政治能力贯穿干部教育培训全过程。围绕学习宣传贯彻党的二十大精神,开设党的二十大报告解读、新修订党章等专题课程,将学习贯彻党的二十大精神作为晋衔培训、新任职培训等各类培训班的首课、必修课。抓好党的十九届六中全会精神处级以上干部全员轮训和党员干部系统培训,组织关区13名厅局级干部参加海关总署集中调训和网上轮训班,组织3期、166名处级领导干部参加关区处级领导干部轮训班,关区1608人完成全国海关学习贯彻党的十九届六中全会精神网上专题班。实施"一把手"政治能力提升计划,举办各单位各部门"一把手"政治能力提升网上专题培训班,开展系统理论教育和党性教育。将"边疆无小事,事事连政治"的政治标准融入课堂,举办国防教育、新疆史、"三反"等意识形态领域讲座6期。

【业务能力培训】2022年,乌鲁木齐海关以强化专业素养、提升业务能力为重点,采用小班集训、视频连线、送教上门等方式,开展业务知识和执法技能培训28期。聚焦岗位实训,探索"教学练战"一体化实训模式,搭建业务实训平台,选定7个隶属海关开展实训点试点建设。强化疫情防控培训,围绕国务院联防联控机制、海关总署和自治区疫情防控工作部署和要求,组织疫情防控相关管理人员、专业技术人员开展防控政策、防控技术等培训。隶属海关针对重点岗位人员累计开展658期实操培训,培训在岗人员4131人次。举办岗前培训223期,培训新上岗干部251人次,有力保障口岸疫情防控岗位能力建设。加强干部执法训练,举办12场次岗位练兵,1625人次参加;组织各类资质考试15场次、执法资格考试6场次,827人次参加。

【教育管理】2022年,乌鲁木

齐海关加强师资、课程、资源等培训保障体系建设，推进教育培训工作高质量发展。加强师资队伍建设，组织兼职教师参与网络学习培训和实践锻炼，年内119人次兼职教师走上初任培训等关区培训讲台，关区4名兼职教师被聘任为署级兼职教师。聚力打造精品课程，征集"四特"精神、政治机关建设、特色监管业务、边关文化等特色课程28个，4个课程被海关总署教培中心采用。拓展培训资源和渠道，深化"关校"合作，与新疆大学在政策研究、人才互动、教育培训、技术交流等领域开展全面合作。建设教育培训专题网页，为干部学、查、用提供便利。

【创新开设"乌关讲堂"】2022年，乌鲁木齐海关紧紧围绕海关总署重点工作任务和新疆区情社情，结合关区干部队伍能力提升迫切需求，创新形式载体，打造"乌关讲堂"特色教育品牌。邀请海关系统、援疆领导干部及本地名师，围绕政治引领、服务大局、领导艺术、心理疏导、信息技术等开展专题讲座，帮助干部开拓视野、增长见识。积极推动领导干部"上讲台"，面向关区征集授课选题51个，鼓励干部积极参与"业务执法讲座"，推动授课内容从"学出来""写出来"到"讲出来"，再到工作中"用出来"，不断提升干部教育培训工作水平。

▲2022年3月25日，乌鲁木齐海关组织关区第一期"乌关讲堂" （刘晓璐 摄）

撰稿人

刘晓璐

第五篇 业务建设

业务改革与服务发展

【概况】2022年，乌鲁木齐海关紧扣处在国内国际双循环"交汇枢纽"的职能作用，持续深化"放管服"改革，积极参与"单一窗口"地方特色应用建设，持续压缩货物整体通关时间，全力保障西向国际物流大通道高效通畅，着力优化口岸营商环境，促进新疆外贸发展呈现新气象。研究制定复制借鉴粤港澳大湾区等地经验做法的13项创新措施、促进新疆外贸保稳提质的16条措施、支持内外贸一体化发展的40条措施等系列务实举措，有力打出海关服务外贸发展的"组合拳"。面对疫情影响、贸易摩擦等多重不利因素，2022年新疆外贸实现逆势上扬。

【业务领域改革】2022年，乌鲁木齐海关认真落实第十次全国深化"放管服"改革电视电话会议精神，积极推动《海关总署关于贯彻落实第十次全国深化"放管服"改革电视电话会议精神的实施意见》有关措施在关区落地。全面实行行政许可事项清单化管理，动态调整关区实施的9项海关行政许可事项项目名称并同步优化门户网站办事指南。落实"双随机、一公开"监管要求，通过官方网站统一公开随机抽查事项清单和检查结果。推进与哈萨克斯坦、塔吉克斯坦、乌兹别克斯坦和阿富汗4个国家的AEO互认合作，扎实开展企业信用培育。深化国际贸易"单一窗口"推广应用，推动建立中哈"绿色通道"监管数据交互新模式。完善"口岸收费目录清单"，规范和降低进出口环节合规成本。深化业务改革，持续提升"两步申报""提前申报""两段准入"应用率。进一步提升"互联网+政务服务"效能，"好差评"系统好评率100%。

【口岸开放与发展】2022年，乌鲁木齐海关将支持新疆开放型经济高质量发展工作作为重中之重，认真落实自治区党委推进新疆口岸对外开放的工作要求，加强与自治区相关厅局的协同联动，促进各口岸提升开放能级。积极支持开通中国—吉尔吉斯斯坦乌什别迭里口岸，推动完成伊宁国际机场口岸对外开放国家验收工作。在做好疫情防护的前提下，积极保障塔克什肯口岸、老爷庙口岸、红其拉甫口岸临时开放。指导完善口岸封闭式检查场地、危险化学品专用仓储场地、冬季检疫消毒处理场所等基本功能设施建设。稳步推进外贸保稳提质、口岸保通保畅、助企纾困降成本、压缩口岸整体通关时间、保障中欧班列高效运行、扩大饲草料进口和农食产品出口等重点事项取得新成效，推动新疆外贸实现量的合理增长和质的有效提升。

【口岸营商环境】2022年，乌

鲁木齐海关积极推进优化口岸营商环境、促进跨境贸易便利化工作。围绕"畅通道、优环境、促创新"精准施策、重点发力，陆续推出创新试点项目复制先进经验"1+13"项改革举措、促进新疆外贸保稳提质16条措施、促进新疆外向型农业高质量发展13项落实措施、全面推进乡村振兴10条措施等系列支持措施，稳步推进新疆外贸保稳提质。2022年年底，在全疆率先推出《乌鲁木齐海关促进新疆内外贸一体化发展40条工作措施》，提出的5个方面10条措施被自治区内外贸一体化发展相关工作实施方案采纳。

【国际贸易"单一窗口"建设】2022年，乌鲁木齐海关认真落实海关总署工作要求，配合做好国际贸易"单一窗口"标准版的推广落实工作，积极参与"单一窗口"地方特色应用建设。持续加强国际贸易"单一窗口"安全管理工作，全面排查安全风险隐患，建立长效防控机制，提升安全防护能力，确保"单一窗口"安全稳定健康运行。经与自治区外事办多次协调，关区"三智"重点项目"中哈贸易安全与便利智能监管合作项目"的

▲2022年4月22日，红其拉甫海关会同喀什海关联合地方生态环境保护部门集中销毁一批涉案侵权货物　（阿丽米热·甫尔凯提　摄）

子项目"农副产品快速通关'绿色通道'监管应用平台"被纳入国际贸易"单一窗口"地方特色应用，成为新疆首个"单一窗口"地方特色应用。

【通关运行管理】2022年，乌鲁木齐海关运用"报关单运行监控系统"加强对关区各业务现场报关单的运行监控，分析研究各业务现场进出口整体通关时间，提高业务运行管理水平。聚焦重点领域和关键环节，通过数据分析实现业务运行事前、事中、事后的实时监控和对业务现场的有效预警。加强海关改革政策宣传，在充分尊重企业意愿的前提下，不断优化申报方式，鼓励企业运用"两步申报""提前申报"方式进行申报，实行"7×24小时"预约通关制度，在巩固现有成果的基础上，持续压缩货物整体通关时间。建立与地方口岸委、联检部门、货运代理企业、运输承运单位等部门联系配合办法，提升通关效率。2022年，新疆口岸进口、出口货物整体通关时间分别为15.28小时、0.10小时，分别较2017年12月压缩84.31%、99.19%，比2022年全国同期分别快24.9小时、1.16小时。

【知识产权海关保护】乌鲁木齐海关积极开展"龙腾行动2022"，加强知识产权保护工作风险分析，按季度开展联合

研判，提高精准布控水平。强化与市场监督管理局、自治区打击侵犯知识产权和制售假冒伪劣商品工作领导小组办公室、公安机关等部门的联系配合，与市场监督管理局、自治区商务厅和贸易促进委员会联合制定《自治区海外知识产权保护工作合作备忘录》，增强海外知识产权保护工作能力。对辖区255家进出口收发货人开展问卷调查，为企业提供针对性帮扶，引导中小企业运用知识产权海关保护措施维护合法权益，积极鼓励和帮助辖区4家有自主知识产权的企业申请海关总署备案。多形式宣传知识产权海关保护有关法律及查获侵权成果，运用"指尖"传播新媒体在省市级平台发布108篇信息，营造良好法治营商环境。2022年，乌鲁木齐海关查获侵权案件162起，总案值597.63万元，涉及货物数量43.59万件。

撰稿人

冯　杰　吴振东　丁　旭　荣　瑛　胡　杨　祖力胡马尔·艾尔肯

法治建设

【概况】2022年，乌鲁木齐海关认真学习贯彻习近平法治思想，深入落实《法治政府建设实施纲要（2021—2025年）》和"十四五"海关法治建设规划部署，持续推进法治海关建设，更好发挥法治固根本、稳预期、利长远的作用。围绕《中华人民共和国海关法》修订，深度参与海关规章立法后评估，持续做好行政规范性文件合法性审查，提升海关法规制度供给质量。践行新时代"枫桥经验"，做好行政复议工作，全面提升海关依法把关水平。落实"谁执法谁普法"普法责任制，服务海关中心工作，提高法治宣传教育工作针对性和有效性。以海关法治工作协作区为基础，统筹使用海关法治条线人力资源，进一步加强法治队伍建设和人才培养力度。

【制度管理和技术规范】2022年，乌鲁木齐海关持续提升制度建设和管理水平，加强制度"立改废"动态管理，组织清理制度性文件319件，废止5件；组织清理规范性文件2件，废止1件。进一步完善制度评审制度，强化合法性审查，召开关区制度评审组会议对15项制度进行评审，对12件业务制度文件进行合法性审查。积极参与海关总署立法工作，围绕海关总署重点立法，参与3部海关规章送审稿审稿和2部海关规章立法后评估。主动参与地方立法工作，围绕《新疆维吾尔自治区铁路安全管理规定（草案）》《新疆塔城重点开发开放试验区条例（草案）》，认真研究并提出实质性立法建议。推动《霍尔果斯国际边境合作中心中方区管理暂行办法》修订工作，助力中哈霍尔果斯国际边境合作中心高质量发展。

【依法行政和复议应诉】2022年，乌鲁木齐海关持续推进依法行政，不断提升严格规范公正文明执法水平。积极推进权责清单编制，成立编制工作专班，全面梳理权责事项，有序推进权责清单编制工作。持续推进行政执法"三项制度"，严格执行《海关全面推行行政执法公示实施办法》《海关行政执法全过程记录实施办法》《海关重大执法决定法制审核实施办法》，规范卫生检疫、稽查作业等执法活动音像记录。落实重大执法决定法制审核制度，严格执行《海关重大执法决定法制审核事项清单（2022版）》，提高执法质量。落实执法人员持证上岗和执法资格管理，组织新入职关员行政执法资格考试，规范行政执法证使用。《新疆法制报》《中国国门时报》对乌鲁木齐海关"三项制度"相关做法进行报道。坚持复议为民，在3个隶属海关试点推行"枫桥经验"，对涉企行政复议案件实行调解前移，防范化解行政争议。充分发挥行政复议"定分止争"功能,在行政复议受理审查阶段积极开展释法说理,经释法说理3起案件行政复议申请人撤回行政复议申请。2022年办理(受理)行政复议案件5起,其中撤回3起、逾期未补正1起、维持1起。

【法治队伍建设】2022年,乌鲁木齐海关按照海关总署部署要求,稳步推进公职律师队伍建设,制定《乌鲁木齐海关法律顾问工作规则》,选任2名公职律师作为乌鲁木齐海关内部法律顾问,建立以内部法律顾问为主、外部法律顾问为辅的法律顾问队伍。截至2022年年底,乌鲁木齐海关有11名公职律师,其中党员占91%,隶属海关覆盖率14%。常态化开展公职律师以干代训,对4名公职律师开展轮训,推荐6名关员参加自治区律协申请律师执业人员培训。积极发挥法律顾问、公职律师作用,组织法律顾问和公职律师对249份民事合同、1起劳动争议和5起执法疑难问题进行研究并出具法律意见。

【法治服务和法治宣传】2022年,乌鲁木齐海关严格落实"谁执法谁普法"责任制,聚焦基层执法,编制22份普法

▲2022年5月12日,乌昌海关积极开展民法典普法宣传,持续推动法治建设高质量发展 (郝康伟 摄)

责任清单。突出"关键少数",制定领导干部学法共性清单(第一批)。创建"法润边关"普法品牌,开展"智慧普法"200余次,在国家级媒体和海关总署媒体发表普法作品25篇,在地方级媒体发表普法作品80余篇。开辟"法润边关"专栏,组织编写答疑3篇,回应人民群众法律诉求。着力推动普法服务精准化,开展清单式法治供给,累计为企业和群众提供政策咨询服务860余次。发挥普法讲师团、公职律师作用,开展"以案释法"培训3次,推进"嵌入式"普法

常态化。加强基层群众法治教育,将法治宣传融入关区19个海关"访惠聚"驻村工作,开展宣传活动52次,通过国旗下宣讲、农牧民夜校培训等形式覆盖教育受众2万余人次。广泛开展法治文化活动,积极开展"宪法法律宣传月"、国家安全教育日、"美好生活·民法典相伴"主题宣传活动,擦亮"8·8"海关法治宣传日普法品牌。总结提炼普法工作创新经验做法,参加全国法治动漫微视频征集展播活动,制作并报送法治动漫作品7部,向海关总署报送7个普法典型案例。

撰稿人

李 晗 吴振东

风险管理

【概况】2002年9月,乌鲁木齐海关成立风险管理委员会,2005年设立风险管理处协调关区风险管理工作;2017年成立乌鲁木齐海关风险防控中心,2019年1月更名为乌鲁木齐海关风险防控分局。2022年,乌鲁木齐海关深入学习宣传贯彻党的二十大精神,聚焦海关总署风险管理工作要点,强化监管优化服务,坚持系统观念,深化全风险要素防控,推进风险管理一体化、精准化、智能化建设,提升队伍能力素质,充分发挥风险管理业务运行中枢作用,全力做好关区安全准入(准出)工作,不断推动风险管理工作高质量发展。

【风险信息情报和风险预警】2022年,乌鲁木齐海关坚持底线思维,强化风险意识,聚焦日益复杂的国门安全防控形势,发挥信息情报重要作用,严守国门安全底线。强化风险信息收集,充分发挥关区风险联络员队伍作用,收集内外部风险信息,并提出全国预警、发布关区风险预警。依托海关风险情报站(乌鲁木齐)建设,建立关区各隶属海关风险情报专班,拓宽信息情报搜集渠道,拓展外部信息服务,加强信息情报分析研判,做好新疆周边国家疫情风险信息收集,相关报告获自治区领导批示肯定。

【风险分析处置】2022年,乌鲁木齐海关统筹风险分析力量,聚焦重点风险,加强风险分析和处置。做好布控指令运行评估,及时进行优化清理,提高指令针对性、有效性,货运渠道加载参数表30个,调整布控规则408条;邮递渠道优化调整指令77条,提前中止指令10条;进口跨境电商渠道优化调整指令9条。规范布控、解控等作业流程,形成指令生成、下达、执行、反馈的闭合回路。不定期监测关区布控作业执行情况和检查处置结果反馈情况,及时提醒处置,确保指令刚性执行和检查作业处理结果规范填制。定期发布关区查验查获绩效通报,充分调动现场提升布控查验查获的积极性,全年发布通报12期。强化风险特征归纳提炼,及时向海关总署风险防控部门提出具有针对性、可操作性的布控建议3条。强化风险防控整体合力,充分发挥职能部门在各自领域风险防控的优势和主体作用,开展联合研判25次,协同处置后续风险。

【风险业务改革】2022年,根据海关总署相关要求,乌鲁木齐海关深化风险业务改革,从贯彻落实总体国家安全观、强化风险情报驱动、推动风险管理高质量发展层面出发,将

▲2022年8月2日，新疆口岸安全风险联合防控专题工作会议在乌鲁木齐海关召开 （全秋百卉 摄）

海关总署风险管理司关于风险情报工作站建设要求与乌鲁木齐海关具体实际相结合，积极推进风险情报工作站（乌鲁木齐）的建设和发展。拟定情报站建设人力资源、技术设备、信息情报搜集制度等方面的具体需求及解决方案；与业务一线联动，在关区21个隶属海关成立风险情报工作专班，开展信息情报收集与研判；加强与第三方信息咨询机构合作，拓宽情报来源，推动海关风险情报工作站（乌鲁木齐）稳步运行。充分发挥业务现场见单见货的优势，在关区所有隶属海关逐步开展业务现场即决式布控试点。密切风险防控分局与现场海关的沟通联系，简化现场增加检查作业项需求的程序，加强对关区有布控未查验报关单的监控处置，规范查获结果录入。

【濒危动植物及其制品风险防控】2022年，乌鲁木齐海关认真开展"国门利剑""清风""国门绿盾"等专项行动，明确防控重点，加强境内外相关风险信息情报收集，及时进行风险预警；借鉴全国海关贸易渠道历史查发典型案例经验，结合边境口岸濒危动植物及其制品走私的新形势、新变化、新特点，坚持上下联动，风险管理、缉私、现场海关等部门保持密切联系，及时联合研判处置，积极构建立体防控格局；利用"大数据建模+专家经验"强化联合研判，提炼濒危动植物及其制品伪瞒报手法及特征，及时加载布控规则。2022年，通过风险分析，在贸易渠道累计查发濒危动植物及其制品7单，货重7277千克，邮递渠道查发濒危动植物及其制品43单。

【危险品伪瞒报风险防控】2022年，乌鲁木齐海关扎实推进"口岸危险品综合治理"百日专项行动，积极参加海关总署贸易渠道危险品伪瞒报风险防控工作专班，聚焦危险品伪瞒报风险，依托口岸安全联合防控工作机制，开展与安全生产和税务部门的执法合作和数据交换，掌握危险化学品生产和销售数据，利用模型实现业务异常数据自动筛选、提示。定期开展联合分析研判，着力加强源头治理，动态分析评估，锁定重点监管风险目标。开展出口危险品虚假电子底账专项调研，加大危险品伪瞒报企业审单布控力度，加大"影子"商品、伪瞒报查发企业的政策性布控力度；实时开展规则绩效监控，定期开展评估，持续优化。

【邮递渠道"清邮"行动】2022年，乌鲁木齐海关根据海关总署统一部署，修订《乌鲁木齐海关邮递渠道2022年度

"清邮"专项行动方案》，成立"清邮"行动领导小组，于8—10月在关区邮递渠道开展为期3个月的"清邮"专项行动。风险防控分局负责专项行动的统筹协调，接收各部门提出的风险布控需求，组织开展风险联合研判、专项查缉，监控和评估专项行动效果。专项行动期间，围绕重点防控目标，将总署统一要求与关区实际相结合、大数据分析与情报信息相结合、预定式布控与"切片"查验相结合，利用视频连线方式指导现场选取特定时段、国别、类型等邮件实施重点查验。同时加强风险的多部门联合研判，强化风险部门与相关业务部门、隶属海关以及与公安等外单位的联合研判和信息交换。充分发挥口岸安全风险联合防控机制作用，收集高风险人员信息、高风险邮件信息、国内外情报信息，准确把握进出境邮件风险，取得良好成效。查发安全准入（准出）相关邮件，主要查发包括禁限类印刷品及音像制品、国家管制二类精神药品、含濒危动植物成分保健品或药品、生物制品、植物种子、国内未获准上市的新冠药物等。

【知识产权保护风险防控】2022年，乌鲁木齐海关加强风险防控业务培训，动态掌握侵权违法手段，形成"信息收集、风险研判、指令下达、结果反馈、成效评估、优化调整"的闭环风险管理模式。强化侵权特征和态势分析，加强指令运行监控，聚焦重点企业、"影子"商品及侵权报关单特征，调整优化布控规则，提高布控精准性。对出口量大、侵权查获效能较低的海关提高指令验证比例，强化业务指导培训，提升侵权风险防控工作质效。实施一体化防控，针对货运渠道查发侵权商品，在非贸渠道（跨境电商、寄递）加载指令，防止渠道"漂移"。关注热点事件相关的侵权风险，加大相关产品的分析和防控力度。2022年，通过深入推进"三方联动"联防联控格局，贸易渠道布控查获侵权报关单112票、涉案金额591.70万元，出口邮递渠道布控查获侵权出口邮件259单、8280件。

【大数据应用】2022年，乌鲁木齐海关持续推进大数据应用，运用内部控制与监督子系统内控平台（HLS2017）、海关风险管理子系统（HF2020）、全国海关大数据通用分析平台等搭建工作绩效模型、职能监测模型，及时监控处置异常数据。履行好全国海关大数据通用分析平台系统管理职责，积极联系海关总署风险管理司为关区清理、增加授权，盘活有限数据资源，及时开展实用配合、协调解决应用故障。组织关区相关业务人员参加海关总署风险管理司大数据应用培训，提升关区大数据应用能力。发挥好全国海关大数据通用分析平台在职能监控中的作用，全年建立平台级数据应用模型3个、站点级数据应用模型66个。

【口岸风险联合防控】2022年，乌鲁木齐海关深化巩固口岸安全风险联合防控机制，牵头召集36个成员单位召开新疆口岸安全风险联合防控机制成员单位专题工作会议，总结成效、交流经验，深化共商共建共享机制。依托联合防控机制走访成员单位8次，进一步深化数据交换、情报信息交流、联合执法、教育培训等方面的合作。结合新疆实际，坚持问题导向，实施跨部门联合研判，不断推动口岸安全风险联合防控机制取得实效。与自治区卫健委、市场监督管理局、邮政管理局、中国铁路乌鲁木齐局集团有限公司等部门开展打击医疗物资等情报信息合作共享。与自治区林业和草原局、自治区濒管办联系，严厉打击野生动植物非法贸易活动。走访工业和信息化厅、生态环境厅，了解疆内再生原料、固体废物加工利用企业基本信息，严厉打击固体废物走私。

撰稿人

索金玲　刘　枫　郑廷彰　马小龙

税收征管

【概况】2022年，乌鲁木齐海关围绕落实全国海关税收工作会议精神，持续深化税收征管改革，提升税收征管效能，积极推进属地纳税人管理工作，提高精准服务水平。深化海关税款担保改革，创新税收担保模式。做好税收条线风险防控，进一步完善关税与稽查、风险、缉私等部门协作的机制。认真落实国家"十四五"进口税收优惠政策，积极建言献策，持续推动国内外市场更好联通，促进外贸保稳提质。持续跟踪RCEP等自贸协定实施成效，助力企业享惠，推动释放协定红利，增强企业获得感，服务高质量共建"一带一路"。

【税收征管】2022年，乌鲁木齐海关认真落实疫情要防住、经济要稳住、发展要安全的重要要求，紧紧围绕海关总署决策部署，凝聚发展合力，锐意推进税收征管改革，坚持依法科学征管，顺利完成全年综合治税各项工作任务。全年税收实际入库148.99亿元，同比增长47.51%，增幅高于全国海关33.91个百分点。办理天然气返税47.09亿元，同比增长78.44%；审核减免税2.44亿元，同比增长35.30倍；征收进境物品行邮税128.39万元，同比增长56.50%。

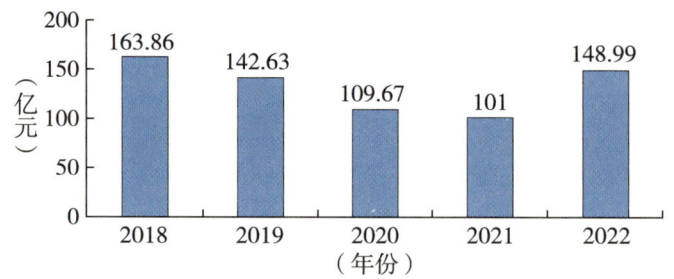

▲乌鲁木齐海关2018—2022年入库税款走势图

【综合治税】2022年，乌鲁木齐海关统筹做好税款"增"与"减"两篇文章，以质"增"量，深化综合治税，加强税收监控分析，既关注大税源征管，涵养税源、扩大税基，更聚焦高风险排查，防范税款流失。强化征管指标监督考核，开展税收征管领域业务自查，落实整改薄弱环节，有效提升税收征管质量。加强业务培训，通过"线上线下"学习培训、交流研讨、跟班学习等方式，提升关税领域人员"专业知识、专业能力、专业作风、专业精神"涵养，实现规范执法操作、防范税收风险、促进考核指标提升的良性循环。全年处置验估指令246条，处置及时率100%；办理归类专业认定2份、价格专业认定3份、预裁定26份。

【税收风险防控】2022年，乌鲁木齐海关树立问题导向，落实海关总署风险排查处置指令，加强风险研判，改进和完善涉税稽查指令和线索移交缉私协同机制，重点加强指令、线索排查效能的评估和反馈，打击偷逃税违法行为，筑牢税收安全防线。分析提炼报送税收风险信息及参数建议，涉及大宗矿产品、木材、玉石、化工产品等，对关区重点商品开展价格监控核查，审价作业规范度99.39%，同比增长2.65%。

【原产地管理】2022年，乌鲁木齐海关对标RCEP等优惠贸易原产地规则，指导关区重点企业利用关税减让安排，聚焦首年零税率产品，巩固重点产品出口优势。持续推进原产地证书自助打印、智能审核和经核准出口商的培育审核等便利化举措，助力企业开拓新兴市场。主动聚焦关区特色产业，通过"线上+线下"多种方式开展送政策上门靶向帮扶，根据企业产品特点着重用好关税减让、原产地累计、快速通关等RCEP优惠措施。全年签发各类原产地证书1.60万份，签证金额82.01亿元，签证数量首次破万份。签发证书种类增至RCEP、中国—毛里求斯及中国—柬埔寨协定等19种，签证产品增至116种，签证国家增至128个。近九成证书实现"秒审"，近八成证书实现"自助打印"，出口产品实现超9000万元关税享惠。

▲2022年1月10日，喀什海关成功签发首份新版中国—东盟原产地证书　（徐文婷　摄）

撰稿人

杜　萱　马迪娜　艾合太木古丽·艾海提　张秀丽

卫生检疫

【概况】2022年，乌鲁木齐海关针对猴痘、儿童不明原因肝炎、埃博拉、鼠疫、霍乱、黄热病等重大传染病疫情，依法防控、科学防控、联防联控，最大限度降低疫情传入风险。采取"一口岸一方案""一机一案"，制订各类防控方案和应急预案，健全口岸公共卫生防控体系、持续提升生物安全制度创新治理能力建设水平，筑牢外防输入第一道防线。2022年，实施卫生检疫查验出入境飞机724架次、同比下降23.71%，火车146.40万节、同比增长9.17%，汽车12.68万辆次、同比增长192.74%；查验出入境人员7.42万人次，同比增长19.92%。

【检疫管理】2022年，乌鲁木齐海关坚持总体国家安全观，着力建设国门生物安全体系。成立乌鲁木齐海关生物安全工作领导小组，研究制订落实《海关生物安全体系建设方案》的细化方案。综合考虑关区各口岸接壤国家、口岸检疫保障能力、地方公共卫生防控和医疗救治能力等因素，推荐乌鲁木齐地窝堡国际机场口岸、中国—哈萨克斯坦霍尔果斯口岸（公路）、中国—吉尔吉斯斯坦吐尔尕特口岸、中国—塔吉克斯坦卡拉苏口岸、中国—巴基斯坦红其拉甫口岸为高风险人员和高风险运输工具指定入境国境口岸。持续推进核心能力建设工作，深入研究口岸公共卫生核心能力建设规范要求，结合关区各口岸特点和实际，对表开展自查，对标进行整改。积极参与并顺利完成海关总署卫生检疫司组织的对吉林海关4个陆路口岸的核心能力复核工作，完成海关总署卫生检疫领域《海关内部审计核查重点操作指南（2022年版）》6个方面、37项检查要点的修订工作。

【口岸疫情防控】2022年，乌鲁木齐海关强化口岸疫情防控组织领导，完善统筹口岸疫情防控和促进外贸稳增长工作指挥部工作机制，实行24小时运行。定期召开工作会议、每周进行视频调度，实时跟进落实国务院联防联控机制以及海关总署、自治区疫情防控最新工作要求，安排部署关区疫情防控工作。作为"外防输入"的重要职能部门，主动加强与自治区联防联控部门的联系和沟通，实现海关疫情防控关键环节与地方联防联控机制需求的有机衔接。成立"挑毛病"专家组、口岸疫情防控风险隐患排查整治工作专项督导组，承担自治区口岸疫情防控督导组成员职责，运用"四不两直"方式，采取视频检查、实地督导等形式，对关区各口岸疫情防控工作开展督导检查。强化应急演练，收集审核北京冬奥会、冬残奥会备降航班卫生检疫监管、入境货物检疫监管及阳性案例处置、口岸拥堵失序、内部疫情防控以及职业暴露等演练脚本76个，演练视频21个。完成"国际军事比赛2022"、北京2022年冬奥会、冬残奥会入境航班备降等重大外事活动检疫保障工作。

【"关长走进口岸封管区"工作】2022年，乌鲁木齐海关以高度的政治责任感坚决打赢常态化疫情防控这场仗，不断提高工作的有效性和针对性。按照海关总署统一部署，严格执行"关长走进口岸封管区"各项工作要求，制订《乌鲁木齐海关关于两级海关关领导参加口岸一线封闭管理作业的方案》《关长走进口岸封管区督导检查和关注重点》，开展两级海关关领导安全防护岗前培训，严格规范个人防护操作，确保熟练掌握个人防护技能。关区两级海关44名关领导参加口岸一线封闭管理作业，带着问题去、带着答案回，提出意见建议96条，并逐条整改完毕。

【"百名科长百日督查"工作】2022年，根据海关总署统一安排，乌鲁木齐海关制订工作方案和督查计划表，全力配合海关总署驻乌鲁木齐海关督查组，完成"百名科长百日督

▲2022年6月29日，海关总署"百名科长百日督查"在和田海关开展实地督查（马小勇 摄）

查"工作。成立工作专班，细化专班成员单位工作职责，从组织保障、出入境人员卫生检疫、出入境交通工具卫生检疫、安全防护与封闭管理、内部疫情防控等11个方面向督查组提供印证材料200份，全力配合督查组开展资料档案审核工作。全程陪同督查组赴关区各隶属海关、技术中心以及保健中心开展实地检查，做到100%全覆盖。对督查发现的问题立行立改、举一反三、查漏补缺，并对自查发现的问题建立台账，逐一销号整改。同时，按照海关总署要求，选派3名优秀执法一线科长赴其他直属海关完成"百名科长百日督查"工作。

【卫生监督】2022年，乌鲁木齐海关持续推进国境口岸卫生监督工作落实落细，扎实做好国境口岸食品安全监管，切实抓好口岸食品安全抽检等各项工作落实。完成国境口岸卫生监督"双随机"抽选网络管理系统开发工作，制订《乌鲁木齐海关国境口岸卫生监督"双随机"监管模式工作实施方案》，推进"双随机、一公开"等改革措施落实。指导全疆各口岸严格落实党中央、国务院部署，按照海关总署有关要求，有效保障口岸食品安全及公共场所卫生安全。全年开展卫生监督1488次，发现问题201起，行政许可受理办结110家次，食品快检27项次。

【病媒和疾病监测】2022年，根据《国境口岸病媒生物监测规定》《边境病媒生物专项监测工作方案（试行）》要求，

乌鲁木齐关区各口岸海关认真开展鼠类及其寄生物（蚤、蜱、螨）、蚊类、游离蜱、蜚蠊的边境病媒生物专项监测工作。年内，开展病媒生物监测262次，送检病原体检测806份，检出巴尔通体阳性15例；自巴基斯坦入境空集装箱截获鼠类1批次（1只死鼠、5只活体幼鼠），种属鉴定为灰仓鼠，进行病原体检测未见异常。强化"多病同防"，严格按照《口岸传染病排查处置基本技术方案》要求，科学规范开展口岸呼吸道、消化道、蚊媒传染病等可疑病例的排查处置和采样检测。高度重视海关总署通报的霍乱、黄热病、猴痘、沙拉热、禽流感等传染病，切实加强排查处置，防范疫情叠加风险。

▲2022年9月18日，哈密海关关员开展国门生物安全监测工作　（薛洁　摄）

撰稿人

阿克来木·卡得尔

动植物检疫

【概况】2022年，乌鲁木齐海关贯彻落实习近平总书记关于加强生物安全建设的重要指示批示精神，践行总体国家安全观，持续加强国门生物安全建设，深化海关动植物检疫业务改革创新，推进动植物检疫防控能力，提升示范口岸创建达标工作。强化系统治理和全链条防控，加强入境检疫，严防动植物疫情疫病传入，切实筑牢口岸检疫防线，为维护新疆国门生物安全和促进开放型经济发展做出积极贡献。

【进出境动物检疫】2022年，乌鲁木齐海关持续强化境外非洲猪瘟、非洲马瘟、高致病性禽流感等重大动物疫情防控。组织开展高致病性禽流感、非洲猪瘟等疫情应急处置演练6次，指导完成进口种猪等隔离检疫工作，做好进口遗传物质检疫监管，支持新疆畜牧业高质量发展。搜集整理境外输华动植物及产品检疫要求、输华动植物及产品检疫证书样本等329份，编发新疆周边国家（地区）动植物疫情相关信息动态。开展职能监控分析会10次，利用HLS2017系统在对动物检疫业务条线节点监控中，查发问题74个，补证193份。2022年，乌鲁木齐海关对查获的10份巴基斯坦走私羊采集血液、鼻拭子等样品，开展小反刍兽疫、口蹄疫、羊痘、炭疽、布鲁氏菌病5种疫病监测，经实验室初筛，检出布鲁氏菌阳性样品1份。

【促进农产品进出口】2022年，乌鲁木齐海关积极支持企业进口多元化，协助海关总署完成乌兹别克斯坦菜豆、吉尔吉斯斯坦大豆等粮食的检疫准入，开展境外粮食企业视频检查14次，审核境外粮食注册企业928家。运用智慧动植检集成平台优势，加快进口粮食检疫审批，符合条件即来即办检疫许可证359份，办理时长压缩85%。指导企业运用"提前申报""两段准入"等便利举措，建立"现场初筛鉴定+附条件提离+远程后续监管"全流程监管新模式，推动进口粮食产品优先查验、优先检测、优先放行。经海关总署能力核定海关有害生物和外来物种初筛鉴定室8家，取送样周期缩短30%。借鉴海南种质资源进口中转基地建设管理经验，参与自治区西甜瓜等代繁种苗引进和基地建设规划，及时办理30批、360.47吨进口甜菜、玉米、西瓜等种质资源调运手续，成功引进牛冻精11.76万剂。

依托"企业直通车服务平台"，叠加运用网上办理、线上核查、上门服务等便利措施，完成55家出口水果果园和10家包装厂注册登记。运用"12360服务"及"乌鲁木齐海关发布"发布动植物检疫政策解读24篇。

▲2022年8月18日，塔城海关关员对采集的外来物种进行标本制作　（黄雅萱 摄）

推行"5+2"预约查检，助力杏、西梅、香梨等新疆特色水果延伸出口"朋友圈"，38家企业享受绿色通道出口产品2727批次，货值4.19亿元。

【进出境植物检疫】2022年，乌鲁木齐海关加强动植物疫情舆情收集、信息动态发布等工作，创建"根系式内控工作法"，针对许可证核销漏洞、粮食调运监管盲区、植物产品转关风险等问题，提出14条完善建议，建立进境粮食、木材等"日监控"项目3个，国门生物安全监测、安全风险监控等"月跟进"项目5个。年内从入境大麦、亚麻籽等植物及其产品中检出含有害生物货物1010批，检出有害生物126种、9959种次，其中检疫性有害生物11种、118种次，主要为葡萄矢车菊、向日葵黑茎病菌、苍耳属（非中国种）等。扎实开展国门生物安全监测工作，监测到橘小实蝇、苹果蠹蛾等有害生物55种次。

【生物多样性保护】2022年，乌鲁木齐海关严格履行《濒危野生动植物种国际贸易公约》（CITES）相关要求，依法对公约禁止或限制贸易的动植物物种及其产品实施监管。认真开展"国门绿盾2022"行动，打击非法引进外来物种和种子苗木行为，严防动植物疫情传入和外来物种入侵。年内，在全疆口岸区域普查到杂草90种、昆虫20种、植物病害10种，其中在《中国外来入侵物种名单》中的外来物种有5种。参与"基于上合组织农业基地的外来入侵生物监测与风险评估"等科研项目研究，联合西北农林科技大学等部门组建普查工作组赴口岸开展普查10次，邀请海关系统专家开展外来入侵物种普查专题培训2场次，200余人次参加。联合自治区科学技术协会举办"共护生物安全 同建大美新疆"国门生物安全教育日主题活动及科普展，通过《新疆日报》等5家省市级媒体集中宣传，全面提升全民防范外来入侵物种意识。

【"跨境电商寄递'异宠'综合治理"专项行动】2022年，乌鲁木齐海关紧密结合关区外贸特点，认真开展"跨境电商寄递'异宠'综合治理"专项行动。综合运用视频会、微信、电话等方式，向关区跨境电商平台和寄递运营企业开展"异宠"等外来入侵物种危害科普宣传166家次，进一步压紧压实企业生态安全和生物安全主体责任。收集整理非法寄递外来入侵物种典型案例10件，组织开展业务培训，进一步提升执法一线关员"异宠"

查发效能。与地方农林、邮政等部门建立情报信息共享机制。发布《"异宠"危险重重海关带你划重点啦"》主题宣传信息，叠加运用广播、新媒体和主题宣讲等方式开展科普教育，提升社会公众国门生物安全意识，形成社会多元共治良好氛围。

撰稿人

黄　涛　郭　玺

进出口食品安全监管

【概况】2022年，乌鲁木齐海关落实落细进出口食品安全工作职责，科学精准开展进口冷链食品疫情防控，实现"一口岸、一方案、一演练"。统筹推进进口食品"国门守护"行动，强化进口食品全流程监管。落实进出口食品监督抽检与风险监测工作，防范化解进出口食品安全重大风险。优化服务促进外贸保稳提质，制定助力丝绸之路经济带核心区发展与自由贸易区申建等专项工作举措，推动"中哈食品安全技术法规与标准信息平台"建设，收集哈方技术法规与标准，设计开发平台模型。积极作为、开拓创新，持续加强与地方政府相关部门间合作机制，2022年度乌鲁木齐海关食品安全工作被自治区食品安全委员会予以通报表扬。

【进口食品检验检疫】2022年，乌鲁木齐海关监督抽检食用植物油、干坚果、糖果、粮食制品和肉类等进口食品化妆品953批，1.37万项次，检出不合格进口食品5批，金额249.99万元，全部依法依规处理。截获并退运未获准入中药材1批。检验检疫监管进口冷链食品346批，重量7175吨，货值2.19亿元，按要求开展核酸检测和预防性消毒工作。研究制定支持新疆进口冷链食品贸易高质量发展8项举措，形成工作专报报送自治区政府并紧抓落实，推动新疆冷链食品进口贸易实现新突破，优化工作机制，口岸检疫时长压缩至原来的50%、检疫审批时长缩短到规定时限的75%，全年检疫审批进口肉类101批。

【出口食品检验检疫】2022年，乌鲁木齐海关监督抽检干坚果、番茄酱、盐渍绵羊肠衣、水产品和调料等出口食品化妆品159批，582项次，检出不合格出口食品2批，金额14.79万元，均作不予出口处理。严格落实2022年输欧动物源性食品残留监控工作，根据境外官方通报开展出口企业通报核查。致力于促进出口特色农食产品相关产业发展，注重企业调研工作，强化出口番茄酱等产品数据分析，从企业发展诉求与面临阻碍出发，撰写相关专题报告，提出专项措施建议6项、利疆惠疆措施2项。强化食品领域技术性贸易措施收集工作，建立法律法规与政策清单，开展食品贸易政策解读和技术指导，帮助出口企业提高风险应对能力，扩大产品出口。

【进口食品"国门守护"行动】2022年，乌鲁木齐海关严格落实进口水产品、肉类等产品检疫审批和官方证书核查制度，完成进口食品境外生产企业注册评审233家次。严禁非准入产品输华，持续强化源头管控。抓实进口食品监督抽检和风险监测工作，严密进口不合格食品后续处置监管链条，对进口食品不合格信息开展联合风险研判。持续高压严打冻品、海鲜等来源不明冷链食品、疫区涉检类食品、金银箔粉食品走私入境。配合海关总署对哈萨克斯坦、乌兹别克斯坦等5国10余种产品实施输华准入评估和议定书的签署工作，助力乌兹别克斯坦甜瓜干、菜豆2种产品获得输华准入。开展塞浦路斯等5国水产品准入前视频检查、哈萨克斯坦水产品企业回顾性检查与资料审查，撰写10种中亚国家动物源性食品风险评估报告。持续开展主要贸易国家法律法规、食品安全管理体系及准入研究，完善研究报告3份。

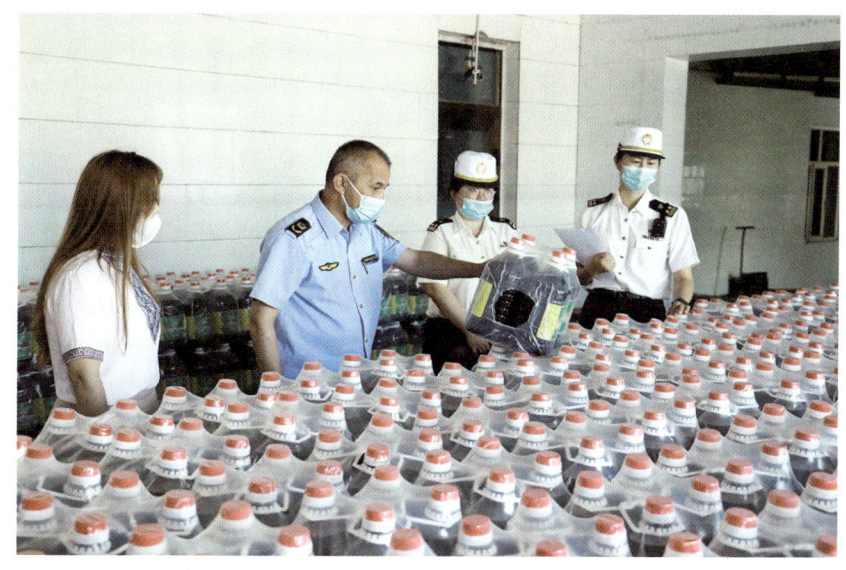

▲2022年5月20日，伊宁海关与市场监管部门联合开展食品安全抽查　（朱恬甜　摄）

【进出口食品安全宣传】2022年，乌鲁木齐海关通过食品安全口岸行、科普行，推动食品知识进校园、进基层，开展进出口企业座谈会、联合执法打私等单位举办多种方式活动96次，400人次参加，举办讲座38场，开展线上和线下咨询2022人次，印发材料3554册，制作展板23块，邀请媒体2家。开展"共创食安新发展　共享美好新生活"食品安全宣传周活动，全面普及进出口食品安全政策法规和科学知识。通过乌鲁木齐海关门户网站、《中国国门时报》等媒体充分展示乌鲁木齐海关食安周活动成效，多元化立体宣传乌鲁木齐海关进出口食品安全监管工作，引导进出口食品企业增强主体责任意识，引领食品产业创新驱动、提档升级，营造食品安全社会共治氛围。

撰稿人

马子莹

商品检验

【概况】2022年，乌鲁木齐海关强化监管优化服务，创新检验监管模式，不断提高进出口商品检验监管工作质效。进一步完善进出口商品质量安全风险预警和快速反应监管体系建设，加强危险品检验监管，扎实开展"危险品综合治理"百日专项行动，强化自主查发能力，查获案例同比增长4倍。严禁"洋垃圾"入境，通过完善制度文件、强化业务培训、引入智能设备等多种形式，形成"风险研判+精准布控+专家研判+口岸查验"的管理机制。持续深入推进业务改革，结合关区实际，提出优化进口铜精矿监管模式的建议并被海关总署采纳，推动全国首个陆路口岸进口铜精矿监管模式创新试点在新疆落地。强化进口医疗器械信息共享、联合检验及监管合作，加强进口机电产品风险信息收集、分析和研判，严把商品质量安全关。

【进口商品检验】2022年，乌鲁木齐海关开展"医疗美容行业突出问题专项治理"，建立与自治区相关部门沟通联系机制，形成工作闭环。提前谋划"固体废物零进口"目标落实，推进2022年度关级课题成果转化，持续强化固废排查领域科技赋能，细化固废多模探测仪预警阈值范围，同步开展固废排查快速鉴别标准应用推广。科学评价现场排查技能培训效率，逐步量化口岸查获、技能培训和政策研究等指标，探索提升人员能力建设工作质量。复制推广进口汽车零部件检验监管便利化措施，探索"进口汽车零部件检验监管便利化"与"保税业务"相结合工作模式，提高企业参与感和获得感。全年检验进口天然气3148.25万吨、原油1116.02万吨、煤炭234.56万吨，检验进口金属矿砂755.94万吨，检验进口旧机电产品42批次。

【出口商品检验】2022年，乌鲁木齐海关研究建设"进出口商品法规标准智能分析平台"，探索纺织服装等劳动密集型产品法规标准智能分析，开展纺织服装等劳动密集型产业质量提升和新疆棉产业链专项调研，提出面对新挑战促进棉产业链健康发展的建议。借助新疆作为内外贸一体化试点地区的契机，探索促进纺织服装等劳动密集型产业内外贸一体化措施，助力纺织服装等劳动密集型产业内外贸一体化经营，助力新疆全年出口纺织服装799.56亿元。通过中哈边境海关负责人会谈，就中方能源资源监管政策调整进行对接，为扩大能源资源进口夯实基础。深入研究、优化调整出口商品检验模式，梳理汇总出口商品现场检验项目，形成项目分类管理清单，选取重点商品作为试点，探索完善作业指导书与布控指令的实际融合贯通。强化商品检验应急处置体系建设，在重点口岸组织开展3次应急演练。持续加强执法关员安全教育、法制教育和岗位技术培训，积极组织系统内外专家开展15场次各类政策宣讲解读。

【禁止固体废物入境】2022年，乌鲁木齐海关持之以恒强化固体废物快速筛查能力，严禁"洋垃圾"入境工作取得新进展。修订4个制度文件，全面规范固体废物排查和属性鉴别工作流程，强化一线执法规范性，完成自治区《陆路口岸进口矿产品固废排查快速鉴别方法》标准评审。组织进口矿产品固体废物排查业务培训2次，再生金属原料培训1次，培训226人次；组织黄河流域12个直属海关400余人开展进口商品固体废物属性鉴别交流活动，与天津海关、青岛海关等开展固体废物筛查监管创新线上交流会，全面提升现场海关固废排查的科学性和有效性。持续完善关区固废鉴别专家组构成和专家研判工作程序，对11批次进口矿产品开展集中研判，收集关区固废排查信息6批次，固废属性鉴别13批次，整理发布《进口矿产品固废属性鉴别案例解析》3期，查获1批次、1.6万个旧手机主板。在阿拉山口口岸引入一台固废多模探测仪并组织应用调试，完成118批进口矿产品数据录入，提升进口矿产品固废排查智能化水平。统筹优化关区实验室资源配置，推动缩短关区属性鉴别时长。充分利用线上线下信息平台，在"乌鲁木齐海关发布""疆海飞扬"等平台开展固体废物"零进口"政策宣讲，为严防固体废物进口提供支持。

【进出口危险品及其包装检验监管】2022年，乌鲁木齐海关全力以赴打造"加强版"危险品安全监管体系，检验监管能力取得新提升。完善工作机制，强化危险品全链条检验监管，细化完善工作制度8个，建立查验业务档案37个，整理技术标准300余份，印发安全手册16份，成果转化4项，强化制度刚性执行，确保关区执法规范统一。推动改革创新，结合关区点多线长面广的实际，研究适合关区的合格评定模式，创新探索检验批管理，将3939个申报批转化为61个检验批，压缩货物通关时长近70%，持续提升企业获得感。突出问题导向，完善危险品监督检查机制，通过联合检查、滚动排查、随机抽查等方式，累计开展业务检查35次，建立问题台账43项并督促现场进行整改，全面堵塞安全漏洞。聚焦能力提升，印发典型案例3期、政策汇编200余册，录制教学视频1期，组织3期资质培训，关区具备危险品及其包装检验监管资质的专业队伍增加至613人。充分发挥基层主观能动性，现场海关运用即决式布控查获不合格危险品及其包装情事同比增长400%，监管效能大幅提升。

扎实开展"口岸危险品综合治理"百日专项行动，细化防范化解重大风险清单24项，制定安全隐患排查制度1个，结合关区口岸实际编制22个危险品应急处置预案，开展政策宣传解读60余次，从源头保障危险品检验"零风险"。摸清底数基数，梳理关区危险品进出口品目26类，建立44家主要进出口企业档案；整理文件标准763份，印发关区工作制度、操作手册、案例汇编27份，切实夯实工作基础。强化技术指导，建立"一线收集、专家研判、集中反馈"的三级问题反馈机制，组建16人的危险品业务指导专家组，

▲2022年6月21日，库尔勒海关保障关区出口监管仓库首票化工品安全出口（孙歆 摄）

即时反馈问题600余次。乌鲁木齐海关"合格评定"等经验做法多次获海关总署肯定，专项行动取得良好成效。

【商品检验业务改革】2022年，乌鲁木齐海关解放思想，优化进出口商品检验监管模式，商品检验业务改革取得新突破。全面评估关区铜精矿质量安全状况，积极与目的地海关沟通协调，向海关总署提出优化乌鲁木齐海关进口铜精矿监管模式的建议并获采纳，推动全国首个陆路口岸进口铜精矿监管模式创新试点在新疆落地，铜精矿现场检查时长由改革前的72小时压缩至0.5小时左右。全面落实进口危险品政策性布控取消，对重点敏感危险品定期开展风险分析，推动关区进口管输原油抽样检测比例由100%降至10%。完善出口危险品出厂前检验工作制度，综合运用各类合格评定模式，压缩通关时长近70%。结合关区实际情况，代拟《海关陆运口岸进口矿产品固体废物现场排查工作规范》，报送《乌鲁木齐海关关于大宗散货数重量鉴定采信第三方机构的可行性研究报告》，为海关总署业务改革提供基层经验和数据支撑。

【进出口商品质量安全风险监测】2022年，乌鲁木齐海关在海关总署进出口商品质量安全风险监测计划框架下，结合关区实际，科学开展风险监测，持续筑牢进出口商品质量安全防线。出口环节以近年发生国外通报、退运及风险预警的家用电器和服装箱包为重点，进口环节以与消费者健康安全密切相关的儿童玩具、婴童用品为重点，完成2022年法定检验商品以外进出口商品抽查检验及风险监测任务100批次。通过"线上+线下"的方式，指导霍尔果斯国际合作中心海关申建国家级质量安全风险信息监测点，从能力保障、组织保障、制度保障、人员保障和信息保障等方面进行初步验收，进一步丰富风险信息来源，以点带面推进关区风险监测工作。建立全员参与的风险信息收集、识别、分析和评估工作机制。聚焦"一带一路"共建国家和地区，重点针对进口消费品、医疗器械、危险化学品、大宗资源性等商品质量安全项目实施重点监测。强化矿产品、再生原料、旧机电等重点敏感商品监管，通过提炼风险特征、总结辨别方式，持续开展情报信息收集和风险分析。与自治区卫健委建立信息共享机制，将进口医疗器械的检验监管工作延伸至质量安全追溯调查和责任追究，全面提升自治区进口医疗器械质量安全管控水平。加强与自治区生态环境厅、第三方机构、行业协会等沟通交流，围绕重点企业、重点行业开展信息数据共享和联合研判，增强风险防控的针对性和有效性。

【检验机构监督管理】2022年，乌鲁木齐海关严格落实海关总署行政执法检查事项"双随机、一公开"要求，规范进出口商品检验检测机构监督管理工作流程，全面落实机构后续监管。印发《乌鲁木齐海关进出口商品检验检测机构"双随机、一公开"监督管理工作方案》，更新机构"对象库"和检查"人员库"，定期开展监督管理，并集中汇总公示监督管理结果。截至2022年年底，关区有进出口商品检验检测机构4家，检查人员43人。为全面落实"放管服"改革要求、进一步促进贸易便利化，推动第三方检验检测机制建设，全面强化采信工作人员储备，广泛开展第三方检验检测工作调研。通过微信公众号、关企联络群对外公开征求有关意见建议，结合关区进口大宗商品品类单一、数重量鉴定工作基数较为庞大的特点，对关区进口矿产品风险进行全面分析。开展数量重量鉴定领域采信的可行性研究，深入巩固进口大宗商品数重量鉴定模式改革成果，进一步夯实关区采信工作基础，提高检验机构对采信工作的参与度。

【进出口商品质量提升】2022年，乌鲁木齐海关充分利用报刊、电台、电视及网络等相关媒体，加强进出口商品检验监管工作宣传，助力提升辖区进出口商品质量。收集欧亚经济联盟技术法规30余部、国内外标准500余项。开展"纺织服装质量提升专项行动"，结合纺织服装重点企业、产业园区开展国外法规标准和认证要求专项宣讲，强化与纺织服装重点企业检测技术和关键指标交流研讨，助力企业提高纺织服装产品质量。开展"实验室开放日"活动，邀请地方政府部门、出口企业、社会各界走进实验室，展示海关依法行政和把关服务的技术支撑能力。年内共举办讲座44场次，开展咨询2793人次，印发资料6168册，制作展板65块，制作横幅32幅，张贴海报210张，发布微信、微博信息27篇，邀请媒体22家，云宣传受众近5000人次，为质量提升行动创造良好社会舆论氛围。

【支持劳动密集型产业发展】2022年，乌鲁木齐海关加强纺织服装等劳动密集型产品质量风险监测，积极向重点企业、园区宣贯国外贸易限制措施、技术性贸易措施，开展线下政策宣贯4场次，线上向20余家纺织服装企业进行调研，就企业在对外贸易中遇到的困难进行"一对一"辅导，积极为企业纾困。开展新疆棉产业链专项调研，了解新疆棉产业链的发展现状、存在问题、产业特点等，研究制约产业链开放发展的瓶颈，分析产业链发展面临的新形势、新挑战，提出促进棉产业链健康发展的建议，报送的调研报告获上级部门领导批示。探索建立"进出口商品法规标准智能分析平台"，通过开展纺织服装等劳动密集型产品法规标准智能比对，助力纺织服装企业开拓周边国家市场，为促进新疆特色优势产业开放发展献计献策。借助新疆作为内外贸一体化试点地区的契机，探索促进纺织服装等劳动密集型产业内外贸一体化的措施，助力纺织服装等劳动密集型产业内外贸一体化经营。2022年新疆外贸出口纺织服装799.56亿元，同比增长84.15%。

【医疗美容行业突出问题专项治理活动】2022年，乌鲁木齐海关认真落实海关总署、自治区有关工作部署，积极开展医疗美容行业突出问题专项治理工作。在专项治理工作中持续加强进口医疗器械检验监管，研究工作内容、重点、方向，细化进口特定用途医疗器械特别是医疗美容用医疗器械的落实方案，确保取得实效。举办"进口医疗器械检验监管网上培训班"，从事进口医疗器械检验监管工作的80余人参加培训，详细讲解进口医疗美容用医疗器械检验监管工作执法依据、工作内容、检验要点、产品风险等，不断提升一线人员检验监管水平。联合自治区卫健委建立进口医疗器械联合监管机制，充分发挥各自的资源和优势，就风险信息共享、开展联合评审、加强联合培训等方面，明确合作的方向、重点和形式，全面加强进口医疗器械质量安全管控。在"乌鲁木齐市提振消费信心'3·15'消费者权益保护大会"期间，通过发放宣传折页、现场讲解进口医疗美容产品知识等方式，进一步提升广大群众质量安全意识，助力保护进口医疗美容产品消费者合法权益。开展专项工作，查获不合格货物1批、货值1293.22万元，企业按海关规定实施整改；发现风险隐患2项，协助相关单位消除隐患，保障进口医疗器械使用单位权益。

撰稿人

赵家莉　陈　重　余　慧

口岸监管

【概况】2022年，乌鲁木齐海关以习近平新时代中国特色社会主义思想为指导，强化监管优化服务，全力以赴做好口岸监管工作。持之以恒做好口岸疫情防控，完善口岸监管链条，不断筑牢口岸国门安全防线。聚焦服务丝绸之路经济带核心区建设，扎实推进中哈贸易安全与便利智能监管合作项目、"中吉乌"公铁联运改革项目、关区边民互市贸易、市场采购贸易、智能筛查系统改革等工作，不断提升关区口岸监管整体水平。年内，一个集体获评自治区"平安建设"先进集体，一名干部获评全国"扫黄打非"先进个人。

【运输工具监管】2022年，乌鲁木齐海关结合疫情防控要求，持续加强口岸进境运输工具、集装箱消毒通道建设，组建工作专班，科学规范实施进境运输工具、集装箱预防性消毒，经消毒效果评价合格的运输工具、集装箱，准予进入口岸出口货物查验监管场地，装运货物后通过"甩挂"方式出境，降低装运成本，提高货物出口转运效率。严格按照有关工作方案和技术规范，进一步优化细化口岸封闭管理措施，对各口岸自行制定的疫情防控措施进行再评估，停止不必要的重复检测和预防性消毒。与铁路部门形成工作合力，实施入境班列铁路换装作业与企业申报、海关查检手续同步进行，海关监管与铁路业务实现无缝衔接。加强入境客运航空器终末消毒监督，指导乌鲁木齐地窝堡机场切实做好国际客运航班复航工作，保质保量完成入境客运航空器终末消毒监督工作，实现航空器终末消毒监督工作"零差错"。2022年，指导保障21架次航班的终末消毒监督工作。

【货物监管查验】2022年，乌鲁木齐海关坚决守好正面监管防线，对进境运输工具、货物、物品常态化实施100%机检查验。全年H986机检总量157.6万辆（车、节）次，货运渠道多次查获管制刀具、管制类精神药品，查获濒危动植物及其制品7批次、7276.51千克，查获入境废旧手机主板1.6万余个，查获进境车辆夹藏土壤3.3吨。开展"非冷链"常态视频检查，制订进口冷链食品、进口非冷链物品专项监督检查方案，形成包含38个检查要点的《乌鲁木齐海关进口非冷链物品口岸查验专项监督检查工作日志》，在二级监控指挥中心对现场相关作业定期开展监督检查工作，连线检查10次。依托二级监控指挥中心对普通货物口岸检查进行常态化监督，通过音视频单兵和UC连线等方式连线现场，开展普通进出口货物连线检查587次。聚焦口岸监管检查重点，编制《乌鲁木齐海关运输工具口岸监管环节重点敏感物品夹藏风险排查工作法》，梳理汇总各业务现场查发相关的典型案例，总结违法违规作案手法，提升各口岸现场正面监管查缉能力。年内，主动查发典型情况61起，查获货物数量636余吨，案值约1992.09万元，查获货物包括管制刀具、醋酸、油漆、服装、游戏手柄、锡钨精矿、硫磺等。

【邮件和行李物品监管】2022年，乌鲁木齐海关切实加强邮递渠道正面监管，有效防范寄递渠道武器弹药及其配件、非法印刷品音像制品、毒品、危险品等监管风险，充分运用H986、CT机、X光机等非侵入式检查设备和智能审图技术，严格落实入境寄递物品100%机检作业要求，全力保障中欧班列邮运高效畅通。主动加强与铁路、邮政部门的联系配合，积极支持邮政企业利用中欧班列运输国际邮件，与班列运营企业协调运邮运力，让运邮班列在通关便利、验放效率上做到快速办理、无缝衔接。年内，乌鲁木齐海关邮递渠道累计监管进出境邮递物品110.54万件，同比增长4.48%，其中出境邮递物品108.68万件，同比增长4.47%，进境邮递物1.86万件，同比增长5.08%；监管邮寄渠道印刷品及音像制品1.06万件，同比增长2.4倍。

受疫情影响，2022年关区各陆路口岸实行"客停货通"模式，陆路口岸旅检业务处于暂停状态，乌鲁木齐地窝堡机场口岸是辖区内唯一正常运行国际客运航班的航空口岸，于2022年5月31日正式恢复国际客运业务。为做好入境客运航班全面复航准备工作，乌鲁木齐海关购置9台智能化自助申报核验一体机，提升现场通关效率。依托先期机检，将海关关员机检判图过程前置，在旅客提取托运行李前完成非侵入式检查，同时加大"智能审图"应用，提升机检效率，压缩通关时间，使入境旅客切实感受"无感通关"。年内，监管进出境航班693架次、进出境人员1.36万人次。

【跨境电商】2022年，乌鲁木齐关区跨境电商业务已由起始单一的跨境电商一般出口逐步拓展至涵盖进出口，推动多种监管模式落地。新疆全年跨境电商贸易突破40亿元，同比增长近1倍。大力支持跨境电商多种业务模式协同发展，开展跨境电商B2B出口监管试点推广，大力推广出口海外仓模式，助力中国制造便利化出口欧亚国家和地区，完成28个海外仓备案。强化服务保障，对跨境电商货物实行"7×24小时"预约通关，优先进行查验，配合自治区商务部门先后推动阿拉山口市、喀什地区、伊犁州3个区域获批跨境电子商务综合试验区。支持外贸企业在跨境电商综合试验区享受简化申报、清单核放、汇总统计等便利措施。探索利用中欧班列、货运包机、TIR公路运输跨境电商货物出境，利用"公铁空"全方位释放新疆物流潜力，先后保障乌鲁木齐—布达佩斯、喀什—塔什干、阿拉山口—塔什干跨境电商专列新疆本地始发，以及喀什至巴基斯坦伊斯兰堡、匈牙利布达佩斯、比利时列日、巴基斯坦拉合尔4条跨境电商国际货运航线的开通。

【监管作业场所（场地）管理】2022年，乌鲁木齐海关加强对监管作业场所（场地）的日常管理，认真开展场所巡查"双随机、一公开"工作，切实做好关区监管作业场所（场地）注册登记、实地验核、规范化管理等基础性工作。截至2022年年底，乌鲁木齐海关辖区运营的海关监管作业场所81家；经海关总署审核批准同意设立指定监管场地24个，其中进境粮食指定监管场地7个、进境水果指定监管场地5个、进境种苗指定监管场地1个、进境肉类指定监管场地7个、进境冰鲜水产品指定监管场地3个、进境原木指定监管场地1个。

【智能审图】2022年，乌鲁木齐海关贯彻落实总体国家安全观，按照海关总署工作部署在H986和CT机监管查验设备上全面推广应用智能审图，进一步加强监管、强化风险防控、优化服务、提升通关效能。成立关区智能审图工作领导小组，聚焦"智慧海关"建设，统筹推进集中审像、智能审图各项工作。研发乌鲁木齐海关H986监管查验设备安全准入智能筛查辅助系统，实行"智能审图+人工"风险研判"双保险"，超前防范、加强监管，坚决筑牢重大敏感时间节点的安全防线。完成智能审图检查机的优化配置并开展系统测试，组织完成智能筛查系统一期铁路场景在阿拉山口、霍尔果斯测试。截至2022年年底，关区公路、铁路货运领域应用H986智能审图设备数量21台，在旅检、邮件、跨境电商领域应用CT智能审图设备29台。2020—2022年，关区H986智能审图量177.6万幅，特别是铁路智能审图未受新冠疫情影响，智能审图159.5万幅，占比89.8%。

【安全生产】2022年，乌鲁木齐海关坚决落实习近平总书记关于安全生产重要指示批示精神，严格落实安全生产责任，坚持把安全生产工作作为"第一议题"，每月开展专题研判，确保安全生产工作不断档、不松劲。制订《乌鲁木齐海关安全生产大检查方案》，开展第21个全国"安全生产月"活动，组织学习宣传《中华人民共和国安全生产法》，观看《生命重于泰山》警示教育片。制发《乌鲁木齐海关安全生产风险隐患信息"吹哨人"预警办法》，组织关区各隶属海关和事业单位对本单位重点场所设施、关键环节、高风险业务等全领域安全隐患进行全面细致的排查，自查发现风险隐患84项。建立《乌鲁木齐海关2022年安全生产大检查发现风险隐患记录台账》，对发现的问题全部完成整改。坚持运用"四不两直"的检查机制，组织7轮安全生产大检查，通过"实地+视频"督查、"回头看"等排查整改新老问题隐患167项，涉及领域8个，制定并推进整改措施189条。

【"口岸危险品综合治理"百日专项行动】2022年，乌鲁木齐海关根据海关总署工作安排，第一时间召开"口岸危险品综合治理"百日专项行动部署动员会，制订并印发《乌鲁木齐海关"口岸危险品综合治理"百日专项行动工作方案》，成立专项行动领导小组，对标对表分解各项工作，明确时间进度、工作措施和责任单位。制定"危险品口岸滞留情况每日报送制度"，缩短危险品在口岸滞留时间，减少危险品在口岸的集聚性风险。按照超期未申报、已申报未放行和已放行未提离三种情况分类开展排查，保持"动态清零"。聚焦全链条监管，编制常用技术标准表，绘制关区进出口危险品检验工作流程图。落实危险品实验室检测"三个优先"原则，建立检测时长预警通报机制，拓宽检测范围，减少分包项目，持续压缩检测时长。年内累计查获危险品及其包装不合格78批次，其中伪瞒报20批次，查发监管作业场所违规存储11批次。充分总结提炼关区经验做法和工作成效，高

▲2022年9月20日，乌昌海关开展第七届中国—亚欧博览会驻场监管工作　（杨逸萌　摄）

质量报送专项活动信息100余篇，关区"口岸危险品综合治理"百日专项行动的工作成效受到海关总署肯定。

【服务保障第七届中国—亚欧博览会】2022年，乌鲁木齐海关高位推动、系统谋划，完成第七届中国—亚欧博览会通关服务保障。提前启动相关准备工作，打造"六个一"（一小组、一专班、一窗口、一通道、一方案、一指南）监管通关保障。制发《第七届中国—亚欧博览会进出境人员物资通关监管方案》《第七届中国—亚欧博览会进出境人员物资通关指南》《第七届中国—亚欧博览会乌鲁木齐海关任务分工》《第七届中国—亚欧博览会便利措施》，细化监管操作流程，主动与亚欧博览会执行委员会进行对接，量身打造一系列便利化举措。在进出境口岸设立亚欧博览会物资和人员专用通道、专用窗口，提供现场8个方面详细指引等监管服务。第七届中国—亚欧博览会期间，验放入境参展物资0.877吨，货值3312.5美元。

【边民互市贸易】2022年，乌鲁木齐海关按照关区的实际情况，理清边民互市职责分工，梳理边民互市贸易操作流程，拟定《乌鲁木齐海关边民互市贸易进口操作指引》。结合地方防疫政策优化和逐步放开陆路口岸进口货物的实际，结合地方诉求，指导关区各边民互市业务现场逐步恢复业务。按照海关总署边民互市统一版信息化系统上线的安排，在关区6个边民互市区（红其拉甫、伊尔克什坦、霍尔果斯、阿拉山口、塔城、吉木乃）全面推行试运行工作。2022年9月，塔城市开展边民互市进口商品落地加工整进整出实单测试；霍尔果斯市、阿拉山口市开展边民互市贸易区内交易全流程业务的实单测试。

【市场采购贸易】2022年，商务部、国家发展改革委、财政部、海关总署、国家税务总局、市场监管总局、外汇局7部门联合印发《关于加快推进市场采购贸易方式试点工作的函》，在全国新设8个市场采购贸易方式试点，乌鲁木齐海关辖区阿拉山口亚欧商品城、乌鲁木齐边疆宾馆位列其中。乌鲁木齐海关主动加强业务指导和工作协调，积极推动辖区的2个市场采购贸易试点顺利通过评审，指导乌昌海关、阿拉山口海关完成采购贸易实单测试，市场采购贸易在新疆顺利落地。

【口岸监管领域重点改革项目】2022年，按照乌鲁木齐海关"中哈贸易安全与便利智能监管合作项目"建设要求，成立业务专班，完成"农副产品快速通关绿色通道监管应用建设项目"和"中国—中亚区域生物安全合作管理信息平台建设项目"立项工作、项目涉及信息化系统的采购工作等。积极推进项目系统建设工作，开展数据测试、系统功能完善、内外网交互及与"单一窗口"对接等工作。成立专项工作组，开展公铁联运相关课题研究、工作专报起草、业务流程梳理等工作。加强与自治区发展改革委、乌鲁木齐铁路局等部门的沟通对接，推动成立自治区"中吉乌"公铁联运联席工作会议机制，保障公铁联运相关业务常态化运行。"中吉乌"公铁联运项目于2022年7月底在乌鲁木齐国际陆港区实现常态化发运。

【监管装备管理】2022年，乌鲁木齐海关严格按要求做好监管设备的新增采购和运维保障，夯实口岸监管装备基础。

▲2022年9月16日，霍尔果斯海关高效验放辖区新边民互市首票进口货物 （黄宇晖 摄）

组织执行健康申报自助验核机、语音翻译机、查验工具箱等采购项目，配合海关总署完成监管设备智慧管理平台测试。针对疫情防控需要造成旅检查验设备长期停用的现实情况，根据安全生产要求，组织开展停用设备的安全大排查，及时处置设备线路老化、漏水漏电等安全风险和设备故障，保障监管设备维持在随时启用、高效运转状态。

撰稿人

王晓彤　唐　宇　武佳熠　杨　萌　赵　强
徐　峰　柏羿丞

统计分析

【概况】2022年，乌鲁木齐海关认真贯彻落实全国海关政策研究和统计工作会议、全国海关政策研究工作专题会议部署，按照海关总署党委对统计和分析研究工作提出"首报、首发、首用"和"加强、加密、加深"的工作要求，聚焦促进外贸保稳提质，深化"数据+研究"，确保数据质量和安全。以统计数据质量和安全管控为抓手，开展易错商品归类、贸易方式、国别等数据专项审核、交叉审核，丰富检控参数和手段，提高关区报关单数据质量管控能力和水平。强化联防联控，加大对虚假贸易的管控和打击力度，坚决防范和惩治统计造假、弄虚作假。强化数据安全管理，深入学习贯彻《中华人民共和国数据安全法》，落实海关数据安全分类分级标准，常态化开展关区数据安全检查，发现问题、及时反馈、立行立改，规范关区业务数据安全管理。落实"政研先行"工作思路，加强业务数据、贸易数据、宏观数据融合分析，开展短线对策研究和长线跟踪研究，构建"职责明晰、统分结合、协作高效""一关一品、一人一专"的研究分析格局，着力推动关区海关统计和政策研究工作高质量发展。

【统计调查】2022年，乌鲁木齐海关广泛调研了解外贸企业现状和需求，密切联系企业获取第一手资料，做好海关专项统计调查调研工作。每月完成中国外贸出口先导指数调查问卷数据的收集、初步审核和确认，确保调查问卷数据的及时性和完整性。2022年8月，启动中国贸易景气（进口）指数调查，每月督促企业按时填报、审核问卷。每月撰写报送关区月度出口先导指数、进口景气指数分析报告，22篇调研报告被海关总署采用。按照海关总署统计分析司安排，开展境外订单产能转入调研、出口先导指数企业订单变化等调研工作，完成2021年及2022年上半年跨境电商统计试点调查、2022年中国外贸出口先导指数调查样本企业轮换、中国贸易景气（进口）指数样本企业清查确认、征求统计调查工作相关意见、2022年海关统计月报地区统计口径核对等工作。组织关区专兼职统计人员参加海关统计制度方法、国际服务贸易统计制度、海关统计调查工作等培训。

【贸易统计】2022年，乌鲁木齐海关成立2个数据审核专班，每月对结关的进出口货物报关单数据进行收集、检控、审核、核实、更正、上报和反馈等，报送贸易统计更正数据文件和上报数据文件，完成年审、半年审、日常数据审核、参数维护等工作。注重加强对贸易统计检控参数的研究和维护，努力创新优化报关单数据审核工作机制，改进数据监控措施，提高查发问题能力。实时、高质量完成数据审核工作，加强对数据审核中发现问题的沟通和处理解决。参与全国海关2021年贸易统计数据年审线上集中审核工作，完成全国海关贸易统计数据审核任务。全年按时报送贸易统计上报数据文件12期、更正数据文件12期，维护H2010TSD系统各种货币对美元折算率12次，下载海关总署更正、反馈数据文件12期，审核进出口报关单数据记录120万条。采取抽调专人集中审核和隶属海关集中专项自审相结合的方式审核2021年海关贸易统计数据，对关区2021年134万条海关贸易统计数据进行全方位、多维度的筛查和审核，审查发现归类、数量、贸易方式、国别（地区）、价格、经营单位代码等问题数据3000余条。

【业务统计】2022年，乌鲁木齐海关审核、报送业务统计数据12次，处理数据核查任务3次。组织开展业务统计数据自查和集中审核工作，2021年业务统计年审工作共计自查复核业务统计数据30758条，重点审核手工填报数据，下发核查数据223条，核实错误并修改数据174条。向海关总署统计分析司报送18篇业务统计工作交流、8篇业务统计监督信息。参与南京海关牵头组织的二季度业务统计月度审核任务，审核7个海关的业务统计数据，发现问题13条，经核实后修改4条。

【统计数据运用和管理】2022年，乌鲁木齐海关按照"日监控、旬分析、月审核、季通报、年评估"数据质量监控工作机制要求，抽调关区统计业务骨干，成立关区大数据审核和交叉审核2个工作专班。全年审核进出口报关单数据记录120万条，发现数据错误并及时更正。树牢底线思维，明晰业务数据使用部门单位对业务数据安全的责任与义务，严格落实内部合规与对外审批制度，建立日常监督和检查机制，做到权责明晰、运行顺畅、管理到位。定期开展数据安全检查，加强人员授权管理，每季度与科技部门联合对数据导出专用场所进行专项检查，研判数据存储风险。做到应用系统用户授权清理工作常态化、系统授权最小化、数据安全长效化，全年数据安全实现"零事故"。

【统计资料公布和服务】2022年，乌鲁木齐海关按照法律规定的程序和手续，定期将海关统计资料向社会公开。在乌鲁木齐海关门户网站上设立"统计数据""统计分析""图说数据"三个专栏，每月向社会公布海关统计信息，包括22份新疆外贸进出口统计数据表、11篇新疆外贸整体运行情况分析报告、11篇图说新疆外贸图片信息，累计访问量4万余次。以乌鲁木齐海关新闻发布会为平台，发布新疆外贸运行整体情况和主要特点，利用"乌鲁木齐海关发布"新媒体平台刊发《图说新疆外贸》11期，提高统计数据的权威性和影响力，为外贸稳增长和高质量发展提供有力预期引导。根据其他行政机关、基层单位和部门、社会公众的需要，依申请提供统计数据查询服务200余次。积极向社会宣传推介海关统计在线查询系统，不断提升面向社会公众的数字化统计服务水平。

【统计分析】2022年，乌鲁木齐海关主动适应内外部环境变化，按照统计和分析研究"首报、首发、首用"的工作部署，聚焦促进外贸保稳提质，加强政策研究储备与转化实施，突出分析研究的针对性、前瞻性，着力做到观大势、顾大局、因势而谋、应势而动。围绕海关总署相关部署、自治区党委政府关心关注热点，依托进出口贸易数据、海关业务数据及一线企业生产经营情况深化"数据+研究"。持续跟踪监测全球及我国货物贸易动态，深入分析新疆外贸、主要贸易伙伴、重要商品特点变化等，积极开展企业进出口分析和调研，8篇专题研究成果获得中央领导批示，20篇监测分析报告被海关总署相关载体刊载。定期向自治区党委政府和兵团报送外贸监测分析报告，为服务新疆丝绸之路经济带核心区建设提供政策研究支持，22篇海关工作专报获得自治区党委政府和兵团主要领导批示，其中《促进新疆现代国际物流产业发展，我们"怎么看、怎么办、怎么干"》由自治区领导召开主席办公会专题部署落实，被自治区全文批转并细化为政府分工。

【政策研究】2022年，为进一步理顺关区政研工作运行机制，推动关区政策研究工作提质增效，乌鲁木齐海关将办公室承担的"关区政策研究和整体改革发展规划工作、承办署级课题项目、组织开展关级课题研究工作、关区政研刊物编发工作"职责调整至统计分析处。年内，建立"统研青年号"电子刊、"统研云上沙龙"2个研究载体，推动政策研究广泛开展。牵头和参与9项年度署级课题，组织开展43项关级课题研究，并完成评审工作（见表5-1）。组织撰写上报7篇调研报告，获得署领导批示6篇次。为进一步推动丝绸之路经济带核心区高质量发展，充分发挥新疆在国内国际双循环新发展格局中的战略地位和作用，与自治区发展改革委、新疆大学联合开展新疆贸易便利化指数研究，与中国人民银行乌鲁木齐中心支行、国家外汇管理局新疆维吾尔自治区分局共同签署《打造丝绸之路经济带核心区开放高地 推动新疆开放型经济高质量发展合作备忘录》。

表5-1 2022年乌鲁木齐海关政策研究情况一览表

课题类型	课题题目	课题组成员单位
牵头署级课题（2项）	深化海关"三智"建设 共建中国—中亚高质量发展合作带研究	统计分析处、办公室、乌昌海关、伊尔克什坦海关、喀什海关、伊宁海关、霍尔果斯海关
	"中国海关史"专项研究——丁贵堂筹建新疆关历史研究	喀什海关
参与署级课题（7项）	促进跨境班列通关便利化及其长远发展研究	法规和综合业务处、乌昌海关、霍尔果斯海关、阿拉山口海关、口岸监管处
	海关预算支出标准体系建设研究	财务处、喀什海关、阿拉山口海关
	推进"三智"建设深化对俄合作研究	办公室、阿拉山口海关、霍尔果斯海关、阿勒泰海关、喀什海关、卡拉苏海关、合作中心海关

表 5-1 续 1

课题类型	课题题目	课题组成员单位
参与署级课题（7项）	提高我国 RCEP 自贸协定利用率研究	关税处、石河子海关、法规和综合业务处、乌昌海关
	RCEP 其他成员国技贸措施及对策建议研究	法规和综合业务处、动植物检疫处、进出口食品安全处、商品检验处、乌鲁木齐海关技术中心、乌昌海关
	创新优化跨境电商海关监管制度研究	口岸监管处、企业管理和稽查处、阿拉山口海关、霍尔果斯海关
	数字贸易海关监管模式研究	统计分析处、哈密海关、阿拉山口海关、喀什海关
关级课题（一等奖8项）	新疆跨境多式联运建设可行性专题研究	口岸监管处、霍尔果斯海关
	新疆本地中欧班列高质量发展研究与思考	办公室、口岸监管处、统计分析处、卡拉苏海关、乌昌海关、合作中心海关
	推动新疆边民互市转型合规发展的思考与研究	阿拉山口海关、口岸监管处
	关于建立领导班子和领导干部综合分析研判工作机制探析	人事处
	乌鲁木齐海关所属隶属海关核心业务贡献度量化评价体系研究	统计分析处、阿拉山口海关、哈密海关、阿克苏海关
	深化改革创新助推新疆进口粮食落地加工高质量发展研究	动植物检疫处
	浅析南疆区域海关推进"三智"建设实践路径	喀什海关
	新发展格局下提升关区进口矿产品固体废物现场排查和属性鉴别能力研究	商品检验处
关级课题（二等奖9项）	发挥海关职能作用助推丝绸之路经济带核心区石油石化产业高质量发展示范区建设的思考	石河子海关
	推进审计问题整改落实的路径研究	督察内审处、哈密海关
	关区缉私行政执法疑难问题研究	缉私局、法规和综合业务处
	关区企事业单位财务管理现状与发展研究	财务处、人事处、政工办
	乌鲁木齐海关实验室一体化建设发展方案	科技处、技术中心、保健中心
	运用风险导向型审计模式提升基层海关稽查质效的实践研究	伊宁海关
	海关非执法领域廉政风险防控对策研究	监察室，党委第二、三、七派驻纪检组
	新时代落实海关党建工作责任制研究	政工办
	"十四五"时期边关人力人才资源挖潜增效路径探索——基于霍尔果斯海关队伍建设的研究	霍尔果斯海关

表 5-1 续 2

课题类型	课题题目	课题组成员单位
关级课题 （三等奖10项）	新形势下海关巡察监督与统计监督贯通融合研究	巡察办、统计分析处
	关于推进新时代边关教育培训高质量发展的思考	教育处
	发挥丝绸之路核心区空港口岸优势的路径研究	地窝堡机场海关
	"十四五"时期海关助力新疆"绿色"口岸发展分析研究	塔城海关、霍尔果斯海关
	美方制裁背景下对新疆番茄酱出口产业链发展的研究	库尔勒海关、统计分析处、乌昌海关、石河子海关
	促进发展跨境电子商务新业态背景下进境物品征税管理政策研究	关税处、机场海关、邮局海关、合作中心海关
	后疫情时代推动中巴经济走廊高质量发展研究	红其拉甫海关
	新时代海关完善国门生物安全体系建设面临的挑战和对策	都拉塔海关
	关于优化进口管输天然气整体通关时间的探讨	吉木乃海关
	后疫情时代海关后勤工作高质量发展的路径探索	后勤管理中心

撰稿人

赵丽丽　陈小丹　马　燕　王雪婷　邹　宁　祁　红

企业管理和稽查

【概况】2022年，乌鲁木齐海关按照海关总署统一部署，全面推动关区企管、保税、稽核查、属地查检、涉检案件处置等各项工作高质量发展。落实"放管服"改革要求，保外贸市场主体稳步增长，加强同市场监管部门的协同配合，扎实推进"多证合一"改革。根据海关总署授权，牵头开展同乌兹别克斯坦、塔吉克斯坦、哈萨克斯坦、阿富汗等周边"一带一路"共建国家（地区）AEO互认合作和能力援建工作。减少特定资质备案事项，取消进口肉类收发货人和进口化妆品进口商备案，简化企业备案材料，压缩出口食品生产企业备案时限。加大"互联网+稽核查"系统推广力度，开展前瞻性、针对性、智能化分析研判，精准查发各类走私违规行为。促进关检各类业务由结合、整合向深度融合转变，推动属地查检与口岸监管、稽核查工作等重点业务领域形成合力。推动区港联动、保税融资租赁、保税展示等三项业务改革，建立综合保税区发展绩效评估定期监测通报机制。

【企业管理】2022年，乌鲁木齐海关搭建"企业直通车服务平台"，将3000余家企业纳入服务范围，精准对接并第一时间回应企业困难诉求70余件，创新落实高级认证企业"留样提离"优惠措施，保障企业便捷通关。通过平台向3000余家企业法人、联系人发送宪法、海关相关法律法规、海关优惠政策宣传短信3万余条。会同海关总署企业管理和稽查司，参与撰写《海关总署关于棉纺织企业出口情况的调研报告》，该报告获中央领导同志批示。年内新注册企业1655家，在海关备案企业总数达1.53万家，其中，进出口收发货人14383家，报关企业828家，其他类型企业59家。全年向上调整信用等级41家、向下调整信用等级4家。组成关区联合认证组开展实地认证，全年辅助2家企业顺利通过海关AEO认证。截至2022年年底，新疆共有海关AEO企业33家（见表5-2），失信企业6家。

表5-2 2022年乌鲁木齐海关关区高级认证企业名单

序号	企业名称	注册海关
1	新疆八钢国际贸易股份有限公司	乌昌海关
2	新疆中泰化学股份有限公司	乌昌海关
3	新疆万达有限公司	乌昌海关

表5-2续

序号	企业名称	注册海关
4	新疆阿拉山口捷安物流有限公司	阿拉山口海关
5	新疆天业对外贸易有限责任公司	石河子海关
6	吐鲁番溢达纺织有限公司	乌昌海关
7	新疆溢达纺织有限公司	乌昌海关
8	昌吉溢达纺织有限公司	乌昌海关
9	新疆口岸工贸国际货运代理有限公司	阿拉山口海关
10	阿拉山口三宝进出口有限责任公司	阿拉山口海关
11	阿拉山口新思国际货运代理有限公司	阿拉山口海关
12	阿拉山口博报国际货运代理有限公司	阿拉山口海关
13	塔什库尔干县中巴友谊商贸有限公司	喀什海关
14	新疆昆仑对外经济贸易有限责任公司	石河子海关
15	新疆众和股份有限公司	乌昌海关
16	新疆中泰进出口贸易有限公司	乌昌海关
17	新疆隆博实业股份有限公司	乌昌海关
18	新疆美克化工股份有限公司	库尔勒海关
19	新疆西部钻探对外经济贸易有限公司	乌昌海关
20	新疆金脉国际物流有限公司	乌昌海关
21	新疆金风科技股份有限公司	乌昌海关
22	新疆三宝实业集团有限公司	乌昌海关
23	新疆丰华神州汽车配件股份有限公司	乌昌海关
24	阿拉山口中石油国际事业有限公司	阿拉山口海关
25	霍尔果斯中石油国际事业有限公司	伊宁海关
26	特变电工股份有限公司	乌昌海关
27	乌鲁木齐丰泰瑞天商贸有限公司	乌昌海关
28	新疆阜丰生物科技有限公司	乌昌海关
29	哈密惠通贸易发展有限公司	哈密海关
30	新疆派特罗尔能源服务股份有限公司	库尔勒海关
31	石河子开发区天佐种子机械有限责任公司	石河子海关
32	中粮屯河番茄有限公司	乌昌海关
33	霍尔果斯瑾禾生物技术有限公司	伊宁海关

【境外推荐注册】2022年，乌鲁木齐海关开展境外推荐注册出口食品生产企业15家次，分别为俄罗斯1家、越南2家、巴拿马4家、印度8家，待国外官方发布（暂未发布）。

完成出口食品生产企业备案72家、出口食品原料种养殖基地备案13家、进口食品进口商备案98家。累计备案出口食品生产企业493家，出口食品原料种养殖基地50家（包括2家供港澳蔬菜种植基地、1家供港澳冰鲜/冷冻禽肉养殖基地），进口食品进口商备案1174家。

【稽查工作】2022年，乌鲁木齐海关持续推动稽查业务改革，着力提升稽查工作效能。以查发问题为导向，建立业务职能部门的风险联席研判工作机制，实现精准靶向，关区海关办结稽查作业51起，稽查发率创历史新高。积极组织参加全国稽查岗位练兵个人技能比武，关区20个隶属海关、风险防控分局及6个业务职能处101人参加练兵考试，乌鲁木齐海关加权成绩进入前十名，晋级全国海关稽查岗位练兵团体技能比武决赛。建立稽查、核查衔接转换机制，实现核查、属地查检与稽查的一体联动，优势互补形成监管合力。积极开展乌鲁木齐海关稽核查打击虚假贸易专项行动，2022年在5个海关开展稽核查作业14起。

【核查工作】2022年，乌鲁木齐海关深化核查分类改革，对风险类和管理类两种不同性质的指令实施差异化流转方式和作业流程。全年制定"定期管理类"核查任务93家，办结核查作业176起。核查作业按时办结率和随机选取执法人员选取率均为100%，其中，与自治区和兵团市场监督管理部门开展联合抽查作业，完成"双随机、一公开"部门联合抽查作业56家。

【属地查检】2022年，乌鲁木齐海关推进属地查检业务强基增效。开发使用"随机派单小程序"，严格落实属地查检危险品检验监管"双人双资质"和执法过程全程音视频录证要求。属地查检出口危险品3986批次，货值22.27亿元；其中不合格26批次，货值0.2亿元。落实乌鲁木齐海关促进新疆外贸保稳提质16条措施，在关区16个海关设立进出口鲜活易腐农食产品属地查检绿色通道，实行优先查检和"5+2"预约查检，支持农食产品扩大进出口。关区公示绿色通道预约电话23部，享受绿色通道企业38家，享受绿色通道进出口产品2727批次，货值4.19亿元。

【涉检行政处罚】2022年8月，乌鲁木齐海关有序承接检验检疫行政处罚管理职能。研究制订《乌鲁木齐海关关于检验检疫行政处罚案件职能管理交接及常态化管理工作方案》，全面调研梳理涉检行政处罚案件办理情况，组织开展对已办案件的自查工作，分析总结关区涉检案件特点，确保涉检行政处罚工作有序开展。全年涉检行政案件立案35起、办结30起，罚款合计19.11万元，涉案货值合计377.91万元。

【保税监管】2022年，乌鲁木齐海关持续提升保税监管效能，采取视频监控、核查库存、实地查看等方式，对关区12个保税场所及所存货物进行监督指导，从政策层面指导企业申建保税仓库、出口监管仓库、保税物流中心等场所，及时跟进新疆昆仑绿源公用型保税仓库、阿拉尔中泰纺织公用型保税仓库建设情况及新疆中禾锦华能源保税仓库申建情况。截至2022年年底，关区正式运营的保税监管场所共12个，其中，保税仓库9个、出口监管仓库2个、保税物流中心（B型）1个。加大企业走访调研力度，深入了解加工贸易发展瓶颈，积极宣讲相关政策，提升加工贸

表 5-3　2022 年新疆 4 个综合保税区进出口情况统计表

综合保税区	进出口值（亿元）	同比（%）	进口值（亿元）	同比（%）	出口值（亿元）	同比（%）
总计	850.23	433.43	124.91	86.54	725.32	684.72
乌鲁木齐综合保税区	138.08	635.3	10.78	699.2	127.31	630.4
阿拉山口综合保税区	195.33	192.5	98.25	61.8	97.08	1505.5
喀什综合保税区	282.85	661.8	15.41	237.5	267.43	721.3
霍尔果斯综合保税区	233.97	550.2	0.47	106.5	233.49	553.0

易监管与服务水平。新疆全年加工贸易进出口值 4.09 亿元，同比增长 22.44%，其中，进口 8485 万元，同比下降 53.09%；出口 3.24 亿元，同比增长 111.57%。

【特殊监管区域管理】2022 年，乌鲁木齐海关以强化研究为抓手，重点围绕综合保税区发展融资租赁、保税期货交割、优化"两仓"管理模式等新兴业态开展政策研究，助力企业用好用足保税政策。以紧盯业务发展态势为重点，建立综合保税区发展绩效评估定期监测通报机制，进一步压紧压实地方政府主体责任、现场主管海关管理责任，督促引导各单位关注综合保税区发展状况，推动其高质量发展。指导喀什综合保税区、霍尔果斯综合保税区实现绩效评估排名提升。2022 年，新疆 4 个综合保税区进出口值 850.23 亿元，同比增长 433.43%（见表 5-3）。

【支持自由贸易试验区申建】2022 年，乌鲁木齐海关成立支持中国（新疆）自由贸易试验区申建专班，全面梳理国务院、海关总署"6+2"以及 21 个自由贸易试验区创新制度 624 项，为自由贸易试验区申建总体方案撰写提供海关监管制度意见 19 条。截至 2022 年年底，推动国务院、海关总署 36 项自由贸易试验区创新制度，其他自由贸易试验区创新制度 27 项在新疆落地实施。

撰稿人

赵端阳　赵　雅　马　敏　习万芳　韩美灵
邹　慧　潘　浩　周　岩

查缉走私

【概况】乌鲁木齐海关缉私局成立于1999年5月26日,2019年10月中央明确海关缉私部门和海关缉私工作受公安部和海关总署双重领导,以公安部领导为主,实行垂直管理。业务工作由海关领导,与地方各级公安机关建立警务协作机制,职责和经费保障渠道不变。乌鲁木齐海关缉私局内设10个处室,下设6个缉私分局和10个口岸缉私科。行政编制213名,2022年实有民警206人、辅警53人。

2022年,乌鲁木齐海关坚决贯彻落实习近平总书记关于打私工作的重要指示批示精神,聚焦新疆工作总目标,针对"中央关注、社会关切、群众关心"的突出走私问题,推动"国门利剑2022""蓝天2022"等联合打私专项行动取得新进展。全年立案侦办刑事案件37起、案值5.1亿元,同比分别增长19.4%、1.3%;查办行政案件664起、案值5.04亿元、涉税额645.5万元,同比分别增长75.7%、69.8%、2.6倍。

【打击非涉税走私】2022年,乌鲁木齐海关坚决贯彻落实习近平总书记关于坚决推进反兴奋剂斗争重要指示精神,破获了关区首起走私兴奋剂出口案件,查获兴奋剂片剂1.3万片、注射类药剂3000瓶,查扣兴奋剂原料7.16吨,并查发多条非法买卖、生产兴奋剂及原料的线索,得到公安部、国家体育总局、海关总署缉私局的高度关注和充分肯定。成功破获乌鲁木齐关区首起走私大马士革羊入境案和通过国际货运列车机头藏匿走私疫区活羊入境案,为维护国门生物安全做出了积极贡献。深入开展缉枪治爆"国门勇士"和禁毒"清源断流"专项行动,破获乌鲁木齐海关关区近

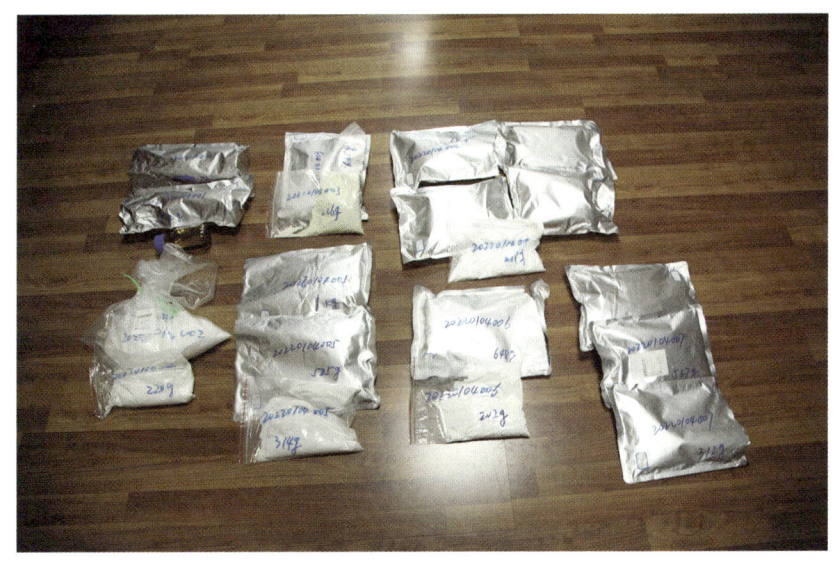

▲2022年9月20日,阿拉山口海关缉私分局查获一起走私兴奋剂案,图为部分查扣涉案物品 (李云龙 摄)

三年来首起走私毒品案件，缴获通过寄递渠道走私入境的冰毒0.45克，抓获新发涉毒人员1名。

【打击涉税走私】2022年，乌鲁木齐海关联合相关单位持续打击整治中哈霍尔果斯国际边境合作中心"水客"走私问题，破获"水客"走私犯罪案件15起，案值4234万元，涉税1640万元。破获关区首起销售海南离岛免税"套代购"走私商品犯罪案件，立案案值31.2万元。扎实开展"以打促税"百日攻坚专项行动，破获低报价格走私玉石案件6起，立案案值4.4亿元。查办申报不实影响出口退税行政案件81起，案值3499万元。深挖与走私相关联的各类违法犯罪活动，破获洗钱犯罪案件2起，案值428万元。

【智慧缉私及刑事科学技术】2022年，乌鲁木齐海关充分发挥智慧缉私"指挥中心、情报中心、办案中心、案管中心"在打私实战中的重要作用，专业能力建设更加突出。不断充实专业力量，积极发挥人力与数据相结合的优势，拓宽线索来源，提升案件线索经营能力，全年自侦刑事案件16起，占刑事案件总数的43%。全警实战大练兵更加完善，以实战实用为导向，扎实组织开展刑事法制、电子取证、现场勘查等专题培训和最小作战单元现场处置专项训练，顺利通过"全国公安机关刑事技术实验室能力验证考核"，并被评为全国缉私部门全警实战大练兵先进单位。协同作战机制更加完善，进一步加强与公安厅禁毒、经侦、安全、森林等警种在信息共享、警情处置、系统对接、警力支援、实战练兵等领域的联系配合，引入更多公安科技化、信息化建设成果，对与走私犯罪相关联的涉恐、涉暴、涉黑等违法犯罪线索，及时移交地方公安机关实施全链条打击。年内，协助地方公安机关破获汽车盗窃案1起，向地方公安移交相关刑事案件线索。

【刑事法制建设】2022年，乌鲁木齐海关深入推进执法规范化建设，组建工作专班开展执法规范化建设专项工作，出台《乌鲁木齐海关缉私局执法规范化建设工作方案》，确定执法规范化建设6项工作目标。初步完成执法规范化"制度库"框架搭建工作，做好"制度库"中"留、废、改、立"工作，确定关区缉私部门第一批现行制度65项、拟新建制度24项、拟修订制度4项。完善"法制提前介入"工作模式，加强法制审核把关和业务指导。着力加强对案件数据、执法行为的日常监督检查，制订《2022年乌鲁木齐海关缉私局刑事执法检查方案》，依托案管系统围绕"国门利剑2022"联合专项行动等7个方面内容开展刑事执法检查，有效提升执法办案质量，刑事执法考评连续两年保持优秀等

▲2022年7月28日，乌鲁木齐海关召开全国反走私综合治理调查研究中心新疆工作站揭牌仪式　（侯亚昕　摄）

次，在全国缉私部门中排名第11位。

【行政处罚】2022年，乌鲁木齐海关继续发挥案管中心"体检中心"作用，通过整合各类平台信息，科学设定业务展示指标和预警监控指标，进一步丰富监控、分析、预警、干预的手段和方法，提升关区执法的统一性和规范性。针对"一简一快"案件办理过程中出现的案件定性、法律适用疑难、处罚幅度偏差及其他复杂、疑难问题，与法规和综合业务处开展疑难会商，共同研究后，出台指导意见下发各隶属海关。针对各办案单位执法疑难，提出处理意见和建议，下发批复6次，解决清理过程中遇到的困难和问题，保证案件办理高效运转。2022年，审结走私、违规及其他行政案件666起。

【反走私综合治理】2022年，乌鲁木齐海关积极协调推动自治区政府召开2022年自治区打击走私综合治理工作会议，调整打私办成员单位，制定下发厅际联席会议制度和打私办工作办法，核拨反走私综合治理专项经费。不断加强与打私办成员单位的联系协作，推进与自治区烟草专卖局、新疆出入境边防检查站签订合作备忘录。申请设立了"全国反走私综合治理调查研究中心新疆工作站"，依托自治区打私办官方微博"新疆反走私"，联合"中国反走私""缉私警苑""乌鲁木齐海关发布"和"疆海飞扬"等新媒体平台打造宣传矩阵，发布宣传稿件3000余条，在省级以上媒体平台发布反走私宣传稿件65条，有效提升反走私综合治理工作的宣传影响力。

撰稿人

侯亚昕

外事管理和国际合作

【概况】2022年,乌鲁木齐海关加强完善外事工作领导小组机制,进一步明确责任分工、理顺运行机制。协同自治区有关部门落实好重大外交成果,扎实推进亚欧博览会等新疆重要外经贸活动,更好服务外贸大局。切实发挥边境海关外事联络机制作用,做好外贸政策解答、深化国际合作等工作,在推动与中亚国家贸易发展中发挥积极作用,深化边境海关国际合作,重点项目有序推进。深化与中欧班列沿线国家(地区)、西部陆海新通道沿线国家(地区)国际合作,不断提升跨境贸易安全和通关便利化水平。

【推进"三智"建设】2022年,乌鲁木齐海关认真落实"智慧海关、智能边境、智享联通"合作理念,择优推报智能筛查辅助系统等7个"先行先试"项目,切实把比较优势转化为发展优势,更好服务丝

▲2022年4月13日,乌鲁木齐海关召开关区"三智"署级项目业务工作汇报会(金秋百卉 摄)

绸之路经济带核心区建设,积极推进"三智"建设。乌鲁木齐海关"中哈贸易安全与便利智能监管合作项目"入选全国海关8个署级国际合作示范项目,项目内容包含3个子项目,分别为"农副产品快速通关'绿色通道'监管应用平台建设""中国—中亚区域生物安全合作管理信息平台建设""中哈霍尔果斯国际边境合作中心联网监管平台建设"。

2022年10月,乌鲁木齐海关启动"绿色通道平台""生物安全平台"2个项目关级立项、软硬件采购和信息化系统建设工作。依托"中亚生物安全合作信息管理平台",促进中亚实验室检测中心标准互认,及时解决农产品双边贸易中出现的问题,进一步深化中哈生物安全领域的磋商交流及合作共治。对周边国家(地区)输华麦麸颗粒生产加工企

业、鲜食葡萄输华果园及包装厂等，实施视频检查6次，开展乌兹别克斯坦输华葡萄远程视频风险考察3次；面向周边国家（地区）开展动植物检疫视频培训1次，173人次参加。

【边境海关国际合作】2022年，乌鲁木齐海关加强对外合作交流，全年保障自治区与周边国家（地区）各类视频会议12场；指导口岸海关与外方对应口岸海关举行各类边境会晤28次，在保障口岸畅通方面取得积极成效。乌鲁木齐海关关领导随自治区人民政府经贸代表团出访中亚三国，代表团与对方海关、经济贸易等部门举办会谈，就双方共同关注的议题进行充分沟通，在多领域高效达成共识成果29项。成功举办2022年度中哈边境海关负责人会谈，双方就共同关注的提升中哈边境口岸货物通行能力、推动滞留在努尔饶尔口岸的中方空挂车返回等议题达成共识。

【海关行政协查工作】2022年，乌鲁木齐海关加强与周边国家驻华大使馆海关机构的联系沟通，积极协调货物滞留、疫情防控物资等事宜，收到并办理外方行政互助协查请求65份。加强技术性贸易措施交涉应对工作，组织相关职能部门参加技术性贸易措施交涉应对工作有关会议和培训3次，向海关总署报送应对技贸措施典型案例2个、特别贸易关注议题1项。

撰稿人

阎俐臻

【外事人才培养】2022年，乌鲁木齐海关不断健全外事骨干培养、储备、使用的良性循环机制，持续开展以干代训轮训工作、派员参加海关总署国际合作司举办的国际传播能力培训班、组织相关职能部门业务骨干在线参加亚欧会议"三智"国际研讨会等，提高关区外事队伍综合能力。邀请海关总署国际合作司举办以"三智"为主题的"乌关大讲堂"，参训人员352人，取得良好社会反响。形成涵盖翻译类、管理类、业务类等多种类型的人才资源库，纳入外事人才28人。

科技发展

【概况】2022年,乌鲁木齐海关持续强化网信领导小组决策作用,发挥科技委辅助决策作用,聚焦"三智"建设和科技发展,坚持"重引领、快支撑、严规范、强服务、提质效"科技工作理念,扎实推进《乌鲁木齐海关贯彻落实"十四五"海关科技发展规划实施意见》工作部署。强化科技引领支撑,围绕建设智慧海关,构建"大平台、微服务、小终端、富生态"的科技创新生态体系。扩大实验室检测项目,提升实验室检测能力,业务科技一体化发展纵深推进。强化科技创新赋能,集中优势资源,瞄准关键技术瓶颈、制约口岸现场执法的突出问题,主动申请、开展科研攻关,科研创新能力得到提升。

【网络安全管理】2022年,乌鲁木齐海关聚焦防范化解信息系统运行失常、失控、失效风险,围绕网络及信息系统风险漏洞排查、终端病毒防护、终端数据防泄漏、供应链及外包安全风险防范、机房(网络配线间)物理环境安全管理等主要内容,制定防范化解重大、系统性风险措施10条,建立制度机制5个,并有针对性地开展全员培训和网络安全应急处置演练10余次。通过积极参与海关总署统一组织的网络攻防实战演习和季度渗透测试,切实强化关区网络信息系统安全运行管理,健全网络数据安全防护体系,科技领域安全风险防范能力得到提升,顺利通过海关总署网络安全督导评估检查,完成党的二十大及北京冬奥会、冬残奥会等重大敏感时期关区网络安全保障工作。全年,累计监控分析网络

▲2022年5月28日,乌鲁木齐海关举办"强化网络安全意识 提升网络安全防范能力"专题培训 (张飞宇 摄)

安全系统运行日志300万余条，处置疑似网络攻击事件200余次，封堵恶意IP地址7000余个，优化网络安全防控策略百余条，清理应用系统授权账号651个，未发生重大网络安全事件，未发现严重高危漏洞，实现业务网病毒零感染，有效确保关区网络及信息系统安全稳定运行。

【科技项目管理】2022年，乌鲁木齐海关坚持项目管理和服务指导并重，围绕项目建设合规、系统安全可靠、缩短开发周期的目标，抓实前置指导、专家评审、立项审批、项目实施、项目档案等工作，规范关级信息化应用项目建设。优化信息化项目管理流程，结合项目性质和资金体量，分类施策，提高信息化项目建设质效。收集关区信息化项目建设需求，形成项目预建设库，涉及项目3个。组织立项评审4次，顺利推进"乌鲁木齐海关农副产品快速通关绿色通道监管应用建设项目""中国—中亚区域生物安全合作管理信息平台"2个执法类项目获得海关总署立项审批，完成"乌鲁木齐海关智慧政治部"1个关级信息化项目立项。明确项目建设各环节验收标准，完成"乌鲁木齐海关精准防控智慧监管指挥应用项目"项目验收。全面推广在线运行的应用系统特征码，实行在线运行应用系统"实名制"管理，实现38个署级应用系统、12个关级应用系统赋码全覆盖，提升在线运行应用系统的运行风险监测和发现能力。

【信息化建设】2022年，乌鲁木齐海关持续推进关区技术、机制协同创新，不断提升信息化支撑保障能力。全流程把控"三智"项目技术方案实施，实施国产化软硬件适配、国产化环境分布式应用系统H4A认证授权集成、中国（新疆）国际贸易"单一窗口"集成、出口货物电子底账系统数据订阅等工作，推动"乌鲁木齐海关农副产品快速通关绿色通道监管应用建设项目""中国—中亚区域生物安全合作管理信息平台"等"三智"项目取得阶段性进展。完成174台监管设备入网升级改造工作，加快推进"H986安全准入智能筛查系统""监管设备RFID管理系统"上线运行，实现智能审图"安全筛查"关级应用实单业务测试，提升口岸智能审图、行李预检实战能力。助力"关铁通"项目实施，完成新铁路运输工具、铁路舱单数据完成预定接收，对接"中欧班列信息平台"，实现过境新疆中欧班列可视化监管。开发上线"乌鲁木齐海关入境乘客信息数据共享应用"，实现与地方卫健委入境旅客信息数据共享，全力保障航空口岸复航。部署完成机场海关旅客申报自助核验相关系统及应用，向海关总署申请开放系统接口，大幅提高旅客健康申报验核效率。研究形成疫情期间居家办公技术实现方案，开通eSpace易应用轻办公和远程办公云桌面500余人次，确保政务办公、业务系统有效运转。

【网络基础设施建设】2022年，乌鲁木齐海关优化网络架构，改进关区业务网广域网安全冗余设计，整合完成新对外接入局域网应用域和数据域，优化网络资源，将乌鲁木齐海关机关国产化终端配置为固定IP地址，用户终端接入管理更加严密。完成关区1个二级、6个三级和18个四级监控指挥平台运维工作，确保2000余路视频监控信号稳定传输。向重庆口岸物流办推送视频监控信号8路，全力保障中欧班列可视化项目顺利推进。实现与乌鲁木齐市疫情防控指挥部、霍尔果斯经济开发区管理委员会等外部单位的网络联通，为地窝堡机场航班复航和中哈霍尔果斯国际边境合作中心进出物品（货物）联网监管平台项目顺利推进提供网络保障。对青河力好国际贸易有限公司等5家监管场所的无线网络建设、视频监控、电子卡口建设情况进行技术验收，为海关监管提供技术保障。高效完成培训基地和招待所72个房间的业务网延伸、综合布线、终端调配等工作，有效保障疫情防控期间政务办公、业务系统的正常运转。积极开展视频会议系统运维保障，从实际需要出发，推进互联网视频会议部署应用，全年保障各级各类视频会议800余次。

【实验室管理】2022年，乌鲁木齐海关积极开展检测能力扩项，关区5家技术机构获得中国检验检测机构资质认定（CMA）4703项，中国合格评定国家认可委员会（CNAS）认可2938项，实验室检测能力得到全面提升。关区各技术机构完成法检和委托检测2.84万批、25.3万项次，完成人员和物品新冠病毒核酸检测28.8万份，为海关监管和疫情防控提供有力技术保障。建立乌鲁木齐海关、隶属海关、实验室组成的三级联动实验室安全责任体系，优化完善实验室安全"每日巡检+自查互查+职能部门抽查+绩效考核"机制，全年关区实验室安全稳定运行。开展技术机构改革和检测能力提升调研，理清关区实验室检测能力现状，有效提升各类实验室属地化检测能力和协同互补效能。加大实验室仪器设备的投入，全年购置实验室仪器设备40台（套）、438.3万元，实验室基础设施得到有效补充。开展实验室仪器设备固定资产清单与实物管理台账的符合性自查核对，梳理核查实验室仪器设备3946台（套）。加强实验室仪器设备绩效考核结果应用，评估、审核、调拨气相色谱三重四极杆质谱联用仪等实验室仪器设备78台（套），鉴定、审核报废实验室仪器设备237台（套），实验室仪器设备使用率得到有效提升。

【科研管理】2022年，乌鲁木齐海关聚焦国门安全和智慧监管，向海关总署、自治区推荐科研项目18项，获批7项，4项获海关总署科研项目立项，3项获自治区科技计划立项（见表5-4）。2022年关区发表论文23篇，其中核心期刊14篇；获得专利授权17项，其中发明专利2项，实用新型专利15项，获得计算机软件著作权3项，22项在研科研项目顺利实施。2022年，获得科技奖励4项，其中，伊宁海关技术中心获海关总署三级成果1项。持续优化科研项目管理机制，实施科研项目申报"两轮评审"，科研项目评审质量得到提升。实施"微创新"工作机制，基层创新成果不断涌现，向海关总署报送微创新成果12项。

【科普宣传】2022年，乌鲁木齐海关举办关区2022年"走进科技 你我同行"科技活动周，积极开展宣传报道和科普活动，组织参观展览活动5次，举办知识讲座2次，开展技术交流活动4次，编制科普微信稿、微视频9项，开展实验室、国门生物安全馆、标本馆等机构和场馆开放活动4次，科普活动进企业、进校园4次，推动形成讲科学、爱科学、学科学、用科学的良好氛围。组织开展乌鲁木齐海关科普讲解比赛，11个单位16位选手参加，选拔推荐3名选手参加全国海关科普讲解比赛，1名选手首次进入全国海关科

表 5-4 2022 年度乌鲁木齐海关省部级科研项目立项计划

序号	专业领域	项目类别	项目编号	项目名称	承担单位	项目负责人
1	出入境动植物检疫	海关总署科研项目	2022HK126	新疆周边国家马属动物马病毒性动脉炎精准检测方法研究	技术中心	王科珂
2	进出口食品安全	海关总署科研项目	2022HK129	新疆口岸进出口特色、高值食品品质及身份精准甄别关键技术研究及应用	技术中心	房芳
3	进出口商品检验	海关总署科研项目	2022HK134	新疆多种出口危险化学品检验鉴别关键技术及标准化研究	技术中心	马玲
4	出入境卫生检疫	海关总署科研项目	2022HK150	基于宏基因组技术对新疆边境鼠传病原体筛查及风险预警研究	卫生检疫处	阿不都扎依尔·阿不都卡德尔
5	出入境动植物检疫	自治区科技计划项目	2022D01A25	向日葵中重要检疫性病害精准鉴别关键技术研究	技术中心	王翀
6	出入境动植物检疫	自治区科技计划项目	2022D01B08	中亚国家重点马病微流芯片现场检测方法的建立及应用	技术中心	王科珂
7	出入境动植物检疫	自治区科技计划项目	2022D01A328	基于代谢组学技术的新疆口岸特色中药材制品品质评价及身份精准甄别研究	技术中心	魏哲文

普讲解比赛决赛。

【科技人员跟班作业】2022年，乌鲁木齐海关持续巩固拓展党史学习教育成果，制订《乌鲁木齐海关科技人员跟班作业长效机制实施方案》，推动落实"科技人员跟班作业"长效机制，常态化开展科技人员跟班作业活动。坚持问题导向，把问题发现在一线、工作推动在一线，形成"发现问题、解决问题、处置问题"的闭环。坚持线上线下相结合、集中组织与常态化开展相结合，活动成效不断凸显，科技活动周、网络安全宣传周期间，集中开展跟班作业，听基层诉求，解一线难题，活动不断走向深入，全年开展跟班作业73人次，解决一线问题92个。聚焦一线人员诉求，开发上线"入境旅客健康申报信息联动共享服务"，实现旅检现场自助申报验核、样品管理、卫检放行、多部门间数据分享、一码通行的全程自动化，大大减轻一线关员工作量。上线"乌鲁木齐海关疫情日报审核统计分析应用"，减少各环节人员每日重复填报录入及人事部门汇总统计工作量，工作效率得到有效提升。

撰稿人

刘秀玲

第六篇 综合保障

政务管理

【概况】2022年，乌鲁木齐海关不断提升政务管理和服务保障水平，完成海关总署领导、自治区领导调研等保障服务工作，受到海关总署及自治区有关方面高度肯定。大力倡导"政研先行"，发挥建言辅政作用，工作专报获得署领导批示8次，居全国海关前列。牵头和参与署级课题数量、群众性理论研究征文获奖数量均为近年最多，其中乌鲁木齐海关学会论文获奖数量位列全国海关第二位。围绕学习宣传贯彻党的二十大精神组织26篇宣传稿件，其中1篇被人民日报社相关刊物采用；中央电视台《新闻联播》"二十大时光"专栏播出乌鲁木齐海关学习党的二十大精神相关内容。不断夯实政务管理工作基础，值班应急、机要保密、档案管理稳妥有序，精文简会工作不断深入，信息宣传排名增比进位，督查工作质效持续提升，顺利完成首部《乌鲁木齐海关年鉴》编纂工作。

【应急值守】2022年，乌鲁木齐海关坚持将"响应、呼应、反应"运行机制贯穿于值班应急工作的全链条、全方位、全领域，突出值班应急规范化建设，积极打造关区"随时响应、及时呼应、快速反应"的值班应急工作格局。严格落实"7×24小时"值班工作要求，坚持三级值班带班制度，在4个月的属地疫情管控中，乌鲁木齐海关值班工作点位始终坚持"在岗在位"，有力服务保障关区中心工作政令畅通、运转高效、衔接有序。完成海关总署、自治区党委政府值班检查26次，参加自治区政府总值班室视频点名48次、视频调度37次。贯彻落实《全国政府系统值班工作规范（试行）》工作情况被自治区政府评定为优秀等次，并专门发文通报表扬。接报乌鲁木齐海关关于口岸通关、安全生产、疫情防控等各类值班信息503期，关区编发151期，向海关总署报送99期，受到总署领导批示4次。完成乌鲁木齐海关机关总值班室标准化改造，在10个隶属海关单位推动实施"值班条件改善工程"。开发"乌鲁木齐海关通讯录管理系统""主要负责同志在岗动态"专栏，进一步提升值班条线信息化水平。

【疫情防控与政务运行保障】2022年，乌鲁木齐海关坚决贯彻落实海关总署、自治区党委政府关于疫情防控各项工作部署，以"时时放心不下"的责任感，高标准、严要求做好内部疫情防控工作。健全完善乌鲁木齐海关统筹口岸疫情防控和促进外贸稳增长工作指挥部组成部门，利用党委会、党委碰头会、关区视频调度等及时跟进、研究、督促内部疫情防控举措，5次细化内部疫情防控措施，开展内部疫情防控演练12次，为有效处理突发情况确保工作运转奠定坚实保障。属地疫情管控期间，2次组织人员快速返岗、集中办公并坚守岗位60余天，研判人员返岗12轮次，未发生社会面疫情向集中办公区"倒灌"情事。关区内部疫情防控应急指挥部先后召开综合研判会议21次，拟定"分区办公""联合研判""过渡监测""双重检测"4项内部疫情防控机制，7次调整集中办公模式和异常处置流程。根据疫情防控工作形式，及时调整《机关内部疫情防控工作方案》，细化分区办公、人员管理、后勤保障、服务关爱等19项具体措施，确保常态化疫情防控形势下机关政务业务平稳运行。

【综合文稿起草】2022年，乌鲁木齐海关认真学习领会新一届海关总署党委、新一届自治区党委政府的工作思路和要求，成立"双新"文稿保障攻坚组，完成各类重要稿件起草任务。围绕核心区建设、疫情防控、国门安全、新疆外贸发展等专题起草系列报告。坚持"重大文稿是精品、常规文稿是样品"的工作标准，高质高效完成与海关总署主要负责同志的视频连线报告，以及3次在全国海关的交流发言材料，编发关区相关刊物21期。紧紧扭住合作备忘录这个重点，加强与海关总署、自治区、兵团40余个司局部门的对接联系，推动召开专题会议7次，吸收意见建议80余条，起草形成新一轮《海关总署 新疆维吾尔自治区人民政府合作备忘录》文本、首份《海关总署 新疆生产建设兵团合作备忘录》文本，为下一步签署奠定基础。

【公文和会议管理】2022年，乌鲁木齐海关强化统筹、优化机制，进一步提高公文和会议管理工作质效。公文办理方面，加强对机关发文的配额管理、动态监测、超发预警，关级正式下行文数量下降5.2%，关级便函等非正式发文数量下降32.3%。坚持双人复核、"唱校"等工作机制，文稿"硬差错"有效减少，公文质量不断提升，保持海关总署"零退文"。会议管理方面，进一步加强对关区各级各类会议的统筹，科学拟定年度会议计划，严格落实会议套开机制，严把会议规模，提高会议质效，切实改进关区会风。全年召开各类会议计划数和实际数均同比下降。

【信息工作】2022年，乌鲁木齐海关坚持"工作出信息、信息促工作"理念，聚焦国家战略、海关总署决策部署，围绕关区重点、亮点、特色工作，加强与海关总署办公厅、其他直属海关、地方党政信息工作部门以及关区各单位、部门的协调配合，夯实信息工作发展基础。树牢鲜明考核导向，修订《政务信息管理办法》，将工作重点锚定到海关总署信息载体编报上。统筹整面覆盖和条线串联，不断优化工作机制，完善"周点评+月报题+季会商"等全周期管理模式，强化"点对点"沟通和"面对面"组稿，积极营造"大信息"工作格局。加强互联网信息工作的组织、推动，采用"以干代训""逐一辅导""会议交流"等方式，统筹机制建设和人才培养，提高互联网信息对信息工作的贡献度。全年报送信息被海关总署相关载体采用154篇/条。2022年信息工作全国海关排名跃升至第18位，较2021年提升5个位次；互联网信息被上级部门采用131篇，排在全国第15名，较2021年提升2个位次；获评"全国海关信息工作先进单位"

称号。

【新闻宣传】2022年，乌鲁木齐海关紧紧围绕全面贯彻落实中央决策部署，聚焦关区工作重点亮点及特色工作，深入边关一线，挖掘边关特色，宣传海关口岸促通保畅、优化服务改革，为外贸企业促稳提质等一揽子措施，在更高起点、更深层次、更高目标上切实推进共建"一带一路"高质量发展。统筹新闻宣传资源，把握媒体宣传需求，加强组织联动，有针对地向各级媒体提供宣传素材，持续提升善用媒体、善管媒体的能力。将海关工作与媒体需求有机结合，形成职责明确、精干高效的"订单式"靶向约稿、供稿机制，成为媒体的新闻前线和资源库。2022年，乌鲁木齐海关新闻宣传工作计分同比增长92%，在全国海关位列第10名，比2021年提升10个位次，位列B类海关第1名，创历史最佳成绩；在中央级及省部级媒体发稿796篇/条，同比增长56%，其中，中央媒体刊稿147篇/条。

【学习宣传贯彻党的二十大精神】2022年，乌鲁木齐海关在党的二十大召开期间，突出重点"定准位"、围绕节点"把方向"、紧跟热点"抢先机"，主动作为"扩渠道"，在新疆口岸畅通向西开放通道、支持开放平台建设、优化口岸营商环境等方面加强宣传力度、深度和广度，挖掘接地气、冒热气的新闻素材。将关区重点工作亮点成效与社会关切相结合，精准策划选题，组织召开新闻发布会，扩宽发声渠道，着力宣传海关深入学习贯彻党的二十大精神成果。乌鲁木齐海关专题《二十大时光 宏伟蓝图催人奋进 砥砺奋进续写华章》在中央电视台《新闻联播》《新闻直播间》《朝闻天下》播出。乌鲁木齐海关成为在全国海关系统及自治区首个在中央电视台《新闻联播》播出学习宣传贯彻党的二十大精神的单位。省部级媒体刊发学习宣传党的二十大精神相关报道18篇/条，人民日报社相关刊物发布乌鲁木齐海关学习宣传党的二十大精神反响稿件，参与中宣部"非凡十年"大型主题报道，《人民日报》、新华社和《经济日报》均采用相关素材，有力展现了乌鲁木齐海关服务地方经济发展的良好形象。

【督查督办】2022年，乌鲁木齐海关坚持围绕中心、突出重点，明确责任、分级负责，规范进行、讲求实效，严守时限、严格把关原则，进一步健全完善关区督查工作体系和工作机制。着力发挥督查在打通关节、疏通堵点、提高工作质量中的作用，形成狠抓落实的整体合力。建立"日提醒、周汇总、月通报、季评估"的全周期闭环督办机制，督查立项92份，按时办结率100%。综合采用书面督、线上督、现场督、会议督"四位一体"督查手段，深化督查与政治巡察、督察内审、纪检监察的协作联动，打造监督检查贯通融合"示范样板"。建立督查工作办理情况定期通报机制，开展督查发现问题整改"回头看"。对关区2022年度重点工作任务开展情况进行7次督查通报，将督查任务完成质量与绩效考核相结合，推动各项工作提质增效。全力配合国务院第九次大督查相关工作，乌鲁木齐海关服务博州"口岸强州"战略的措施成效被纳入国务院通报表扬内容，起草的国务院大督查相关专题报告受到海关总署党委批示肯定。

【建议提案办理】2022年，乌鲁木齐海关深入学习宣传贯彻党的二十大精神，将人大建议、政协提案办理工作作为依法履行职责、加强作风建设、解决实际问题、推进发展成效的重要举措。进一步完善人大建议、政协提案督办工作机制，建立工作推进台账、实行挂图作战、强化协同办理、加强督查推进，确保按期销号。密切与人大代表、政协委员沟通联系，深入了解人大建议或政协提案的提出背景、法理依据及现实需求，紧密结合海关职能，提出务实办理意见和举措。全年完成自治区7项人大建议、5项政协提案的办理答复工作，按时办结率、代表委员满意率100%（见表6-1）。

【机要保密】2022年，乌鲁木齐海关深入贯彻习近平总书记关于机要密码工作的重要指示批示精神，认真落实全国、海关总署和自治区保密工作会议工作部署，始终坚持总体国家安全观，层层压实"党管保密"

表6-1　2022年乌鲁木齐海关办理的人大建议、政协提案一览表

类型	标题及编号	代表/委员姓名
主办自治区人大代表建议（1件）	《关于加快乌苏综合保税区项目的建议》（第189号）	马燕、阿不都维力·买买达洪
协办自治区人大代表建议（6件）	《关于阿拉山口口岸通关能力和通关效率"双提升"的建议》（第278号）	依米奴尔·吐尔逊
	《关于将"一带一路"核心节点城市博州精河县公铁联运综合物流园纳入国家级、自治区级相关政策支持的建议》（第290号）	巴合提·白山别克
	《关于控制家八哥等有害鸟类和加强新疆家燕等有益鸟类的建议》（第333号）	努尔巴依·阿不都沙力克
	《关于设立中国（新疆）自由贸易试验区博州片区的建议》（第287号）	毛国锋、巴音克西
	《关于依托新疆国家物流枢纽建设推进天山北坡经济带一体化发展的建议》（第247号）	宋晓玲
	《关于支持在阿勒泰地区开通中俄吉克普林口岸的建议》（第360号）	阿依丁·毛乌列特别克
主办自治区政协委员提案（1件）	《关于申报乌苏综合保税区进度缓慢问题的提案》（第132号）	韩明元
协办自治区政协委员提案（4件）	《关于设立塔城综合保税区的提案》（第038号）	阿米娜·瓦尔汗
	《关于打造智慧口岸提升口岸通关过货能力的提案》（第275号）	李爱香
	《关于加快丝绸之路经济带核心区"空中丝绸之路"建设高质量发展的提案》	张军平
	《关于加快乌鲁木齐陆港区建设倾力打造双循环新格局的提案》	九三学社新疆区委会

"党管密码"政治责任,紧盯重点领域、重要岗位、重大活动做好保密工作。积极开展"铸魂、强基、赋能、提质"四大行动,坚决守住不失密、无泄密的红线底线。扎实做好保密工作,为党的二十大胜利召开提供坚强的保密保障。

努力提升保密密码管理能力,强化涉密载体、涉密网络、涉密人员、涉密会议和密码设施的全过程闭环管理,严格审定定密责任人和涉密岗位人员,强化涉密人员管理。推进"十四五"时期保密教育工作的组织和实施,以学习和宣传党的二十大精神为主线,结合"4·15"全民国家安全教育日、保密教育宣传月和"12·4"国家宪法日等重要时间节点,分层分级做好保密"两识"教育、国家安全等宣传教育活动,组织1912人次参加国家保密局网上保密教育培训并全部取得合格证书。弘扬保密工作优良传统,先后组织3300余人次参加32场各种形式保密教育学习。密切机要保密与巡察工作协作机制,全年实现对隶属海关、内设机构和事业单位保密工作督导检查全覆盖。

▲2022年6月8日,伊尔克什坦海关联合乌恰县档案局开展国家档案日宣传活动(张赵琴 摄)

【档案管理】2022年,乌鲁木齐海关认真学习贯彻习近平总书记关于档案工作的重要批示精神,认真落实海关总署关于提升档案工作部署要求,以推进《关于全面提高档案工作质量和服务水平的实施方案》工作落实为契机,将档案安全管理纳入年终考核指标,狠抓关区档案管理工作。对关区21个隶属海关开展档案工作视频检查全覆盖,加强工作监督指导,推动关区档案基础设施建设,筑牢档案安全坚强防线。截至2022年年底,乌鲁木齐海关综合档案库房库存文书档案合计4614卷(1953—2003年)、80692件(2000—2021年)。

根据海关总署对新冠疫情防控档案相关要求,组织相关部门对疫情防控工作中直接形成并办结的纸质文件、电子文件及信息进行收集、整理,形成疫情防控工作专报、风险评估、地方文件、海关总署文件、乌鲁木齐海关文件、工作数据、人员情况登记、后勤保障等专题档案101卷、2.90万件,确保乌鲁木齐海关疫情防控工作记录好、留存好,为今后高效利用提供便捷服务。

【政务公开和网站音像管理】2022年,乌鲁木齐海关严格按照《中华人民共和国政府信息公开条例》规定和《2022年海关政务公开工作要点》要求,聚焦标准规范,围绕中心、服务大局,稳中有进强化政务公开及网站音像管理。强化政务公开制度建设,制定公开《政务公开标准目录》,指导各隶属海关结合工作实际,制定海关政务公开标准目录。研究出台《关于推进落实〈海关领域基层政务公开标准指引〉实施方案》，细化任务分工，在关区推出一批具有一定影响力的海关基层政务公开案例和服务品牌，高质量完成海关总署既定工作目标。修订关区政务公开要点、门户网站责任分工表等，调整政务公开和网站音像管理工作考核办法，进一步明确工作要求和考核标准，年内关区未发生行政复议和行政诉讼情事。优化完善门户网站布局，不断丰富栏目设置，新增"企业直通车服务平台"及"法润边关"专栏，设计制作6个"场景式服务"。积极探索优化服务，增强互动功能，推出6期"网上调查"，开展1期在线访谈，提升受众体验感。加大政策宣贯解读，统筹关区各单位对新出台公告进行解读，制作政策解读稿件，2022年乌鲁木齐海关41篇政策解读稿件被海关总署门户网站、"12360服务"公众号及官方微博等采用。

【信访工作】2022年，乌鲁木齐海关深入学习贯彻习近平总书记关于加强和改进人民信访工作的重要论述，认真落实第九次全国信访工作会议精神，深入贯彻《信访工作条例》《海关信访工作制度》以及《关于加强和改进海关信访工作的措施》，推动关区信访工作规范管理和提质增效。建立乌鲁木齐海关机关、隶属海关及事业单位两级信访工作机构27个，成立关区信访工作领导小组27个，设置专兼职信访工作人员及信访工作联络员47人，实现两级海关信访工作机构和专兼职信访工作人员全覆盖。在信访接待场所、乌鲁木齐海关门户网站、政务新媒体平台向社会公布乌鲁木齐海关及21个隶属海关、5个事业单位信访通信地址、信访留言热线等，畅通信访诉求反映渠道。打造"企业直通车服务平台"，进一步畅通企业诉求反馈渠道，累计注册登记企业3000余家，精准对接并第一时间回应企业困难诉求70余件。全面推进接访下访制度，严格落实"关长接待日"制度，推动解决企业群众"急难愁盼"问题。加强重要时间节点信访风险防控，开展关区重点信访事项和信访人员风险隐患摸排，不断强化源头预防和前端化解。2022年，乌鲁木齐海关办理12360海关热线留言、关长信箱留言、群众来电来信、自治区和海关总署转办、人民网《领导留言板》网民留言等信访事项31件。

【防范化解舆情失控风险】2022年，乌鲁木齐海关对标海关总署最新考核要求，结合关区工作实际，分类研究制定舆情监测差异化考核评分办法，通过关区每周视频点名、工作群等传达学习海关总署相关工作要求，确保上传下达、政令畅通。健全完善工作机制，研究制定《舆情工作须知》《转评赞工作要点》等4项工作规范和操作指引，提升舆情工作标准化、规范化水平。加强舆情监测和应对处置能力建设，常态化发布工作提示、风险警示及数据统计，开展关区舆情工作调研，对32项难点、重点进行集中答疑，承办海关总署舆情工作专项任务2次，呈报舆情综述、单篇等22篇。强化人才队伍建设，切实提高综合素质、充实队伍力量，实现隶属单位"全覆盖"。根据海关总署通报，2022年乌鲁木齐海关转评赞工作位居全国海关第3名，舆情线索采用情况稳中有进。

【海关学会工作】2022年，乌鲁木齐海关扎实开展群众性理论研究工作，根据中国海关学会、中国海关学会天津分会部署安排，围绕"服务新发展格局，更好发挥海关在国内国际双循环交汇枢纽作用"开展主题征文,在关区择优选聘54名研究骨干担任"特约撰稿人",综合采取发动群众与聘请特约撰稿人相结合、独立研究与课题攻关相结合等形式,扎实推进高质量文稿撰写工作。征集年度主题征文176篇,数量创历年新高,同比增长25%,14篇论文在中国海关学会和中国海关学会天津分会获奖(见表6-2)。关区9名评审专家对论文进行综合评审,评选出60篇文章分别获得关区优秀、入选、鼓励等奖项。综合考虑各单位、各部门报送稿件数量及获奖数量、质量等情况,评选出5个学会工作先进单位(喀什海关、阿拉山口海关、霍尔果斯海关、财务处、风险防控分局)。根据中国海关学会及海关总署关史办的部署安排,组织开展专题征文活动,其中,围绕海关史研究征集论文30篇,围绕红色海关记忆征集论文5篇。依托关区政研交流平台"点靓边关",对全部获奖征文予以刊载。

表6-2　2022年乌鲁木齐海关学会征文获奖情况一览表

获奖类型	论文题目	作者
中国海关学会特别奖论文 (1篇)	关于新发展格局背景下乌鲁木齐海关深入落实新时代党的治疆方略的几点思考	沈扬
中国海关学会优秀论文 (2篇)	新发展格局下海关应对全球技术性贸易措施的思考和策略研究	张晓东
	"双循环"新发展格局下新疆对外贸易高质量发展路径研究——基于海关服务区域发展视角	刘馨
中国海关学会入选论文 (3篇)	"双循环"新发展格局下海关维护进出口粮食安全的若干思考	唐秋菊、罗豪
	双循环新发展格局下防范化解海关重大、系统性风险对策研究	罗现
	"后疫情时代"海关促进"双循环"新发展格局作用的发挥	王新辉、唐迎秋
中国海关学会 天津分会优秀论文 (1篇)	新发展格局视角下发挥海关职能作用加快健康丝绸之路建设实践探索	赵超杰
中国海关学会 天津分会入选论文 (7篇)	"挖潜""赋能""掘金"多轮驱动——新发展格局下"区块链+海关统计""135"架构体系建构初探	丁诗玉
	浅析RCEP生效后带来新的机遇和挑战	李洋
	推进"一带一路"跨境电商高质量发展服务新发展格局的思考	张军
	深入推进"三智"建设 加强海关在促进西部对外开放通道发展作用发挥的相关思考	王若恩、吴南仕、尹正亮
	新发展格局下海关服务中巴经济走廊高质量发展的思考	王秀苍、曹红建、张军、张兆涵
	"双循环"新发展格局下促进跨境班列通关便利化的若干思考	王伟、吕望晟、王芳芳、道日娜、欧阳斌

表 6-2 续 1

获奖类型	论文题目	作者
中国海关学会天津分会入选论文（7篇）	提升口岸海关监管效能，促进国内国际"双循环"的几点思考	阿不都热合曼·依马木、沙吾提·乃比
乌鲁木齐海关学会优秀论文（2篇）	服务新发展格局探索边关人力资源动态调配机制	孙超
	"双循环"视角下申建新疆自由贸易试验区的几点思考	赵雅
乌鲁木齐海关学会入选论文（20篇）	健全"三应"机制引领海关实验室高质量发展的思考与研究	李军、刘守涛、崔盛杰、孟茹
	优秀年轻干部发现培养选拔问题及对策研究	殷韵
	立足双循环优化新疆口岸营商环境经济保稳提质	张亚楠、毛亚军
	运用风险导向型审计模式提升稽查查发实践的研究	李军、卢铁、尹艳军、陈玉洁
	以系统观念把握服务新发展格局背景下边关队伍建设探析	董晓丽
	新发展格局下丝绸之路经济带核心区外贸发展探析	宋洪波
	新发展格局下通过审计问题整改提升海关内部治理水平的路径研究	韩来进、祁翔
	基于"双循环"新发展格局的边关青年干部职业认同感提升路径探析	穆哈买提·达吾代
	新发展格局下深化海关国际合作的路径探究	阿丽米拉·拿森
	建立专业化人力资源配置机制 助力构建"双循环"新发展格局	董琪
	服务丝绸之路经济带核心区建设助力"双循环"新发展格局	魏亮、戈名杰
	关于海关财务工作更好服务和融入新发展格局的思考	段红梅
	关于后疫情时代进一步发挥 TIR 便利优势 激发"丝绸之路经济带"公路跨境运输活力的相关思考	吐尔洪江·哈斯木、王若愚
	构建西部陆海新通道一体化风险防控的几点思考	谢莉婧
	加强海关国际合作推动国内国际双循环路径浅析	唐迎秋、阿布力米提·阿布都克力木
	中欧班列发展情况及问题对策研究	刘钰、甄璐、阿里克木江·克然木、欧阳斌
	"一带一路"视域下的知识产权海关保护研究	曹红建
	后疫情时代"海关促进西向通道中欧班列+"融合发展对策研究	何子刚、魏春光、桑云霞、吕望晟、顾晓亮、奎鹏远、艾克热木·夏克尔
	新发展格局视角下促进饲草料贸易高质量发展的探析与思考——以新疆区域饲草料进口贸易为例	史向向
	服务构建双循环新发展格局视角下海关促进粮食安全思考与建议	赵睿、欧阳斌

表 6-2 续 2

获奖类型	论文题目	作者
乌鲁木齐海关学会鼓励论文（25篇）	双循环新发展格局背景下高新技术产品贸易发展的影响因素及对策研究	张攀
	"双循环"格局下海关贯彻落实粮食安全工作的几点思考	穆妮热·吾拉木、孜比不拉·吐洪
	"一带一路"背景下促进国际陆港区高质量发展的思考	郝康伟
	发挥口岸节点作用提升跨境电商参与度畅通国内国际经济"双循环"	范世豪
	"双循环"格局下海关创新全链条监管模式路径探析	迪丽努尔·艾尔肯
	数字贸易时代海关助力高水平对外开放研究	王长春
	"双循环"格局下海关服务中欧班列高质量发展路径探析	张力
	基于新发展格局，促进跨境电商健康发展的几点思考	麦尔哈巴·麦海提
	保驾护航高质量对外开放 服务构建新发展格局	董波、刘超君
	"一带一路"背景下中国新疆与中亚五国海关风险管理合作研究	索金玲、苏占海、郑廷彰
	海关促进丝绸之路经济带核心区陆路跨境运输效能提升的几点思考	徐静
	关于霍尔果斯综合保税区开展保税维修业务的思考与研究	苏进武
	基于海关视角探索新时代西部大开发背景下促进特殊监管区高质量发展路径	潘晓雪、戈名杰
	新发展格局背景下海关促进新疆农产品出口贸易转型升级策略研究	奎鹏远
	新发展格局下海关后勤工作高质量发展的路径探索	王若璇
	新冠疫情防控视角下完善关区应急物资储备管理机制的思考	王博
	浅谈稽查改革新形势下如何推动稽查工作高质量发展	翁玉
	双循环背景下海关原产地管理有效促进我国外贸保稳提质的策略与建议	郭勇刚、艾合太木古丽·艾海提
	中国与中亚国家货物贸易安全准入准出风险防控研究	苏占海、阿得力江、肖静静
	新发展格局视域下海关规范出入境检疫处理浅析	史向向、黄涛
	安全和发展，提升善口岸风险防控能力的几点思考	沙吾提·乃比
	关于海关稽核查工作在促进外贸、服务新发展格局中的途径分析	王峰
	贸易便利化视角下海关贸易管制的新发展	再玛拉·木拉提
	抓好纪检工作为乌鲁木齐海关服务新发展格局保驾护航的若干思考	覃毅飞
	深挖新疆综合保税区国内国际双市场流通能力，助力构建国内国际经济"双循环"格局	甫尔海提·艾来提

【关区首部海关年鉴编纂】2022年，乌鲁木齐海关认真落实海关总署党委关于海关年鉴编纂的工作部署，成立由主要领导任主任委员、其他关领导任副主任委员、各部门主要负责同志任委员的年鉴编纂委员会，印发《乌鲁木齐海关年鉴编纂工作实施方案》，细化4个方面10项具体内容，由办公室牵头组建年鉴编辑部和工作专班，高质量完成《中国海关年鉴》乌鲁木齐海关部分，受到海关总署关史办肯定。自3月起至年终历时9月有余，经周密组织、积极探索，顺利完成关区首部《乌鲁木齐海关年鉴》编纂任务，填补了关区年鉴编纂的空白。乌鲁木齐海关是全国最早完成编纂任务的直属海关之一，相关经验做法受到海关总署肯定并推广。

撰稿人

梁昉　魏小刚　年锟　党晓明　阎俐臻　孙涛
刘扬　吴昊　李彦　王均祥

财务管理

【概况】2022年，乌鲁木齐海关持续加大边关一线倾斜力度，强化统筹各类资源，加大存量资源盘活和内部挖潜力度，集中财力优先落实民生需求，重点保障维持各单位正常运转的刚性支出，精准保障"三智"建设、打击走私、疫情防控等重点工作。修订完善关区预算绩效、政府采购、涉案财物等制度，组织开展关区财务制度汇编工作，夯实财务工作规范化、科学化的制度基础。坚决落实"过紧日子"要求，修订完善"过紧日子"长效机制。全面加强风险防范，聚焦存量房产、基建工程、公务用车、资金管理、涉案财物等重点领域开展检查，着力构建"平安财务"。加强财务内控管理，综合运用系统数据分析、线下线上检查、印证材料核查等方式发挥职能监督作用。积极推进节能工作，乌鲁木齐海关及21个隶属海关被国家机关事务管理局等4部委联合授予"节约型机关"称号，乌鲁木齐海关被命名为自治区第四批"节水型单位"。着力打造高素质的财务队伍，通过财务"微讲堂"、视频会议等多种形式组织开展学习培训17次，邀请兄弟海关、财政部新疆监管局等财务领域专家，开展"请进来"专家讲座4次。

【预决算管理】2022年，乌鲁木齐海关持续加强预算管理工作，落实财政预算一体化规范要求，不断提升预算编制执行的有效性和准确性。2022年，纳入乌鲁木齐海关决算编制范围的独立核算单位23个，新增和田海关为独立核算单位。加大预算绩效管理力度，不断提高资金使用效益。关区27个单位172个二级预算项目全部开展绩效自评，绩效自评率达100%；关区116个预算项目开展绩效目标完成情况和预算资金执行情况监控，覆盖率为100%。将深化预算管理体制改革相关要求贯穿部门决算编报全过程，不断提升部门决算工作质量。加强源头控制，从严审核预算编报，预算申报核减率达10%，持续压减"三公"经费等一般性支出。

【机关财务管理】2022年，乌鲁木齐海关严格执行国家有关法律、法规和财务规章制度，深化财务内控机制建设。充分发挥财务条线职能监督作用，组织开展关区范围内财务基础工作检查，梳理排查财务领域存在的显性和隐性的财务基础工作风险点。围绕财务制度建设、报销流程、岗位设置、会计档案管理情况、印鉴U盾管理情况、银行对账和会计记账的时效性等财务基础工作，认真排查问题并监督关区各单位落实整改，有力推进资金动态监控和财务内部控制"双控"工作落地见效，不断夯实关区财务基础工作。

【税费财务管理】2022年，乌鲁木齐海关持续深化"放管服"改革，着力提升税费财务管理智能化、标准化水平，优化财关库银联网系统功能，通过财关库银联网系统入库税款占比达99%。按照海关总署财务司工作部署，积极推进行邮税纳入财关库银联网工作，开展参数维护、系统测试等前期准备工作。加强与银行、国库和业务相关处室沟通联系，按月及时统计税费入库情况，确保税款及时足额入库及资金安全。进一步加强保证金管理，及时做好乌鲁木齐海关本级保证金资金台账管理、业务部门与财务部门对账管理等工作。加强关区企事业单位管理，完成国企三年改革任务，强化所属企事业单位收费动态管理机制，坚决杜绝违规收费和不合理收费。关区税收净入库148.99亿元、同比增长47.52%。其中，关税4.66亿元、进口增值税144.33亿元。

【涉案财物管理】2022年，乌鲁木齐海关加强与自治区相关部门的联系沟通，联合印发《新疆维吾尔自治区涉案文物管理移交办法（试行）》。向自治区林草部门协调移交象牙、羚羊角、肉苁蓉等濒危动植物及其制品7.97千克。加大涉案财物清理力度，库存2年以上涉案财物全部清零。落实"口岸危险品综合治理"相关要求，动态监控库存危险品，督促相关单位做好保管工作，快进快出降低仓储风险。加强关区涉案财物仓储安全防范工作，对关区各单位涉案财物仓库（包括社会仓库）进行视频抽查和现场检查，确保仓库安全防范到位，物资存放有序，账目清晰可溯。

【资产管理】2022年，乌鲁木齐海关全面提高关区固定资产管理效能，组织开展年度资产盘点工作，规范关区固定资产日常管理工作；推进固定资产盘活利用，提高资产使用效率。2022年，乌鲁木齐海关通过内部调剂、置换、出租出借等方式，整合关区闲置房地产利用率达100%。建立健全资产共享共用机制，在关区范围调配大型查检设备和实验室设备53台，跨关区调剂监管查验设备1套。针对分布零散、动态调整难等问题，进一步优化机关办公用房整体布局。修订公有住房管理实施细则，稳妥推进公有住房统筹调配及维修改造。

【民生保障】2022年，乌鲁木齐海关继续落实海关总署党委支持艰苦地区边关22条措施，提升艰苦地区边关一线关警员生活设施保障水平。顺利完成关区4个隶属海关"艰苦地区边关生活设施保障能力全面提升"基建项目建设任务，有效解决边关宿舍建设年代久、基础设施差等问题。积极推进卡拉苏海关高压氧仓项目、红其拉甫海关集中供氧设备项目顺利完工并投入使用，有效缓解高海拔地区关警员缺氧状态。推动吐尔尕特海关顺利建成100kW光伏发电设备并投入使用，解决边关用电难题。制定《乌鲁木齐海关新冠疫情防疫物资管理办法》，科学精准做好防疫物资采购储备工作，实时掌握库存及消耗量，成立联合验收小组逐批进行检验，严控质量安全。全年配发防疫物资140批次。

撰稿人

陈洁　刘江华　单文玉　张志勇　杜德功　马斌钧　刘卉

督察内审

【概况】2022年，乌鲁木齐海关强化责任担当，以高质量的督审监督，促进关区防风险、促规范、提质效。贯通融合开展督审监督工作，通过审计、督察、执法评估项目的实施，确保党中央决策部署和海关总署党委工作要求落实到位。加强内控机制建设，强化对权力运行的制约和监督，以创建内控示范单位及内控示范科室为契机，发挥内控主体作用，进一步构建上下联动、相互连通的监督管理格局。

【督察监督】2022年，乌鲁木齐海关聚焦重大政策落实确定督察项目，细化376项督察要点，建立"基层自查、职能复核、集中研判、联网督察、现场督察"工作机制，不断优化督察作业模式。制定督察项目清单，强化联系沟通，建立数据分析跟踪核查机制，依托HLS2017系统、"云擎"及新一代查管等系统，开展远程数据分析，完成"口岸检查作业规范性督察""支持外贸促稳提质措施落实情况督察"2个署级项目以及"口岸检查作业规范性督察""科学精准做好口岸疫情防控落实情况督察"等6个关级督察项目。针对发现问题，提出合理化意见建议，发布督察问题清单，"对账销号"闭合问题整改回路，结合问题开展内控节点分析研判，新增乌鲁木齐海关内控节点20个，不断推动重大决策部署落实到位。

【内部审计】2022年，乌鲁木齐海关持续优化完善审计监督"四步"工作法和"审前数据分析+现场验证核实"工作模式，集中研判数据先行，聚焦决策部署、工作措施落地见效，制订方案、组建专班，既查问题、又促发展，职能部门、督审部门、隶属海关三个层面同向发力，扎实开展"贸易管制措施落实情况"等4个专题专项审计调研。针对重点领域、关键环节，完成大金额差错报关单专项审计，切实提升防范化解风险能力。紧盯海关总署事业单位及所属经济实体脱钩部署落实，持续跟进资金资产、经营管理、脱钩进度，完成"企业脱钩"阶段专项审计。

【常态监督】2022年，乌鲁木齐海关加强督审、纪检、人事、巡察等各项监督的贯通融合，常态"巡审联动"，提供审计、督察报告，提请关注重点问题，推动形成"资源整合、共同进驻、并行开展、成果共享"的监督格局。坚持开门搞督审，引入第三方机构，开展5个事业单位及所属经济实体审计工作；主动承办署级项目，牵头完成署级卫生检疫领域6个方面、37项审计核查要点修订工作；协办完成贸易管制措施专项审计调研制度梳理。深化政策理论研究，推动

"研究型审计""研究型督察"工作模式，解决工作堵点、痛点和难点问题。固化形成"边审、边指、边教、边建"工作方法，现场指出即知即改、立行立改问题27项。

【审计整改】2022年，乌鲁木齐海关制定印发《乌鲁木齐海关内部审计查出问题整改工作实施细则》，压实主体责任。通过视频检查、实地检查、检查印证材料等方式，对4个单位整改情况"回头看"，倒逼整改责任落实。完善督审发现问题和整改成果数据库，智能化延伸督审监督，动态管理"问题、责任、时间、整改、成效"等要素，对查发问题进行清单式管理，通过可视化的问题查询归类分析，以科技赋能共享查发问题，实现全关区结果共享。常态化督促各单位各部门做好自查自纠，实现事后问题整改向事前风险防范转变，长效助力治理水平不断提升。

【审计成果转化】2022年，乌鲁木齐海关横向到边、纵向到底，系统推进迎审自查和问题整改"二合一"，完成关区迎审自查、整改工作，对自查发现的问题，全力实现问题见底清零。主动配合履行监管职责、税收征管等3项国家审计延伸审计项目，将问题风险同步充实到关级审计核查要点中，做好举一反三、自查自纠。联合职能部门举办"审计+业务"培训，开展法综、卫检、关税、企管、财务领域5项培训，通过"讲解促"助力基层补短板、强弱项。

【内控建设】2022年，乌鲁木齐海关在"内控示范单位创建"的基础上，精准施策、靶向发力，推动内控工作从"有没有""做没做"向"好不好""优不优"转变。盯紧基础求稳固，紧盯制度设计的责任主体、控制措施、业务流程等要素，研判潜在风险，完成署级、关级内控前置审核31项，提出复核意见181条，管好制度源头。盯牢指标求突破，深研吃透海关总署内控重点工作任务和绩效考核指标，坚持目标导向、问题导向和结果导向，制定重点工作、绩效分工和考核指标"三张清单"。建立"周跟踪、月通报、季总结"落实督办机制，逐级推进，层层落实，补证补税移交等指标同比增长2倍。加强内控信息组稿、投稿力度，宣传展示关区内控机制建设特色做法和经验成效，在海关总署各类平台刊载内控工作信息80条，位列全国海关第3名。盯住成效求提升，建立内控风险日常提示机制，形成"提示—处置—反馈"内控闭环，强化事中预防与控制，制发内控风险日常提示（警示）单、督审监控分析简报等风险警示20篇。综合运用HLS2017内控平台监控分析功能模块，常态化开展监控分析，形成专项分析报告252篇，促进专项工作成果贯通融合。

【内控示范科室建设】2022年，在海关总署14项创设指标基础上，乌鲁木齐海关细化创设指标19项，制订创建工作方案，重点培育"内控示范科室"85个，超过关区科室总量的三分之一。既坚持全员参与、全面覆盖，又突出重点培育、示范引领，细化分解自评自荐、重点培育、联合验收、复制推广4个阶段，梯次开展，压茬进行。采取线上线下、研讨交流、以干代训、送教上门等多种途径，开展内控实务培训58次、2538人次参与。召开内控工作会议暨"内控示范科室"创建经验交流会，9个单位（部门）结合自身创建工作做交流发言。开设"内控示范单位和内控示范科室"创建专栏,整理刊发关区创建工作经验做法60余条,鼓励基层首创,因地制宜创设"H360""四航引向""防控之盾""环环相扣"等内控品牌和相关内控工作法。秉持"优中选优"原则,从60个参选内控示范科室中择优推荐2个科室报海关总署,同步创建关级"内控示范科室",其中,1个科室获评署级内控示范科室,13个科室获评关级内控示范科室。提炼总结创建经验和特色做法98项,巩固深化创建成果,进一步发挥"内控示范科室"标杆引领和辐射带动作用,在署级和关级各类载体刊发信息宣传稿件100余篇,关区"内控示范科室"创建取得良好成效。

【执法评估】2022年,乌鲁木齐海关积极参与《海关推动RCEP相关措施落地成效》署级评估项目,项目报告获得海关总署4位署领导批示。组织开展进出口危险化学品监管问卷调查及书面调研,协助广东分署开展跨境电商监管措施专题执法评估调研。聚焦关检业务深度融合,持续以"数据+指标+分析+调研"的评估模式,开展陆路口岸进口毛绒检疫监管情况、跨境管输能源监管情况2项关级执法评估项目。建立数据模型开展大数据分析,向21家企业制发企业调查问卷,提出具有借鉴意义的评估建议。派出讲师积极配合海关总署开展《云擎建模的理论与实操(非贸一体化查询模型)》线上培训工作。

撰稿人

王 京

离退休干部工作

【概况】2022年，乌鲁木齐海关坚决贯彻习近平总书记关于老干部工作的重要指示精神，推动关区离退休干部工作高质量发展。截至2022年年底，乌鲁木齐海关离退休人员569人，其中离休干部3人，退休干部566人；党员422人，老干部党支部13个。离退休人员平均年龄63岁，其中90岁以上8人、80～90岁29人，长期异地居住100余人。乌鲁木齐海关机关离退休人员265人，党员215人，老干部党支部6个，平均年龄65岁，90岁以上6人、80~90岁21人。

【离退休干部思想政治工作】2022年，乌鲁木齐海关坚持政治统领，做好离退休干部思想政治工作。组织离退休人员持续开展政治机关专项教育活动，将捍卫"两个确立"、做到"两个维护"变成思想自觉、行动自觉。制定《乌鲁木齐海关加强新时代离退休干部党的建设工作细化措施》，为关区离退休干部党的建设工作提供遵循。关区离退休干部如实完成2022年度个人政治情况报告。坚持党建引领，深入开展"桑榆映金徽"党建品牌创建活动，认真落实"三会一课"、主题党日、政治生日等组织生活制度。离退休干部党支部坚持每月集中学习制度，开展"青老结对，同心向党"等主题党日和联创共建活动。

"七一"前夕，为关区3位老同志颁发"光荣在党50年"纪念章。组织开展"建言二十大"和"我看中国特色社会主义新时代"调研活动，120多人参与建言，收集建议130多条。组织学习习近平总书记视察新疆重要讲话重要指示精神并进行研讨交流，第一时间组织动员关区离退休干部学习贯彻党的二十大精神，乌鲁木齐海关机关40多名离退休老同志

▲2022年7月15日，乌鲁木齐海关组织离退休干部代表参观自治区博物馆新疆发展史展览 （赵江 摄）

线上交流感言体会。开展意识形态领域分析研判，引导离退休干部主动发声亮剑，做到"离岗不离党、退休不褪色"。在坚持分类施策，熟悉和尊重各民族的风俗习惯的基础上，将党的民族政策和民族团结教育贯穿于离退休干部服务管理工作全过程，引导教育各民族离退休干部进一步铸牢中华民族共同体意识，共同绘制出关区民族团结最美"同心圆"。

【离退休干部服务保障】2022年，乌鲁木齐海关积极克服异地人员多、高龄人员多、居住地分散、服务难度大等困难，采取多种精准措施用心用情精准服务，落实老干部的政治生活待遇。严格落实离退休干部"一人一策"制度，对特殊困难老干部建档立册，建立"青老结对、同心向党"结对帮扶志愿服务机制，实施分类施策、精准帮扶。按照离退休干部"五必访"要求，开展重要节日和生病住院等常态化走访慰问40余人次，电话及线上慰问做到全覆盖。与异地老干部交流互动800余人次。鼓励引导老同志为关区发展献计献策，传承优良作风，发挥传帮带作用。与高新区税务局建立联建共创活动机制，与乌鲁木齐海关后管中心等部门联合开展主题党日等形式多样的活动。积极回应老干部困难诉求，特别是疫情防控期间，及时协调解决老干部的生活困难，做好政策解释和引导工作，协助办理医疗报销、档案核查、待遇核实、生活保障等各类实事60余件，及时妥善协助家属处理好9位因病去世离退休干部的善后抚恤事宜。

【离退休干部工作宣传】2022年，乌鲁木齐海关加强离退休干部工作宣传，多渠道、多角度、多题材，积极宣传关区离退休干部开展政治思想建设，开展文化活动的主要成果。重点宣传乌鲁木齐海关离退休干部办公室赵江同志"甘于奉献，做老干部的贴心人"先进事迹，与乌鲁木齐市高新区税务局建立"老干部工作联建共创"机制，被人民网采用。《乌鲁木齐海关"快、全、实"推进全国海关离退休干部工作会议精神贯彻落实》等5篇稿件被海关总署"鑫海桑榆"公众号采用，喀什海关、霍尔果斯海关、阿拉山口海关积极利用新媒体宣传离退休干部工作，《不忘初心永向党，银发聚力新征程》等6篇稿件被乌鲁木齐海关"疆海飞扬"公众号采用。

撰稿人

李　斌

第七篇

隶属海关

喀什海关

【概况】1950年6月,喀什海关成立(时称喀什支关);2006年7月升格为副厅级海关。承担辖区内进出口商品、运输工具、邮件及人员的征税、监管、缉私、出入境检验检疫、统计等工作。内设办公室(党委办公室)、综合业务处、查检处、稽查处、物流监控处、人事政工处(党委组织宣传部)6个正处级机构,1个正处级派出机构驻机场办事处,1个事业单位技术中心。设机关党委,下设10个党支部(含1个离退休干部党支部)。2022年,喀什海关行政在编人员91人、事业在编人员15人。

2022年,喀什海关"抓班子带队伍、防疫情稳增长、抓重点促发展",扎实推进各项工作。全年监管货运量41.7万吨,同比增长162.5%;监管验放出境货车2万辆次,同比增长165.6%。监管货运包机44架次,货重277吨,货值4753.9万元;监管中欧班列94节次,货运量2226.3吨,货值5267.49万元。喀什海关获评自治区"人民满意的公务员集体""民族团结进步示范单位",喀什海关"心灵驿站"志愿服务队被授予自治区第三批"学雷锋活动示范点"。

【学习宣传贯彻党的二十大精神】2022年,喀什海关深入学习宣传贯彻党的二十大精神,制定涵盖3个方面27项学习宣传工作任务推进表,编制《应知应会手册》140本,开展闭卷考试和网上答题72次。各支部开展学习宣传活动35次,撰写心得体会105篇;成立"学而时习"青年理论学习小组,开展线上学习研讨4次,4篇心得体会被乌鲁木齐海关学习党的二十大精神专栏采用,11篇学习党的二十大精神新闻稿件被《中国国门时报》《新疆日报》等媒体采用。

【党的建设】2022年,喀什海关坚持"第一议题"制度,召开17次党委会、14次党委理论学习中心组学习会、3次形势分析及工作督查例会,确保习近平总书记重要讲话和重要指示批示精神全面落实。全年督办事项1826项,办结率100%。统筹开展政治机关专项教育和"学查改"专项工作,组织研讨8次,开展闭卷考试、应知应会强化训练22次。践行"正风肃纪反腐败斗争攻坚战持久战海关必打赢",综合运用关长例会、关务会、"三会一课"等形式,对照从严治党55项主体责任清单进行分析研判。班子成员到联系支部讲课、调研、指导工作20余次,各党支部书记讲廉政党课9次。严格按照要求推进"海关重点项目和财物管理以权谋私"专项整治工作,举一反三,推进工作规范化、精细化、标准化。高标准推进基层党建提质增效，培育"四务先锋号""空港先锋"等党建品牌9个，在乌鲁木齐海关2021年度"四强"党支部评定中，获评A类党支部2个、B类党支部7个，办公室党支部"四务先锋号"党建品牌被评为关区党建培育品牌，并在关区党建工作交流会进行展示。组织各党支部丰富完善支部工作法、品牌内涵等内容，并对各支部基础工作检查9次，通报整改问题29个，推动基层党建"双提升"行动落实落细。

【维护国门生物安全】2022年，喀什海关按照"一航线一分析、一航班一研判"原则，强化疫情风险信息收集和风险研判，根据防护需求开展口岸检疫方舱升级改造、内置设备设施加装改良等，实现采样人员与受检人员全程"零接触"，采样时间压缩至40秒/人次。科学实施检疫性实蝇、外来杂草等国门生物安全监测计划，做到快速感知、精准识别、提前应对。提升全方位检疫能力，提高实验室检测鉴定能力，加大项目开验力度，以"能力提升工程"为契机，提高动植物检疫队伍业务能力，严格落实岗位资质管理要求。加强与地方农林部门、高校的交流合作，在疫病疫情风险信息、检测技术等方面加强交流，进一步形成防范疫病疫情传入传出的工作合力。全年开展国门生物安全监测16次，检出检疫性有害生物476种次，开展外来有害生物普查11次，采集疑似外来物种45例，检出有毒杂草1株。

【海关监管】2022年，喀什海关构建全链条监管体系，累计查获侵犯知识产权的相关品牌鞋子2.52万双、袜子2000双，侵犯知识产权的止汗露8640支，集中销毁一批侵权货物约11万件，重量约37.2吨。查发未申请产地检验危险化学品可发性聚苯乙烯8700千克，未按规定向海关报检的锂电池组46组、重541千克，95%氯氰菊酯原药1200千克，均移交涉检案件办理部门进行处理，上报的专项行动信息被海关总署"口岸危险品综合治理"百日专项行动工作简报采用。全年办理行政案件45起，累计违法货值3432.2万元，处罚金额58.3万元。办理稽查作业11起、核查作业23起，其中与市场监管部门"双随机、一公开"联合核查作业10起。

【服务发展】2022年，喀什海关深入推动实施卡车航班、TIR运输、"三智"建设、中欧班列、国际合作等重点项目，优化通关流程，推动跨境贸易提质增效。全面推进"区港联动"模式，实现综合保税区与航空口岸、铁路作业场站和南疆4个口岸业务联动，与南疆4个边境口岸海关召开联系会议4次，协同协作协商解决通关问题。助力开通喀什至欧洲、南亚4条货运包机航线，开通喀什至欧洲布达佩斯、中亚阿拉木图等4条中欧班列，以及深穗喀—中亚南亚、中吉乌—深穗喀双循环多式联运班列线路。通过业务分类、提前申报方式，实现"车牌秒识别""一卡口全通行"，切实提升卡口通行速度，增强企业获得感。高度关注中巴经济走廊、"中吉乌"铁路、中国—中亚天然气管道工程等国家战略推进情况，提前研究政策、制定制度、储备能力，为项目运营奠定坚实基础。形成各类政研论文142篇，向驻地政府报送海关工作专报8期。引导和扶持高质量农产品种植基地通过特殊资质企业备案，支持新疆果蔬等特色农产品开拓国际市场。喀什海关辖区新

▲2022年1月12日，喀什海关保障喀什至伊斯兰堡全货机国际货运航线顺利首航（迪丽尼尕尔 摄）

增出境水果果园17个、面积1.3万余亩，出口蔬菜基地1个、面积2000亩，进口饲料和饲料添加剂企业1家。

【支持跨境电商发展】2022年，喀什海关助力喀什获批跨境电商综合试验区、实现跨境电商"9610（跨境电商B2C出口）、9710（跨境电商B2B直接出口）、9810（跨境电商B2B出口海外仓）、1210（跨境电商特殊区域出口）、1239（跨境电商特殊区域进口）"五种模式落地，不断满足电商企业需求，让"买全球""卖全球"在喀什变为现实。推动构建"东联西出"数字网络，利用"双11"实现喀什与上海、深圳跨区联动出口，经上海海关、深圳海关放行262单和1.42万单跨境电商出口包裹。

【内控建设】2022年，喀什海关坚持每周通报内控工作情况，落实内控风险日常提示机制，运用"数据分析+人工研判"方式查获危险品4批次、补证320份，18篇专项分析报告被乌鲁木齐海关采用。落实关领导轮值督察制度，及时发布督察通报，曝光纠正存在问题，强化准军建设日常养成，开展内务督察35次，发布内务督察情况通报16篇，运用"第一种形态"提醒谈话16人次。争创"内控示范科室"，重点培育7个科室，并在关区作经验交流分享。

【财务管理】2022年，喀什海关坚持统筹管理与分级管理相结合的原则，建立报账员制度，实现对代管单位的财务管理，在增加各代管单位对财务工作参与度的同时提升财务核销质效。2022年10—12月疫情期间，通过"扫描替代、原件后补"的方式，保障疫情期间各项支出顺利完成，实现各代管单位年度工作目标。喀什海关全年征收税款1899.57万元，同比增长16倍，其中，关税442万元、进口环节税1457.57万元。财关库银联网使用率99.99%，进一步便利纳税人缴税，提高税款入库效率。与口岸海关及缉私局在费收方面建立定期对账机制，确保案件类抵押金及税款类抵押金账实相符，切实保证资金安全。

【固定资产管理】2022年，喀什海关印发《喀什海关贯彻落实"三重一大"决策制度实施办法》，修订发布《喀什海关基建工程档案管理暂行办法》和《喀什海关政府采购实施细则》，明确重大资产处置由党委会审定决策，从源头把好关。做好固定资产录入审核关，确保有账可查，有迹可循。喀什海关区域总资产管理员第一时间将固定资产系统中属于各关、各处室（部门）的固定资产分配下发，各关、各处室（部门）的固定资产管理员自行调拨管理，确保资产落到具体处、科、人，提升资产流向把控，规范部门使用及责任到人。严格执行固定资产配置标准，严禁超标准配置固定资产，对没有配置标准的固定资产，从实际工作需要出发从严控制，合理配备。

撰稿人

曹雅青

乌鲁木齐地窝堡机场海关

【概况】2004年，海关总署批准设立乌鲁木齐机场海关；2019年1月，更名为乌鲁木齐地窝堡机场海关（以下简称"地窝堡机场海关"）。地窝堡机场海关承担乌鲁木齐地窝堡国际机场口岸区域海关监管、征税、缉私、出入境检验检疫、统计等工作。内设办公室（党委办公室）、人事政工科（党委组织宣传部）、综合业务科、卫生监督科、值机监控科、监管科、查检一科、查检二科、查检三科、查检四科10个科室。人员编制93名，2022年实有在编干部86人，设机关党委，下设11个党支部（含退休干部党支部），党员79名（含退休党员）、预备党员1名。

2022年，地窝堡机场海关监管进出境航班693架次，同比下降32.39%；监管进出境人员1.36万人次，同比增长43.82%；监管进出口货运量9419吨，同比下降41.30%；贸易额25.75亿元，同比下降39.92%。2022年，获评"节约型机关"、全国"安康杯"优胜班组2项国家级荣誉。

【学习宣传贯彻党的二十大精神】2022年，地窝堡机场海关深入学习宣传贯彻党的二十大精神，坚持"集训＋自学、书本＋实景、线上＋线下"相结合，班子成员深入各科室开展专题学习研讨21次，组织开展"支部促学、党员比学"活动，各支部组织收听收看系列专题报道、撰写学习心得体会、"党的二十大精神人人讲"、知识竞赛、理论比武等特色活动15次。健全青年理论研究机制，通过各类座谈促进青年干部思想交流，推动党的思想政治理论走深走实、润心铸魂，持续强化正向思想引导。面向全关征集首批落实党的二十大精神"金点子"83个，并逐项开展可行性调研，形成解决关键小事微课题2篇，召开党委专题务虚会研究谋划2023年工作思路及措施24条。

【党的建设】2022年，地窝堡机场海关通过各类会议开展"第一议题"学习37次，专题听取重点工作汇报4次，建立"一督到底"清单督办事项328件。有序推进捍卫"两个确立"、做到"两个维护"、强化政治机关建设专项教育活动和"海关重点项目和财物管理以权谋私"专项整治工作，用好"工作专班＋定期会商"抓手，梳理岗位政治要求52项、风险隐患3条，完善涉案财物、政府采购管理细则2项，一体推进专项教育、专项整治各项问题整改完成。深入落实乌鲁木齐海关党委部署要求，开展"关长走进口岸封管区"系列工作，细化工作任务23项，建立重点督办跟踪落实。

充分发挥"四强"党支部引领作用，广泛开展"'四特'精神赋能"专项行动，与相关单位开展共学共建活动26次，开展支部书记活动日4次，推进"支部品牌"提档升级，形成支部品牌创建优秀案例2篇。

【维护国门安全】2022年，地窝堡机场海关始终保持高压打私态势，深入开展"国门利剑2022"专项行动，与缉私分局开展联席分析研判会议3次。持续提升综合监管能力，查获旅客携带各类动植物产品79批次，重74.78千克，在货运渠道首次查获含濒危野生植物成分保健品1批。完成卫生监督量化分级管理第一批分级评定授牌工作，开展卫生监督1055家次，现场快速检测116批次，办理辖区食品安全投诉举报11起，办理食品安全案件3起。推进乌鲁木齐航空债权转税工作，完成乌鲁木齐航空税款债权和普通债权缴税入库，完成普通债权信托受领和受偿股票工作，有效防范重大税收风险。强化落实安全生产工作，制定6个领域17个方面的突出问题隐患清单，动态整改问题46项；扎实开展"口岸危险品综合治理"百日

▲2022年7月15日，乌鲁木齐地窝堡机场海关助力鱼子酱出口中亚市场　（吴国庆　摄）

专项行动，开展现场检查40次。

【服务发展】2022年，地窝堡机场海关深入落实海关总署和乌鲁木齐海关促外贸保稳提质"10+16"条措施，深化沟通会商机制，畅通困难问题收集渠道，充分运用"提前申报""两步申报"通关模式压缩通关时间，相关措施入选《乌鲁木齐2021城市营商环境创新实践案例》。强化政策解读，发布稿件37篇；落实落细"十四五"税收优惠政策、降低增值税率、民用航空维修器材减免、对美加征关税排除等优惠政策，办理民用航空维修器材减免97笔52万元。推动保税航油业务，助推"综保号"航班顺利起航，全年联动配合保障"综保号"货包机30架次、2531.7吨出口货物顺利通关。持续推进T4航站楼海关监管区建设工作，完成编撰"乌鲁木齐地窝堡机场海关智慧监管应用项目"立项申请表和项目建议书。

【支持国际客运航班复航】2022年，地窝堡机场海关推进通道分类、区域分级改造，与机场、航空公司共同建立远端防控机制，将防控措施要求延伸至最前端，覆盖至国门外。汇编工作指引和13类应急预案，严格开展一线人员集中培训、岗前培训35次，实操考核15次，持续提升疫情防控能力。建立"一航班一复盘、

一航班一整改、一航班一优化"工作机制，优化工作细节70余项，为旅客营造更加舒适便捷的通关环境。坚持抓优、抓快、抓衔接，持续强化通关指引和填报指导，不断完善旅客智能健康申报验核系统业务规则，聚焦关键环节、重点领域和工作结合，分批次、把进度、强协作，动态调整岗位人员配比，实现人力配置最优化、工作效率最大化，确保疫情不失控、通关不失速、安全不失守。

【队伍建设】2022年，地窝堡机场海关强化关员能力提升，新增考取5类资质11人次，实现一线工作岗位资质需求全覆盖。参与关区各条线岗位练兵4次66人次，开展内部岗位交流锻炼48人次。完成北京冬奥会、冬残奥会，第七届中国—亚欧博览会等重大监管保障任务，疫情防控、航班监管等工作情况获得上级领导批示。深化打造文化阵地，开展全关性主题文化活动13次，落实落细一线人员后勤保障、心理疏导、节日慰问等各项关心关爱举措，持续提升队伍凝聚力向心力。

撰稿人

岳　宁

乌鲁木齐邮局海关

【概况】2019年2月22日，乌鲁木齐邮局海关（以下简称"邮局海关"）正式成立。邮局海关承担辖区内邮件、快件、跨境电商海关征税、监管、出入境检验检疫、统计等工作；根据乌鲁木齐海关党委授权，承担全疆边境口岸H986大型集装箱检查设备的集中审像工作。设办公室（党委组织宣传部）、综合业务科、查检科、集中审像科4个科级机构。人员编制38人，2022年实有在编干部35人。设党总支，下设4个党支部。

【学习宣传贯彻党的二十大精神】2022年，邮局海关组织全体关员收听收看党的二十大开幕会实况，迅速形成学习宣传党的二十大精神的浓厚氛围。坚持领导干部"带头示范学"，通过党委理论中心组学习会议及专题研讨会议，带头学原文、讲精神、谈体会。借助党建展板、电子显示屏等固定宣传载体，用好宣传阵地，利用"学习强国"、微信公众平台、微视频引导党员干部自觉学习。以青年理论学习小组活动和各党支部"三会一课""主题党日"为载体，采取线上与线下相结合的方式多渠道开展学习。

【党的建设】2022年，邮局海关扎实开展捍卫"两个确立"、做到"两个维护"、强化政治机关建设专项教育活动。进一步健全固化"第一议题"制度，全面把握从严治党的政治要求，严明政治纪律、政治规矩，不断加强意识形态领域日常监督。进一步巩固拓展"强基提质工程"成效，深化"四强"党支部建设和党建品牌创建，优化完善"智慧党建"系统，推进支部党建标准化建设。坚持严的主基调，以钉钉子精神落实中央八项规定及其实施细则精神。积极配合乌鲁木齐海关党委第二派驻纪检组督导检查，以"刀刃向内"的精神加强对"一把手"和领导班子监督，推动管党治党责任层层压实。坚持"以案为鉴"，及时通过身边发生的教训和系统内通报的案件开展警示教育，注重案例研判和日常经验积累。

【维护国门安全】2022年，邮局海关把握寄递渠道国门安全形势和新挑战，深入开展"国门利剑2022"专项行动、口岸危险品综合治理，严查进境"异宠"，打击"水客"、濒危动植物及其制品、"洋垃圾"等走私活动。全年在进境邮包中截获濒危野生植物西洋参1批次、870克；查获含有国家管制类二类精神药品15批次、5220粒；首次在寄递渠道查获知识产权侵权货物，其中查获涉嫌侵权鞋子8070双，手机400部；审像中心与口岸海关联合查获运输工具夹藏境外土壤3300千克，夹藏夹带管制刀具5把；严防重大动植物疫病疫情传入，截获未依法办理检疫审批手续的植物及其产品6批次共6.7千克、动物及动物产品类4批次共4.4千克；持续加强对疑似电信网络诈骗活动工具监管，查获电话卡4张；持续强化对疑似跨境赌博关联物品的监管，查获赌博筹码2批次、160枚。

【疫情防控】2022年，邮局海关持续强化源头管控，推动邮政部门落实现场防控主体责任，加大场地巡查力度，定期开展应急演练，进一步提升一线人员应对职业暴露等突发疫情事件的控制和处置能力。坚持实行"日报告、零报告"制度，强调"非必要不出行"工作纪律，严格履行出行审批、登记程序。严格做好办公区域和应急物资储备管理，有序开展免疫接种。认真落实疫情防控一线工作人员关心爱护措施，积极做好梯队人员日常生活保障工作。

【海关监管】2022年，邮局海关积极落实海关总署《关于促进外贸保稳提质的十条措施》，大力支持临时邮路开通、邮件转关、增列部分口岸交换站建设运营等保障进

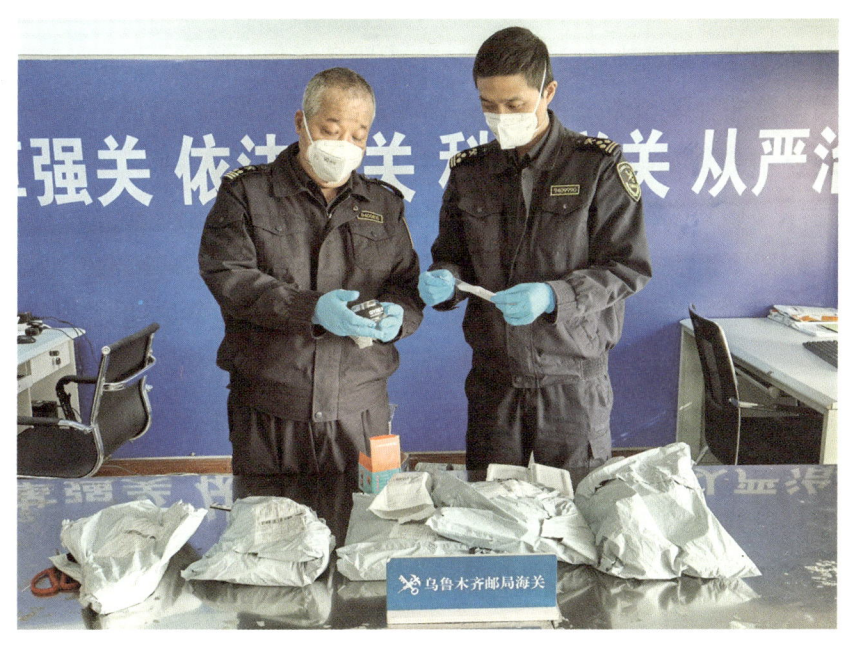

▲2022年10月16日，乌鲁木齐邮局海关关员在进境邮件中查获一批夹藏违禁品（刘芳 摄）

出境邮路畅通的各项举措，支持中国邮政集团有限公司乌鲁木齐邮区中心局进一步完善收寄件申报系统相关功能，规范完整申报操作，不断提升邮件通关效率。全年审核图像83.4万幅，同比增长17.5%；开展有指令机检2124票，同比增长75.9%。邮检业务现场累计监管进出境邮递物品110.54万件，同比增长4.48%，其中出境邮递物108.68万件，同比增长4.47%，进境邮递物品1.86万件，同比增长5.08%。监管印刷品及音像制品1.06万件，同比增长2.4倍。支持辖区跨境电商物流企业恢复常态化运营，积极参与智能筛查辅助系统推进和关区"风险情报站"、运控中心筹建工作，配合关区"三智"相关建设项目推进。

【队伍建设】2022年，邮局海关坚持推进清单式管理，以精细化管理推动各项工作落实到位。积极推进制度建设工作，修订完善《乌鲁木齐邮局海关干部值班管理制度》《乌鲁木齐邮局海关督查管理制度》等9项管理制度。开展"海关重点项目和财物管理以权谋私"专项整治工作，结合内控工作要求，进一步完善非执法领域内控节点，加强日常督办督查，

坚持巡视巡察、审计和专项督查检查"回头看"工作，相关整改任务全部按时完成。食堂"气改电"、宿舍卫生间维修改造建设项目完成竣工验收，办公楼安全生产隐患得到进一步整治，关员生活保障条件得到改善。

撰稿人

杨以刚

乌昌海关

【概况】2018年12月14日，乌昌海关获批成立；2019年2月22日，乌昌海关正式挂牌，由原乌鲁木齐出入境检验检疫局、乌鲁木齐海关现场业务处、乌鲁木齐海关驻车站办事处和乌鲁木齐海关企业认证与稽核查中心四个处级单位（"三处一局"）整合而成。乌昌海关承担乌鲁木齐市、昌吉回族自治州、吐鲁番市以及兵团第六师、第十一师、第十二师区域内海关监管、征税、缉私、出入境检验检疫、统计等工作。根据乌鲁木齐海关党委授权，同时承担关区业务集中审核审批和关区（不含南疆地区、伊犁区域）企业认证和稽查业务。内设办公室（党委办公室）、人事政工科（党委组织宣传部）、综合业务科、监管一科、监管二科、监管三科、查检科、业务审核科、稽核查科、财务科10个科室。人员编制100名，2022年实有在编干部90人。设机关党委，下设10个党支部。

2022年，乌昌海关受理进出口报关单8.18万份，同比增长31.09%；监管货运量108.68万吨，同比增长30.09%；征收税款2.04亿元，减免两税1.47亿元；区外加工贸易进出口总值2.27亿元，同比增长81.13%。

【学习宣传贯彻党的二十大精神】2022年，乌昌海关认真学习宣传贯彻党的二十大精神，通过党委理论学习中心组专题读书班开展集中学习和研讨交流，党委书记与各党支部书记讲授党的二十大精神专题党课。制订各类工作方案和阶段性推进计划7项，组织召开党的二十大精神学习成果展示会。各党支部以"三会一课"、主题党日为载体，开展学习研讨和主题活动，青年理论学习小组通过青年读书会、心得分享会、专题座谈等形式组织开展主题学习活动，机关党委组织开展党的二十大精神网上答题竞赛活动4期。党员青年干部开展线下线上主题宣讲、互动式学习宣讲。上报宣传党的二十大精神的好经验、好做法的相关稿件10余篇，围绕"复工复产""业务改革""担当奉献"等主题上报各类新闻宣传稿件、信息素材60余篇。

【党的建设】2022年，乌昌海关落实意识形态工作责任制，开展党委理论中心组学习和专题学习，2部廉洁文化作品分别获全国海关廉洁文化创意作品二等奖和三等奖。以"清单化"管理机制统筹推进党建业务双提升，深入企业开展调研、座谈、宣讲会30余次，回应困难诉求36条。5个党支部申报"品牌+项目"，1个党建培训课程在"钉钉"平台展播，开展"党支部书记活动日"4期，党支部结对子活动20余次。稽核查科党支部通过全国海关党建示范品牌复核。

【疫情防控】2022年，乌昌海关细化完善疫情防控方案预案10个、制定演练脚本7个，常态化开展疫情防控知识培训及测试，组织"桌面+实操"疫情防控突发状况应急演练7次。建立"一线、预备、应急"三类疫情防控人员保障梯队，建立联防联控合作机制协议5项。疫情防控专业技术组完成海关总署"百名科长百日督查"督查组、海关总署疫情防控督查组及乌鲁木齐海关专项督查组现场督查任务，主动开展内部"四不两直"专项检查。落实疫情防控"日报告、零报告"制度，推进核酸检测和疫苗接种。4人参加乌鲁木齐海关疫情防控志愿者团队获得集体三等功，18人组建乌昌海关保通保畅应急分队获得乌鲁木齐海关集体嘉奖。

【海关监管】2022年，乌昌海关保持打击走私高压态势，深入开展"国门利剑""蓝天""护卫"等专项行动，加强与乌鲁木齐地窝堡机场海关缉私分局协作，查获夹藏夹带冰醋酸2700千克、环氧树脂175千克、挥发性聚苯乙烯5210千克，查验属地出口危险化学品1708批，办结稽查作业30起。扎实开展"龙腾行动2022"，查获侵权案件21起，同比增长10.53%，案值210.67万元，同比增长535.02%。扣留侵权物品27.14万件，同比增长61.05倍，罚没收入25.64万元，同比增长438.93%。办理快办案件61起，办理检验检疫案件6起。抽取出境饲料及饲料添加剂18份，监测项目20个。

【支持乌鲁木齐国际陆港区发展】2022年，乌昌海关落实促进中欧班列发运各项措施，开通"中欧班列申报绿色通道"，推行落实"7×24小时"预约通关制度，实现班列即到即验、即验即放。监管国际陆港区进出境中欧（中亚）班列121列，货运量12.01万吨。推动"关铁通"项目实施及"铁路快通""顺势监管""中吉乌"公铁联运班列改革落地。启用"安全智能锁"，监管公路出口车辆1.92万辆次，货运量47.38万吨，同比分别增长95.72%、95.26%；监管"铁路快通"出口货物、"中吉乌"公铁联运货物货运量分别为1618吨、445.48吨。

【支持市场采购贸易发展】2022年10月28日，乌昌海关协助乌鲁木齐边疆宾馆商贸市场通过国际贸易"单一窗口"成功申报全国首票新增试点市场采购贸易报关单。首单货物从乌鲁木齐国际陆港区经由伊尔克什坦口岸通过汽运的方式发往哈萨克斯坦，标志着乌鲁木齐边疆宾馆商贸市场采购贸易出口业务全流程已顺利打通、市场采购贸易政策在新疆正式落地。乌昌海关联系乌鲁木齐边疆宾馆商贸市场，开展前期调研和企业诉求搜集整理，参与海关总署线上培训并报送7条线上答疑问题，邀请常熟和义乌海关专家、常熟商务部门、辖区平台建设企业以及乌鲁木齐边疆宾馆商贸市场开展线上交流。参加商务厅举办的试点前培训，组织和参加线上交流研讨会6次，参加人员70余人次，交换意见建议20余条，梳理推动落实措施10余条。

【支持综合保税区发展】2022年，乌昌海关成立"区港联动工作专班"和"促进乌综合保税区发展推进绩效评估"工作专班，采用全国通关一体化属地申报口岸验放模式，开通乌鲁木齐—阿拉木图国际货运包机，为乌鲁木齐综合保税区和国际机场实现"区港联动"奠定基础。口岸作业功能拓展至三坪集装箱中心站，实现集装箱中心站与综合保税区重箱超偏载检测、查验等业务联动发展。成功发运全国首趟"乌鲁木齐—布达佩斯跨境电商班列"、全疆"首趟陆海新通道海铁联运中亚班列"、本地新增"乌鲁木齐—卡捷琳堡中欧班列"，常态化发运"一般贸易中亚班列"，开启"综合保税区+中欧中亚班列"模式。实现跨境电商业务全领域发展，创新推出"保税展示+寄送到家"监管模式，助力乌鲁木齐保税展示交易中心和云计算保税直购中心投入使用。2022年受理乌鲁木齐综合保税区报关单3426份，进出口贸易值138.08亿元，同比分别增长8.93倍、6.37倍。

【支持加工贸易发展】2022年，乌昌海关推进智能审核、自助打印等便利化措施。指导企业自助打印原产地证书6717份，同比增长2664倍。成功审签全疆首份RCEP原产地证书。全年原产地证书签证9255份，同比增长378.05%。发挥企业协调员、"好差评"系统和企业直通车服务平台作用，

▲2022年2月15日，乌昌海关关员开展监管服务　（阿斯哈尔　摄）

解决企业困难诉求20余条。审核办理减免两税1.47亿元，区外加工贸易进出口总值2.27亿元，同比增长81.13%。对15家企业开展AEO高级认证培育，1家企业通过认证。

【服务保障第七届中国—亚欧博览会】2022年，乌昌海关进驻新疆国际会展中心驻场监管，安排专人提供报关业务咨询服务，帮助企业高效便捷办理展品报关工作。在展会现场及中国—亚欧博览会官方线上平台同时设立海关通关业务咨询专用窗口，提供展品通关、政策咨询等一站式服务，做好会场7个展馆企业咨询和业务现场指导工作，为"线上+线下"50余家企业提供关税、通关、展品监管等业务政策咨询服务，助力博览会举办。8月10日，首批"中国—亚欧博览会"展览品顺利通关，该批进境展览品从哈萨克斯坦进口，包括巧克力、面粉、饼干等食品及酒类。

撰稿人

郝康伟

红其拉甫海关

【概况】红其拉甫海关前身为1969年喀什海关派出的明铁盖工作组；1977年11月1日，水布浪沟支关正式成立；1982年5月1日，水布浪沟支关被正式命名为红其拉甫支关；1985年2月18日，改名为红其拉甫海关，级别为科级机构；1987年11月12日，红其拉甫海关调整为处级机构，所辖红其拉甫口岸与巴基斯坦苏斯特口岸相邻。红其拉甫海关内设办公室（党委组织宣传部）、综合业务科、监管科、查检科4个科室。人员编制35名，2022年实有在编干部37人。设党总支，下设4个党支部。

2022年，红其拉甫海关监管进出口货运量2.26万吨、货值26.2亿元，同比分别增长2.75、5.76倍；监管进出境运输工具2614辆次；打击走私立案11起，同比增长266.7%。2022年，红其拉甫海关获评一星级"全国青年文明号"，成功申创全国海关系统基层党建实训点、自治区干部教育培训现场教学基地。

【学习宣传贯彻党的二十大精神】2022年，红其拉甫海关全面学习贯彻党的二十大精神，创新学习形式，开展"金句摘抄、诵读接力、每日一测、快问快答"等特色活动158次，撰写心得体会33篇，4名关员学习心得被海关总署、乌鲁木齐海关微信公众号采用。强化学用研讨，梳理发展新思路，主要负责人在关区党建会作交流发言。选派2名关员参加关区"统研青年号"线上沙龙活动，2名关员撰写研讨文章在乌鲁木齐海关点靓边关栏目刊发，2名关员心得体会在乌鲁木齐海关官方网站《深入学习宣传贯彻党的二十大精神》专栏发布。

【党的建设】2022年，红其拉甫海关抓实"第一议题"，坚持"首题必政治"，开展党委理论学习中心组学习17次、专题研讨14次。制定青年干部政治"三力"提升计划，开办青年政治讲堂，组织"落实'1+5'工作要求"能力提升自主培训25次。设计"理论+实践+感悟"沉浸式教学课程，吸纳培养35岁以下青年关员担任讲解工作，采取"宣、评、展、演"形式，累计接待系统内外党员干部7000余人次。深入开展捍卫"两个确立"、做到"两个维护"、强化政治机关建设专项教育活动，将专项教育活动与"海关重点项目和财物管理以权谋私"专项整治工作紧密结合，印制专项整治必学篇目学习手册，多形式开展集中学习4次、应知应会知识测试2次，基建领导小组成员开展专题学习3次。制定廉政风险清单和整改措施，开展领导干部配偶、子女及其配偶从业情况申报工作,组织撰写专项整治个人剖析材料15份,查发并完成5项问题整改。

【党建品牌创建】2022年,红其拉甫海关制定2022年度党建工作目标任务和进度安排,建立"一周一主题、解决一问题"学习机制,编制支部书记工作手册,开展"支部书记活动日"12次,录制党务标准化演示示范片,建立党员管理、组织生活、党建检查"3本台账"。以基层党组织"双提升",启动支部"领航"计划,优化4个支部党建品牌和工作法。开展"党旗在国门一线高高飘扬"实践活动,围绕疫情防控、保通保畅、安全生产等重点任务,实施"书记党员重点任务揭榜项目"20余项。设立习近平语录墙和经典理论图书角,创建全国工会职工书屋示范点。开办"国门讲堂",与驻地军警单位共创"国门党建示范区",打造"万里边关党旗红"鲜亮地标。办好"云端讲堂",参与搭建海关总署"雪域雄鹰"网上展厅,与中国海关博物馆、广州大铲海关等系统内外单位开展"云党建"活动12次。新建"身边榜样"宣传长廊,编制红关工作荣誉编号,开展"对标'四不'找差距、'四特'精神赋新能"讨论、老物件背后的故事讲述等特色活动20余次,邀请"时代楷模"拉齐尼·巴依卡父亲讲述红色家风故事,组织党员家庭开展品味红色家书、关员家人云连线送寄语活动5次。2022年党总支获评"全国海关基层党建示范品牌"、自治区直属机关"五个好"支部示范点,监管科党支部被评为关区基层党建"示范品牌",监管科、查检科2个党支部获评关区"四强"A类党支部。

【海关监管】2022年,红其拉甫海关加大正面监管力度,全年扫描机检图像1851份。严把进出口食品安全关,加强重点商品质量检验,深化"过程检验+合格保证+符合性评价"检验监管模式。强化监管库非法经营、仓储、使用危险化学品和危险货物督查,年内发现违规存放危险品案例1起。建设国门生物安全展厅,开展动植物疫病疫情监测培训12次。坚持"多病同防",在口岸和边境线设置12个监测点,开展国门生物安全、病媒生物监测48次,捕获蝗虫等443只,采集旱獭心脏等样本51份。开展检疫性杂草检疫工作,发现检疫性杂草3种。深化动植物检疫防控能力提升示范口岸建设,密切关注周边及通航国家(地区)人类传染病及动植物疫情发展态势,加强动植物疫情信息收集,相关报送信息被海关总署相关载体采用6

▲2022年3月31日,红其拉甫海关组织关员在水布浪沟党性教育基地开展重走红关路主题党课 (刘睿 摄)

条、乌鲁木齐海关相关载体采用47条，获评2022年关区动植物检疫防控能力提升技能竞赛团体一等奖。

【疫情防控】2022年，红其拉甫海关深化跨单位联防联控常态化运作机制，联动调整疫情防控方案17次，细化责任33项，梳理规范性文件51份，规范操作流程7项。因势调整防控对接措施，组建三级梯队，落实"区域封闭、闭环管理"措施，优化一二线轮换机制，组建青年党员志愿服务队、抗疫突击队，选派15名关员赴海拔5100米的国门一线开展"30+7"封闭作业236天。分管领导走进口岸封管区，对货运通关、疫情防控操作流程进行严格监督，将海关总署党委和乌鲁木齐海关党委关心关爱传递到位。推动三级监控指挥中心实体化运行，设立安全监督员和"挑毛病"专家组，坚持"每日视频巡察、每周穿脱演练、每月实操考核"，结合百名科长百日督查开展视频督导80批240人次。梳理民生清单16项，制定《红其拉甫海关一线人员关心关爱措施18条》。采取"每日视频看、每周现场看、每月实地访"模式走访慰问红其拉甫海关一线关员。协调地方政府解决集中隔离点4间宿舍，为一线关员配备制氧、供暖等生活设施49件。定期为封管区人员配送饮用水和餐食，一线关员工作生活条件明显改善。

【服务发展】2022年，红其拉甫海关深入辖区企业开展业务调研2次、召开关企座谈会5次、开展政策宣传7次、解答企业通关问题咨询46次，边民互市复市调研报告获乌鲁木齐海关主要负责同志批示。对重大工程设备、疫情防控物资、巴方灾后民生物资等特殊货物实施便捷通关。验放援巴物资4批次，监管援助巴方物资车辆16辆，货重316.81吨，货值210.32万元。聚焦区域发展，制定优化口岸营商环境8项措施，研提边合区建设可行性建议3条，"后疫情时代推动中巴走廊高质量发展研究"课题获乌鲁木齐海关关级课题三等奖。

【助力乡村振兴】2022年，红其拉甫海关把产业发展作为着力点，围绕校园学生趣味普法推广难点、进出口企业通关痛点、牧区居民海关政策盲点，线上、线下融合推进"海关进企业""海关进牧区""海关进校园""三个走进"项目，开展宣传政策法规11次。选派3名党员干部到乡村振兴一线工作，推进精准扶贫项目6个，扶贫资金5万余元，帮助32户91人实现脱贫目标，自筹资金建设"红关之星幼儿园"，并连续13年开展义务教学，用实际行动筑牢民族团结"石榴籽""一家亲"价值共识。

撰稿人

刘晓梅　徐子群

卡拉苏海关

【概况】卡拉苏口岸是我国与塔吉克斯坦唯一的陆路边境口岸，承担卡拉苏口岸区域内海关监管、征税、缉私、出入境检验检疫、统计等工作。内设办公室（党委组织宣传部）、综合业务科、监管科、查检科4个科室。人员编制35人，2022年实有在编干部35人。设立卡拉苏海关党总支，下辖4个党支部，党员19人，党员人数占比54.29%。卡拉苏口岸全年开关，海拔4300米，自然环境条件恶劣，为保障干部职工身心健康，采取"倒班"和"驻地+现场"的作业模式。

2022年，卡拉苏海关监管进出境货物18.54万吨，同比增长16.4%；监管进出境车辆1.49万辆次，同比增长14.1%；贸易额122.35亿元，同比增长50.2%。在2022年疫情防控专项奖励中，9人次受到总署通报表扬，2个集体、11人次受到乌鲁木齐海关嘉奖。年内，卡拉苏海关复核认定一星级"全国青年文明号"，获评地区级"民族团结进步示范单位"。

【学习宣传贯彻党的二十大精神】2022年，卡拉苏海关把学习宣传贯彻党的二十大精神作为重要任务，制订《卡拉苏海关学习宣传贯彻党的二十大精神工作方案》，第一时间落实"第一议题"制度，全年召开党委理论中心组学习17次，开展集体研讨9次、专题研讨10次，组织开展专题党课7次、书记讲党课26次、应知应会测试6次，撰写心得体会30篇。利用卡拉苏海关青年理论学习小组，按照"学、读、讲、研、评、考"原则，有组织有计划开展学习活动，组织青年理论学习小组研讨2次、主题团日4次，撰写学习心得

▲2022年8月26日，卡拉苏海关关员在海拔4386米的国门区域验放出境车辆（穆拉提·阿布都米吉提 摄）

4篇，充分带动青年团员学习氛围。围绕总署党委提出的12个方面，立足海关本职重点思考，推动学习成果快速转化，提出工作建议5个、帮助解决企业困难3个。

【党的建设】2022年，卡拉苏海关制订《卡拉苏海关捍卫"两个确立"、做到"两个维护"，强化政治机关建设专项教育活动方案》，明确层级责任清单和18项工作任务分解表，开展相关主题党日活动4次。查检科党支部"运用'党建+内控+业务'思路探索队伍管理新途径"被海关总署选入党务干部岗位练兵学习资料"四强"党支部和党建品牌优秀案例汇编。利用驻地富集红色资源优势，学习拉齐尼先进典型事迹，弘扬"四特"精神、践行"四不"要求。成立"海关重点项目和财物管理以权谋私"专项整治工作领导小组，制订实施方案，开展专项整治应知应会学习、线上考试、微信公众号在线答题等活动。配合工作专班聚焦重点项目，逐一深入排查项目决策、采购、实施、验收等重点环节的风险和问题。对照海关总署"7+21"项、乌鲁木齐海关"15+32"项重大风险清单，制定卡拉苏海关"14+26"项风险清单。

【疫情防控】2022年，卡拉苏海关全力贯彻落实"疫情要防住、经济要稳住、发展要安全"重要要求，以疫情防控和保通保畅为重点，强化海关职责使命感。坚持属地原则，发挥联防联控机制作用，严防传染病、动植物疫情、有害生物传出传入，全力防范化解海关重大、系统性风险。常态化开展疫情防控演练、个人防护和采样培训，及时向一线关警员配发疫情防控物资。结合人员专业背景及科室配置实际，落实疫情防控人员保障，开展应急演练6次和理论及实操培训5次，提高应急处置能力，在国门一线和口岸联检区域合理设置出入境人员卫生检疫场所，科学设置检疫场地和功能分区。2022年，卡拉苏海关干部职工先后55人次进入疫情防控封闭区作业，累计封闭作业时间1830天。

【监管服务】2022年，卡拉苏海关优化完善口岸监管通关流程，做好监管线条业务培训和岗位练兵，提升监管人员异常处置能力，缩短海关口岸验放时间。完善"吊装"非接触式通关模式，推进口岸进口业务恢复运行，全面实现进出口货物双向流通，保持口岸通关顺畅。做好进出口商品质量安全风险监测和食品安全监管、做实国门生物安全监测和口岸卫生监督、做细监管作业场所安全生产检查及危险品管理等工作。抓好促进外贸保稳提质系列措施落地实施，细化卡拉苏海关22条举措，引导企业用足用好优惠政策，不断激发市场主体活力。强化口岸通行效率监测分析和涉企调研，召开关企座谈会、政策及法治宣讲9次，协调解决空箱入境、出口整车备案审核等企业"急难愁盼"问题5个，推行"一企一品一策""一进口一专班""出口车辆备案容错机制"等政策，找准影响口岸整体通行时间痛点、堵点并加以解决，提升口岸整体通行效能。

【安全生产】2022年，卡拉苏海关按照"管行业必须管安全、管业务必须管安全、管生产经营必须管安全"的要求，认真落实安全生产"十五条硬措施"。采取"形势研判+专项检查+常规督查"相结合方式，开展安全生产学习教育7次，对安全生产相应风险领域开展常态化"体检"。根据风险隐患排查清单，每月定期组织对重点场所设施、关键环节、高风险业务等全领域安全隐患进行全面细致检查，重点对食堂和家属楼燃气设施、实验室、配电设施和线路、监管场所等重点要害部位进行拉网式排查，建立检查台账，消除各类风险隐患。全年开展各类安全检查22次，发现风险和隐患16个，采取整改措施16条。出台卡拉苏海关系列节能管理制度，建设节约型机关，人均用水量较2021年下降10%。针对驻地塔什库尔干县处地震带特点，加强消防、地震、高原自救等知识讲座和现场实操，邀请驻地消防大队开展地震、消防培训1次，开展内部消防隐患联合检查1次、各类应急演练6次。建立信访工作防范机制，通过对施工单位施工人员进行电话访问、走访等方式厘清信访风险，全年未发生涉访事件。

【队伍建设】2022年，卡拉苏海关崇尚"求实、扎实、朴实"海关文化，全年投稿4篇微课题、3篇征文，报送"金点子"2条。强化队伍纪律建设，注重抓关键少数，紧盯重要时间节点，不定期开展督导检查，开展廉洁教育和学习30次，组织7人次开展剖析材料撰写。做好干部选拔晋升工作，领导班子每月常态化与执法一线科长开展谈心谈话，将抗击疫情等急难险重任务中冲在一线、敢担当、有责任等现实表现作为评选优秀科长的重要依据，按照"基础口径+激励口径"择优稳妥开展职级晋升。加强疫情防控梯队建设，建立一线封闭人员关心关爱工作台账，盘活存量资金，落实"过紧日子"要求，从严从紧安排一般性支出，严格落实海关总署支持边关22条保障措施，完成高原高压氧舱采购、综合办公楼电梯加装等民生工程项目。

撰稿人

王子瑜　王　磊

伊尔克什坦海关

【概况】1998年1月26日，伊尔克什坦口岸正式对外开放；同年5月4日，总署批准设立伊尔克什坦海关，2002年5月20日正式开关；2011年12月9日，伊尔克什坦海关由克孜勒苏柯尔克孜自治州（以下简称"克州"）乌恰县吉根乡斯姆哈纳村斯姆哈纳山口下迁至乌恰县城西3千米处。伊尔克什坦海关承担伊尔克什坦口岸区域内海关监管、征税、缉私、出入境检验检疫、统计等工作。内设办公室（党委组织宣传部）、综合业务科、监管科、查检一科、查检二科5个科室。人员编制44名，2022年实有在编干部42人。设立党总支，下设5个党支部。

2022年，伊尔克什坦海关监管进出境货物65.5万吨，同比增长271.8%，较2019年增长20.2%；贸易额468.75亿，同比增长78.3%，较2019年增长164.1%。报送新闻稿件《中欧班列（渝新欧）中吉乌公铁联运班列出境》被中央广播电视总台多个频道采用，新闻稿件《中欧班列（渝新欧）中吉乌公铁联运首发》被《光明日报》采用。

【学习宣传贯彻党的二十大精神】2022年，伊尔克什坦海关全面、系统、深入学习党的二十大精神。参加专题学习班2次，通过"晨会一刻"、集中学习、党委理论中心组（扩大）学习、"三会一课"等形式组织学习研讨100余次、主题活动15次，撰写心得体会43份、研讨文章7篇，重点学习领会党的二十大主题、过去5年的工作和新时代10年的伟大变革、习近平新时代中国特色社会主义思想的世界观和方法论等内容。充分利用宣传栏、楼宇电视、电子显示屏等多种载体学习，向乌鲁木齐海关、地方及省部级媒体平台投稿刊发18篇，全面展现学习宣传党的二十大精神的新气象新作为。

【党的建设】2022年，伊尔克什坦海关坚持"第一议题"制度，组织党委理论中心组学习19次。贯彻落实海关总署党委、乌鲁木齐海关党委关于政治机关专项教育活动部署要求，制订方案、任务推进表，建立"党委牵头+党总支主抓+各支部落实"的工作机制。通过党委"第一议题"学、支部聚焦工作学、青年结合政治学、党员立足岗位学"四学"要求，深入推进政治机关建设，把讲政治要求落实到海关工作的各领域、全过程。严格落实乌鲁木齐海关"五个一"措施，开展廉政提醒240次、党章党规学习55次、警示教育活动7次。落实意识形态领域思想政治工作，组织开展发声亮剑、谈心谈话等活动130余人次。深化拓展"强基提质工程"、推动基层党建"双提升",开展"一册一表"(党支部工作标准化手册、党支部党建工作进度表党建工作法)讲评27次、开展定期档案展评8次,推动党支部建设规范化,各党支部开展组织活动195次,创建A类党支部2个、B类3个。

【监管服务】2022年,伊尔克什坦海关全面落实海关总署、乌鲁木齐海关促进外贸保稳提质相关措施,提供"一对一"线上线下定制服务模式,保障通关"零延时",稳步提升口岸通关效能。办理行政案件14起,其中查发移交玉石走私案件,实现十年来海关查发移交刑事案件"零的突破"。办理"两简案件"40起,罚款8.3万元;办理知识产权案件5起,罚款2000元;全年税收入库717.7万元。强化动植物疫情疫病口岸防控,严把进出口商品质量安全观,联合开展外来有害生物监测2次。筹建初筛实验室,开展"跨境电商寄递'异宠'综合治理"专项行动,做好口岸卫生监督工作。保障"中吉乌"公铁联运新通道、"绿色通道"农产品出口等重点商品供应,做好肉类、粮食等进口产品指定场地建设指导。支持喀什综合保税区发展,全年累计监管综合保税区出境车辆7782辆。保障煤炭等矿产能源类商品战略储备,全年监管进口煤炭11.7万吨。

▲2022年9月22日,伊尔克什坦海关关员在甩挂作业封闭区开展工作 (杨新升 摄)

【疫情防控】2022年,伊尔克什坦海关配合驻地疫情防控政策,严格落实封闭管理工作要求,包括主要负责人及分管领导在内的34人参加封闭管理作业,开展个人安全防护培训18次,实操演练4次。全体干部职工连续驻守口岸120余天。强化内部防控,确保全员接种疫苗,坚持办公区、生活区每日消杀、体温检测。针对"双百"检查反馈的12项问题,制作整改清单,立行立改,突出整改落实成效。加强疫情信息收集研判,撰写并上报相关分析报告16篇,切实做到"外防输入"和"内防倒灌"。

【支持"中吉乌"公铁联运发展】2022年,伊尔克什坦海关成立专项业务工作组,提供"线上+线下"一站式通关指导服务,专人指导企业高效完成各填报环节操作,提供24小时"不打烊"随问随答服务。优化通关流程,压缩通关时间,降低企业成本,提高通行效率,为企业开拓"一带一路"商机提供多元化物流选择。10月24日,中欧班列(渝新欧)首趟"中吉乌"公铁联运班列自伊尔克什坦口岸顺利出境。11月29日,以

"联运中转"模式"中吉乌"公铁联运固定班列顺利出境。

【综合保障】2022年,伊尔克什坦海关持续抓好对边关干部的关心关爱,通过视频慰问封闭区一线人员149人次,节假日开展慰问23次,配发慰问物资多件,上门走访看望一线人员家属15人次。提供冬春季物资保供服务,配发保暖内衣、自发热手套袜子及冬夏季防护服等物资,着力改善防护装备适宜性。维修排除一线国门宿舍存在问题,配备全新制氧机、洗衣机、空调等设备,改善生活环境。落实安全生产主体责任,针对办公区、生活区院落、监管作业场所重点单位、重点部位、关键环节开展安全生产风险隐患排查12次,开展内部安全生产检查52次,发现整改问题75项。

撰稿人

张赵琴

吐尔尕特海关

【概况】吐尔尕特口岸于1881年开始通商，吐尔尕特海关前身为托云办事处；1953年4月15日正式建关，时称"托云支关"，原设关地在海拔3800米的中国—吉尔吉斯斯坦边界吐尔尕特山口，1995年12月下迁至海拔2100米的现址托帕。吐尔尕特海关承担吐尔尕特口岸区域内海关监管、征税、缉私、出入境检验检疫、统计等工作。内设办公室（党委组织宣传部）、综合业务科、监管科、查检一科、查检二科5个科室。人员编制44名，2022年实有在编干部41人。设立党总支，下设5个党支部，党员占比60.98%。

2022年，吐尔尕特海关监管进出口货运量49万吨，同比增长261.4%；货值578.60亿元，同比增长225.6%。监管进出境车辆4.20万辆次，同比增长243.4%，监管进出境人员（运服人员）4.20万人次，同比增长243.4%。年内，吐尔尕特海关获评"全国节约型机关""自治区青年文明号""克州民族团结进步示范单位""克州文明单位"等荣誉称号。

【学习宣传贯彻党的二十大精神】2022年，吐尔尕特海关在全面学习、全面把握、全面落实党的二十大精神上下功夫，切实推动学习宣贯党的二十大精神走深走实。制订《学习贯彻贯彻党的二十大精神工作方案》，细化任务清单25项，党委班子成员宣讲7次，学习研讨8次，全关集中学习11次，开展应知应会测试2次，组织"学习二十大、永远跟党走、奋进新征程""谈体会、鼓干劲、话发展"等主题研讨4次，征求意见建议13条，撰写心得体会38篇、关键小事微课题10篇，全员完成"钉钉"平台学习任务。被海关总署和乌鲁木齐海关采用信息5条，在"乌鲁木齐海关发布""疆海飞扬"、《克州日报》、"克州零距离"发布新闻稿件6篇。

【党的建设】2022年，吐尔尕特海关以政治建设为统领，扎实开展政治机关专项教育活动，持续深化拓展"强基提质工程"。成立由"一把手"担任组长的专项教育活动领导小组，建立"一周一汇报，一月一小结"工作制度。以"赋能'四特'精神新内涵"大讨论为抓手，征集"金点子"11条，报送微课题、主题征文8篇，梳理26个岗位政治要求54条。年内完成党总支、党支部增补，建立团支部、完善工会工作机制以及建立业务研究攻关小组等。开展党务干部培训4期，组织"党支部书记活动日"活动5次、党建交流会3次，党总支、各党支部累计召开党员大会110次、主题党日68次。培养预备党员和重点

▲2022年6月29日，吐尔尕特海关组织开展疫情防控实操培训　（阿不都热合曼　摄）

培养对象各1名、入党积极分子和发展对象各3名，4个支部申报"一品牌一项目"。时刻谨记"边疆无小事，事事连政治"，狠抓"三反"教育、法治教育和民族团结教育，召开专题会议2次，组织专题培训4次、面对面宣讲3次，有针对性地组织学习法律法规及反分裂斗争纪律规定22次，开展"意识形态警示教育日"系列活动，举办以民族团结为主题的诗歌朗诵等活动6次、发声亮剑大会2次。

【疫情防控】2022年，吐尔尕特海关召开统筹疫情防控和促进外贸稳增长会议41次，动态制定和修订23项防控制度、方案和流程。成立"挑毛病"工作组，实施常态化督查纠察108次，建立"销号清零""回头看"机制，整改问题22项，确保规定动作100%落实。落实"四共"机制，完成预防性消毒监督作业2272车，协同地方采集样本9088个。撰写上报吉尔吉斯斯坦疫情分析报告9篇，自治区领导批示1篇。严格落实"绿码"上岗、未接种疫苗不上一线、核酸检测等防控制度，完成干部职工核酸检测1.16万人次，确保"零输入""零感染"。

【维护国门安全】2022年，吐尔尕特海关全面贯彻落实"疫情要防住、经济要稳住、发展要安全"工作要求，不断强化国门安全意识，提高海关维护国门能力水平，筑牢国门安全防线。对口岸以及口岸通道全程实施生物、病媒监测，加强识别防控和处置，设置检疫性实蝇监测点10个，布置鼠夹420个。开展卫生监督检查8次、微小气候监督4次、生活饮用水监督2次，整改问题12项，完成免税店卫生许可延期。对2批次出口食品取样送检，严把进出口食品安全关。

【海关监管】2022年，吐尔尕特海关不断强化口岸正面监管，健全监管制度，完善三级监控指挥中心建设，加强业务运行监控，严格监管作业场所管理，推进现场监管检查规范有效。严格落实3个100%查验机制，严防各类危安物品渗透进出，对2.31万辆进出境交通工具实施机检查验。深入开展"国门利剑""蓝天""清风"等专项行动，推动克州打私办实体化运行。全年办理一般案件5起，案值32.1万元；办结知识产权案件7起，涉案货物1170件；办理快速程序案件25起，案值1631.35万元。扎实落实"百名科长百日督查"和"口岸危险品综合治理"百日专项行动要求，建立定期检查、随机抽查、常态化巡查机制，查发危险品违规入库情事1件，协同乌恰县安监局妥善处置，按照监管到位、快进快出、确保安全原则，安全高效监管危险品1260.77吨。

【服务发展】2022年，吐尔尕特海关推出"管得住、放得开、通得快"的方法举措，找准口岸通关特点和甩挂、吊装等作业模式的"卡点""堵点"，积极协调防控指挥部打通堵点，与企业提前沟通，采用提前办理手续、"人等货"、加班验放以及设立紧急物资、危险品、农产品专用通道、预约服务等方式，确保高效通关。建立关企联络快速响应机制，确保企业咨询、问题诉求第一时间解决。召开7次企业座谈会，将口岸防疫政策、通关要求及时告知企业。认真宣传落实海关总署和乌鲁木齐海关促进外贸保稳提质"10+16"条措施，采用远程接单审单核证、远程监管、非接触式监管等方式，解决企业人员无法抵达口岸问题。走访企业32家，处理企业咨询100余次，帮助解决困难60多件，加班累计近4000小时，口岸未发生车辆滞留、货物积压等相关情事，得到自治区多个检查组高度评价。自7月1日起实施集装箱回程业务以来，监管返程空箱2174个，滞留境外的运输车辆全部回程。监管货运量、进出境运输工具数量超过2019年同期水平。

【队伍建设】2022年，吐尔尕特海关牢牢把握队伍建设核心要素，强力打造高素质干部队伍。1名同志被选拔参与海关总署"百名科长百日督查"专项工作，3人参加乌鲁木齐海关集中工作、跟岗锻炼，2名表现突出的干部遴选至乌鲁木齐海关工作，7名防疫一线同志获海关总署通报表扬。开展谈心谈话272人次、走访慰问32人次，解决关员"急难愁盼"问题22个。开办"关（科）长讲坛""周三课堂"50期，参加海关总署、乌鲁木齐海关线上培训741人次，开展岗位练兵和应急演练40余次，155人次获得危险化学品、动植物、食品检验检疫监管查验等执法资质。参与署级课题1项，牵头关级课题1项，参与的1项关级课题获评关区三等奖；申报学会论文3篇，在"点靓边关"平台发布微课题8篇。开展廉政教育月、"清风国门"、"海关重点项目和财物管理以权谋私"专项整治等活动，关注队伍思想动态，运用"四种形态"开展提醒谈话6次。

撰稿人

代慧玲

都拉塔海关

【概况】1992年8月,中哈两国政府签署协议同意都拉塔口岸开放;1999年9月26日,海关总署批准都拉塔口岸临时开放进行边民互市贸易;2005年12月,海关总署批准都拉塔口岸正式开放;2006年12月13日,都拉塔口岸旅检业务正式开通,开始全面办理海关业务;2007年12月,都拉塔海关由正科级调整为正处级海关;2008年6月26日,都拉塔海关正式挂牌成立。主要负责都拉塔口岸、察布查尔锡伯自治县区域内海关监管、征税、缉私、出入境检验检疫、统计等工作。内设办公室(党委组织宣传部)、综合业务科、监管科、查检科4个科室。人员编制35名,2022年实有在编干部34人,平均年龄38.5岁。设有党总支,下设4个党支部,党员19名、预备党员1名。

2022年3月30日,都拉塔口岸恢复货运通关。全年监管进出境车辆1.68万辆,监管进出口货运量13.63万吨,进出口贸易额164.16亿元。

【学习宣传贯彻党的二十大精神】2022年,都拉塔海关推动学习"日常化",制订学习计划,用活用好"三会一课"、主题党日活动,借力"乌关讲堂""学习强国""钉钉"平台,完善"集中+分散""班前+班后""线上+线下"学习模式,实现处处有课堂、时时被熏陶、人人受教育。推动课题攻关"多元化",积极参加党的二十大政策研究、关史研究、青年理论学习研究"学习宣传贯彻党的二十大精神"课题攻关,系统总结经验启示,科学提出破题思路,撰写心得体会30余篇、主题征文6篇。推动活动"特色化",党支部与口岸联检单位结对开展党的二十大精神学习分享交流活动,持续加强对党忠诚教育、党性教育和海关职业操守教育,实现活动共办、资源共享、难题共解、发展共促。

【党的建设】2022年,都拉塔海关坚持以基层党建为引领,夯实组织建设,提升党务工作水平。深化"四强"党支部创建,梳理制定党组织议题清单,健全固化"第一议题"制度,规范落实"三会一课"、主题党日、谈心谈话等。7家口岸单位建立国门大党建机制,围绕"六联六促"开展联创联建活动、互融互促。完善支部品牌方案及支部工作法,设计品牌图标,发挥党建品牌示范引领作用,2个党支部被评为"A类党支部"。组织开展"四特"精神赋新能专项行动,收集意见20条,推荐报送"金点子"4条、微课题2篇、主题征文2篇。引导践行"四特""四不"精神,以"身边人讲身边事"为主线,开展"寻找身边的榜样""读书分享会""典型事迹学习会"交流活动，不断激发干事创业新活力。以铸牢中华民族共同体意识为主线，连续12年开展捐资助学活动，12年间830余人次捐款11万余元，资助4名经济困难学生顺利考上大学。

【疫情防控】2022年，都拉塔海关慎终如始做好疫情防控，跟进学习最新疫情防控要求，修订完善方案预案16次。严格岗前安全防护培训和考核，组织开展全流程应急处置演练6次。结合"百名科长百日督查"要求，做实做细个人防护监督，梯队6批次38人次参加安全运转278天。其中，第四批防控梯队6名队员连续封闭工作112天。积极应对属地疫情，织密单位、梯队、居家人员防护网，切断向办公区、封闭区"倒灌"传播链，实现"外防输入、内防反弹"双线抗疫零感染。

【维护国门生物安全】2022年，都拉塔海关坚持底线思维，不断织密国门安全防线。以动植物检疫防控能力提升示范口岸达标和初筛实验室申请海关总署能力认定为契机，规范建设112.54平米有害生物和外来物种初筛鉴定室，划分7块功能区，配备15套专用设备、43种查验工具、20余种图书资料等，制定管理制度8项。全年开展国境口岸区域病媒生物监测4次，布放板夹、弓形夹5845夹次，捕获4个种类51只鼠，梳检鼠体表寄生虫蚤89只、蜱11只，送检175份样本，检出巴尔通体阳性样本18份。聚焦口岸公共卫生安全，强化口岸食品安全监管及卫生监督，全年开展卫生监督12次，开展口岸食品安全监督抽检水样8批次、口岸食品安全现场快速检测27批次、口岸食品安全监督抽检实验室检测15批次。

【监管服务】2022年，都拉塔海关坚持把促发展作为第一要务，全力以赴扩大对外开放。强化正面监管，制订集装箱"吊装"、空箱返还监管等6项方案，积极与哈萨克斯坦海关会晤5次，厘清监管细节，解决硬件断点，织密监管链条。压缩查验、审单等作业时间，实行"免陪同"查验、查验日清制度，实施空箱集中申报、错峰入境，发挥中哈联络员沟通作用，协调吊装、通关事宜，进出口货物整体通关时限分别压缩至10.61小时、0.16小时。依法依规提高办案质量，全年办理行政处罚案件73起，其中"快简"案件69起，累计案值1.63亿元。细化保稳提质措施10条，实行海关业务e网通，召开企业座

▲2022年10月12日，都拉塔海关关员助力辖区特色农产品生产加工　（潘佳茹　摄）

谈会、专题讲座开展政策宣讲，线上线下培训累计35次，覆盖企业30余家。建立点到点、一对一的联系机制，克服静态管控影响，解决送样难、缴款难等问题。验放进口农机、进口动植物产品4批次，货值352.50万元，助力177批、7433万元地产食品出口至中亚国家。

【打击不实贸易】2022年，都拉塔海关认真落实总署总关工作部署，严厉打击不实贸易违法违规行为。在业务现场公开不实贸易举报方式，开展不实贸易风险调研，运用大数据分析，强化报关单数据及资料审核，盯紧重点企业、重点商品，提升即决式布控质效，严厉打击"多报少出、报而不出"行为，全年货运现场查发案件52起，案值3837.4万元，其中存在多报少出或申报未装载的案件46起，占货运现场查发案件数量的88.46%，多报出口贸易额2055.59万元。

【队伍建设】2022年，都拉塔海关采取事业激励、政策保障、情感关怀等方式，全力营造"拴心留人"的干事环境。发挥职级激励、职务导向作用，建立正副科级优秀领导干部储备库，选拔任用科级领导干部3名，晋升职级10人次，岗位调整5人次。以内控建设为抓手，强化监督管理，成功创设关区"内控示范样板间"。加强清廉队伍建设，常态化开展纪法教育，报送"清风国门"廉洁文化创意作品10件，其中沙画作品获总署二等奖。强化关心关爱，2名关领导走进封管区，出台关心爱护疫情防控一线人员18条措施，完善梯队四季生活物资包，建立服务保障群，线上反映需求、回应办理，打造及时高效"一站式"关爱云平台。以群众诉求为导向，推进"我为群众办实事"项目清单13项，完成妇女儿童活动室、阳光书吧建设。

撰稿人

董 琪

霍尔果斯海关

【概况】霍尔果斯海关于1950年6月5日建关,是中华人民共和国成立后第一家进驻霍尔果斯口岸的单位。1987年1月,调整为隶属乌鲁木齐海关的处级海关。承担霍尔果斯铁路口岸和公路口岸、霍尔果斯市、霍城县区域内进出境运输工具、货物、物品及人员的监管、征税、缉私、出入境检验检疫、统计等工作。内设办公室(党委办公室)、人事政工科(党委组织宣传部)、综合业务科、监管一科、监管二科、监管三科、监管四科、查检一科、查检二科、查检三科、查检四科、财务科、技术科13个科室。人员编制160人,人员平均年龄33岁。设立二级机关党委1个,13个党支部,党员占比49%。

2022年,霍尔果斯海关监管进出口货运量4003.4万吨、贸易额2967.7亿元,同比分别增长1.1%、4.7%。监管进出境人员3.1万人次,同比增长6.1%。

【学习宣传贯彻党的二十大精神】2022年,霍尔果斯海关通过丰富"中心组专题学、例会集中学、支部巩固学、全员线上学、班后自主学"的"五学"机制,深入研学党的一系列重要思想理论。特别是紧密围绕学习宣传贯彻党的二十大精神这条主线,认真学习领会精神、掌握核心要义、统一思想认识。全年开展党委理论中心组(扩大)学习13次,其中围绕党的二十大精神主题研讨交流2次,以"党委领学"推动理论武装全覆盖。在更高平台校验学习质量,先后在海关总署、乌鲁木齐海关专题培训班上作宣讲交流4次,学习反响在系统内率先被中央电视台《新闻联播》播出,1篇稿件被人民日报社相关刊物刊载。紧扣"领题破题",开展青年大讨论、"我为改革发展献一策"活动,1篇政研文章在海关总署相关载体刊发并获署领导批示。征集"金点子"6条、主题征文15篇、"关键小事"微课题2篇,将学习成效转化为守国门、促发展的实际举措。

【党的建设】2022年,霍尔果斯海关党委班子发挥"头雁效应",聚焦国门安全、疫情防控、保通保畅等重点工作,开展专项研究部署26次,细化56项全面从严治党落实举措,制定"12+28"项防范化解重大、系统性风险清单。深化基层党支部联系点制度,结合"关长走进封管区"拓宽常态化下沉覆盖面,推动一线执法更加规范。健全请示汇报等6个方面管理制度,扎实开展"五个一"廉政日常教育,优化9项管理措施,紧盯队伍思想动态。树牢"一切工作到支部"鲜明导向,进一步丰富13个党支部品牌内涵,查检四科党支部"丝路之旅"全国海关党建示范品牌通过复核。与冰城海关、郑州海关、东莞海关等开展"云共建",与西北协作区海关开展联学联建主题党日活动,与驻地单位共同擦亮"国门大党建"品牌,运用组织功能转化为把关服务优势。以"访惠聚"工作为抓手,结合区情社情开展"三史"教育宣讲,凝聚意识形态领域工作合力。年内获评"全国五一劳动奖状"、第五批自治区"扫黄打非"进基层示范点、"自治州民族团结进步示范单位",监管三科获评"第19届自治区青年文明号"。

【疫情防控】2022年,霍尔果斯海关持续深化联防联控机制,牢牢守住"外防输入"主阵地,严密做好人员、运输工具及进出境货物检疫监管,10批次300余人次接续奋战梯队。依托三级监控指挥中心26项日常监督检查要点,紧盯一线安全防护、消杀作业、采样监督、废弃物处置等关键部位,逐一比对排查,找漏洞、督整改。对照海关总署安全防护标准,细化考核项目43项,将3个关键环节设为独立考评项,采取"关键项达标+整体评分合格"双标准评定,严把梯队实操技能质量关。组织骨干力量全面梳理两口岸通关流程,建立每日业务应急专班磋商机制,及时研判疫情防控形势和业务运行情况。创建"平急结合"模式,确保应急指挥体系随时激活,内部防控工作得到国务院、自治区等督导组的充分肯定,相关经验做法被推广至关区学习借鉴。

【维护国门安全】2022年,霍尔果斯海关筑牢安全准入防线,坚持"3个100%"机检查验,健全重点领域风险研判机制,依托"审像+实货复核"提升查检质效,全年H986机检扫描图像66.4万份,其中公路口岸3.9万份、铁路口岸62.5万份。筑牢口岸检疫防线,深化动植物检疫防控能力提升示范口岸建设,依托科研院校专业力量强化重点监测,提升有害生物鉴别能力,截获疫病疫情18种83种次。通过案审会、业务协调会加强关警联动,凝聚打私合力,查办刑事、行政案件同比分别增长15.7%、121%。聚焦监管作业场所、危险化学品、实验室以及内部安全管理等重点领域,开展18轮大排查,整治隐患76项,依托"口岸危险品综合治理"百日专项行动,查发8起危险品夹藏出境案件。完善"过程检验+合格保证+符合性评价"检验监管模式,依托区域性中心实验室快速实施天然气离线品质检测,保障进口天然气安全供应。

【服务发展】2022年,霍尔果斯海关深化"放管服"改革,叠加自报自缴、电子支付等改革综合优势,实现"货到即验、读秒通关",进出口货物整体通关时间分别为11.67小时、0.06小时,较2017年12月分别压缩95.3%、95.2%。发挥边境海关国际合作优势,通过14次会晤保障谢列克风电项目等7个"一带一路"重点项目设备按期交付,保障上海合作组织峰会用车和援助阿富汗物资高效通关。巩固拓展中哈农副产品快速通关"绿色通道"运行成效,积极推介农副产品标识电子化升级"三智"项目,助力7.7万吨果蔬出口,同比增长56.6%。运用"先放后检、附条件提离"措施,验放进口铁矿石184.9万吨,推行"卸毕即检、检毕即放、预约调运"服务,监管进口粮食15.5万吨,切实保障粮食、能源资源、重要产业链供应链安全稳定。积极服务和融入地方发展规划，重点支持霍尔果斯陆港国际物流园区建设，全程指导企业向跨境电商出口换挡升级，监管跨商货物突破1亿元。推动边民互市贸易区验收运营并进口首票货物，打造东联西出贸易新增长点。围绕企业关注精准推送"政策包"，依托"企业直通车"、"枫桥工作室"、关长接待日畅通助企纾困渠道，解决急难问题17个、化解纠纷4起。组建关地、关铁"疏堵保畅"联合专班，有效疏通难堵点23次，确保改革红利转化为发展实效。

【促进商品车出口】2022年，霍尔果斯海关持续优化"界桥交接""甩挂"等"零接触"通关模式，帮助企业量身定制通关方案，通过"现场+远程视频"实施车辆装卸、运输等环节全链条安全监管。充分利用边境海关会晤机制，及时协商疏解通关堵点，提供提前申报、预约查验等便利化措施，实现车辆即到即验即放。依托"区港联动"政策优势，为企业提供本地报关、转关直通等灵活选择，应对哈方口岸拥堵造成的商品车出口受阻问题。在公路口岸，开辟出口商品车专用通道，助力7.5万辆"中

▲2022年7月6日，霍尔果斯海关关员核对出口商品车信息　（王悦颖　摄）

国制造"商品车出口至"一带一路"共建国家（地区），同比增长162.2%，有效帮扶战略性新兴行业企业开拓亚欧市场。

【支持中欧班列发展】2022年，霍尔果斯海关积极服务畅通西向物流通道，推动"铁路快通""准轨换宽轨"等改革持续见效。不断深化铁路舱单系统运用，实现舱单数据实时核对、自动核放。与铁路部门对接"数字口岸"系统，实现出口班列"即时放行"，进口班列海关手续办理时间压缩40%。实行"五简"工作模式，依托"云服务"实现关铁企业务线上办理，企业在"单一窗口"提交舱单归并申请后，可实现足不出户、在线秒办。全年验放中欧（中亚）班列7068列，同比增长11.1%，班列通行数量居全国首位，通行线路增至76条。

【法治建设】2022年，霍尔果斯海关建成"全国法治宣传教育基地"主阵地，进一步丰富拓展"1+N"联动式普法阵地内容和方式，持续擦亮"法润民心"普法品牌。深化三项制度建设成效，紧扣"八五"普法要求和关键时间节点，深入企业、社区、扶贫村开展20余次法律宣讲，营造尊法学法守法用法浓厚氛围。建立"一把手"牵头召开案件审理委员会机制，全年会同法律顾问审议3起行政处罚案件和70份

民事合同，有效防范化解海关处罚决议和民事行为法律风险。聚焦行政执法源头、过程、结果3个关键环节，结合关区政务公开试点单位建设，优化执法公示、过程可回溯管理、重大执法决定审核等机制，提升全流程规范性。扎实开展"龙腾行动2022"，严厉打击侵权假冒违法行为，全年查办侵权案件28起，涉案货物2.7万件，全力营造公平正义的法治化营商环境。

【队伍建设】2022年，霍尔果斯海关坚持在疫情防控一线、改革攻坚一线和急难险重战线中考核、识别、选拔干部，营造争先创优良好氛围，19个集体、68名个人荣获县市级以上表彰，其中，1人获评全国"人民满意的公务员"。打造2个科室规范化建设"样板间"，完善"科室、科长、科员"3张责任清单、"周、月、季、年"4张任务清单，优化"科室管理、岗位规范"2项指引，推动基层管理单元更加规范。落实落细关心关爱措施，拓展"五小"工程功能，积极解决大病就医等16类关切问题，克服疫情影响按期推进宿舍楼维修改造，努力改善生活居住条件。发挥"自治区服务职工综合体试点单位"实效，依托"全国工会职工书屋示范点"、"全国工会职工书屋'优秀职工读书组织'"、文体协会等搭建多元交流平台，提升关警员业余生活品质，进一步营造凝心留人环境。

撰稿人

高　露

霍尔果斯国际边境合作中心海关

【概况】2006年9月15日，霍尔果斯国际边境合作中心海关（以下简称"合作中心海关"）经海关总署批复成立；2016年8月18日，合作中心海关正式开关对外办理业务。合作中心海关为口岸型海关，所管辖区域为中哈霍尔果斯国际边境合作中心中方区域和中方配套区（霍尔果斯综合保税区）。承担中哈霍尔果斯国际边境合作中心中方区域和霍尔果斯综合保税区区域内中方进出区运输工具、货物、物品及人员的征税、监管、缉私、出入境检验检疫、统计等工作。内设办公室（党委办公室）、人事政工监察科（党委组织宣传部）、综合业务科、监管科、查检一科、查检二科6个科室。人员编制60名，2022年实有在编干部54人。设党总支，下设6个党支部。

2022年，合作中心海关监管进出口货运量4.07万吨，同比增长60.19%；进出口贸易值24.78亿元，同比增长55.66%；监管综合保税区进出口货运量35.57万吨，同比增长663.48%。霍尔果斯综合保税区进出口贸易值234.37亿元，同比增长476.56%。2022年，获评"平安霍尔果斯杯"暨党的二十大维稳安保工作先进集体、节约型机关单位，合作中心海关团支部获评霍尔果斯市五四红旗团支部。

【学习宣传贯彻党的二十大精神】2022年，合作中心海关建立政治理论学习"长计划，短安排"工作机制。以"学"字为先，细化推进措施18项，完善"领学+研讨"学习模式，通过支部书记"讲"、个人自主"学"、交流研讨"悟"等方式，开展支部书记讲党课7次、学习研讨30余次。搭建线上线下"小舞台"，以"宣"字为要，设立党的"二十大精神学习园地"，公示优秀学习心得7份，报送学习宣传贯彻党的二十大精神微信稿3篇、工作专报1篇，获乌鲁木齐海关主要领导批示。组织干部电话联系帮扶对象，以"拉家常"方式开展宣讲10余次，联合霍尔果斯海关缉私分局开展党的二十大主题知识竞赛，营造"比学赶超"氛围。持续巩固"我为群众办实事"活动成效，解决干部群众困难诉求11件，完善"问题清零"机制，梳理辖区外贸企业"急难愁盼"问题7个，开展"送教上门"政策宣讲4次，持续推进合作中心及霍尔果斯综合保税区高质量发展，推动党的二十大精神落地见效。

【党的建设】2022年，合作中心海关积极推动全面从严治党主体责任落实落地，制订工作方案，抓好任务分解，细化6个方面19大项57小项75条措施，与乌鲁木齐海关党委第四派驻纪检组联合召开2次党风廉政建设形势分析会，形成"党委统一领导、党政齐抓共管、科室各负其责"的工作格局。科学运用监督执纪"四种形态"，及时消除倾向性、苗头性问题。深刻剖析合作中心海关近年来发生违法违纪案件，巩固"以案促改"整改成效，围绕"身边发生的案例，我从中得到什么教训和启示"等四个专题开展"以案促改"大讨论，深入查摆制度、机制建设方面存在的漏洞，建立问题台账、责任清单。完善规章制度11项，开展谈心谈话56人次。常态化落实党风廉政建设"五个一"，扎实开展警示教育月活动，组织学习违法违纪典型案例，集体观看《国门卫士岂容违纪破法》系列警示教育片，引导干部树立以清廉为荣、以贪腐为耻的思想观念。组织学习党章党规党纪60余次，参观党性教育基地5次，观看警示教育片19次。

【维护国门安全】2022年，合作中心海关持续做好国门生物安全监测及外来入侵物种防控。与地方政府建立联防联控机制，监测发现苹果蠹蛾、梨小食心虫等检疫性有害生物7种300余只，铲除野生大麻、曼陀罗等外来入侵物种自生苗1400余株。报送动植检舆情信息30篇，报送各类国门生物安全宣传稿件50余篇，被《中国国门时报》《中国海关》以及其他署级平台采用12篇。持续强化商品检验和食品安全，累计开展商品质量安全风险监测15批次，检出不合格出口商品7批次；开展食品安全"企业行""社区行"宣传活动7次，报送食品安全舆情信息85篇。持续强化综合治税安全，深入开展政策研究，充分利用关企联络群和关企座谈会等方式，结合企业实际精准推送"增值税一般纳税人""内销选择性征收关税"政策，"线上线下"双渠道开展政策宣传辅导，引导企业用足用好政策红利。2022年实征税款506.48万元，同比增长35.21%。

【打击"水客"走私】2022年，合作中心海关积极贯彻落实习近平总书记关于打击走私工作的重要指示批示精神，强化缉私部门、驻地政府机关部门、烟草局等跨部门协作，定期召开联席会议通报旅检现场通关情况，研讨交流打私模式、防范措施及成果巩固等关键信息。强化案件线索情报经营和大数据分析，加强"水客"走私态势掌控，严防"水客"走私反弹回潮风险。持续保持打击"水客"走私高压态

▲2022年8月26日，霍尔果斯国际边境合作中心海关关员在霍尔果斯综合保税区出口至哈萨克斯坦的货物中查获一批涉嫌侵权品牌运动鞋　（陈诚　摄）

势，加大毫米波、人体X光机等设备应用频次，对有身体绑藏夹带嫌疑的旅客运用科技设备进行检查，加强对"背包客"夹藏夹带行为的打击力度，及时查处走私行为，"水客"走私得到有效遏制。2022年，监管进出境人员79.38万人次，查验行李物品42.83万件，旅检渠道办理"一简一快"案件143起，其中走私行为案件128起，案值14.8万元。

【防范化解重大风险】2022年，合作中心海关认真对照总署"7+21"项及乌鲁木齐海关"15+32"项重大、系统性风险点，梳理排查25条风险隐患，制定51条整改措施，进一步提升风险防范意识，筑牢思想防线。不断完善安全生产管理机制，紧盯重点领域，完成涉及业务流程、内部管理、应急防控等3个方案、6项工作制度、5个规范性文件的修订工作。累计开展口岸卫生检疫等16个重点领域清单式大检查10次，视频巡查120余次，整改各类安全风险隐患16个。细化完善车辆安全、食堂卫生安全、消防安全等管理制度，严格执行周督查制度，办公生活区和监管作业场所更加安全稳定。全面落实"响应、呼应、反应"运行机制，强化同职能部门和地方政府的协调配合，确保应急响应机制始终处于激活状态，开展维稳安保应急演练4次，报送值班信息22篇，获领导批示2篇。

【服务发展】2022年，合作中心海关坚决贯彻落实海关总署、乌鲁木齐海关促进外贸保稳提质"10+16"项措施，监管服务进一步提质增效。全力支持外贸稳定增长，积极推进综合保税区绩效评估核心指标提升。持续优化口岸营商环境，积极落实减税降费措施，选择性征税试点扩大至8家企业，稳步推进通关便利化措施落地。协同霍尔果斯海关实施"转关直通"通关模式，为跨境电商货物和出口商品车搭建快速出口通道。全年累计监管跨境电商出口货物3.64万吨，货值22.56亿元，接受企业申报转关报关单2247票，总重3.58万吨，货值14.76亿元，出口货物通关时效压缩在0.4小时以内。

【队伍建设】2022年，合作中心海关坚持严管与厚爱并重、激励与约束并举，制定量化考核体系，发挥绩效考核指挥棒作用；细化奖励激励措施，完善职务职级晋升和评优评先工作方案，形成良性竞争，队伍管理建设不断完善。利用"学习强国""钉钉"等线上平台做好网上培训，组织开展"乌关讲堂"8期，组织参加各项岗位资质考试35人次，引导干部把心思用在干事创业上。成立青年理论学习小组与青年突击队，围绕年度重点工作和合作中心改革发展等主题，开展群团组织活动8次，鼓励青年干部参与集中工作、岗位轮训、以干促训，各项业务能力不断提升。4名同志获评关区优秀共青团干部和优秀共青团员，4名同志分别获评关区"舆情信息报送优秀人员""业务标兵""业务能手""巡察能手"，2名同志获关区通报表扬，1名同志获评霍尔果斯市民族团结进步模范个人。

撰稿人

符丽芸

伊宁海关

【概况】1950年6月5日，以伊犁专区税务局关税科为基础组建了中华人民共和国伊宁支关；1986年9月，伊宁分关改称伊宁海关。内设办公室（党委办公室）、人事政工监察科（党委组织宣传部）、综合业务科、监管科、查检科和稽核查科6个科室，下设独立法人事业单位伊宁海关技术中心。人员编制80名，2022年实有在编干部69人。设伊宁海关机关党委，8个党支部（含老干部党支部），党员人数90人。

2022年，伊宁海关完成出境货物检验检疫申请715批次、1.74亿元，同比增长41.82%；为辖区企业及医疗科研院所减免税74.79万元；完成各类检验检疫业务4448批，新冠病毒样本检测1882批。

【党的建设】2022年，伊宁海关严格落实"第一议题"制度，围绕习近平总书记重要指示批示精神和重要论述开展研讨交流200余次，撰写学习心得105篇；邀请专家开展专题辅导讲座，围绕践行总体国家安全观、促进高质量发展等内容，更加深入、系统、全面地学习领会党的二十大精神；充分利用"三会一课"、青年理论学习小组等载体，扎实开展研讨交流30余次，集中学习60余次，梳理汇总岗位政治要求39个。推进专项教育大讨论，报送"金点子"22个，主题征文、微课题14篇。牢牢压实主体责任，将意识形态工作与政治机关建设、党史学习教育、"四特"精神赋新能等活动有机结合，进一步提升意识形态领域工作成效。扎实开展"我为群众办实事"实践活动30项，以线上和线下相结合方式走访16户结对家庭。常态化开展党风廉政建设"5个1"，根据基层党建"五大活动"促进"双提升"工作要求，制定整改措施37项，细化完善相关制度16项。

【疫情防控】2022年，伊宁海关严格落实属地疫情防控要求，动态优化调整各项防控措施和工作方案，做好单位内部防控和人员管理、物资保障和实验室检测，定期进行督查和整改，切实将疫情防控工作部署落实落细。开展疫情防控培训15次，选派15人次先后支援霍尔果斯、合作中心、都拉塔口岸一线梯队工作。推动与伊宁市疫情防控指挥部、伊犁州邮政公司建立国际邮件现场联防联控机制。参加新冠检测能力验证和考核9次，顺利通过国家临检中心德尔塔变异株、奥密克戎变异株能力验证，获得海关总署"百名科长百日督查"工作组好评。

【服务发展】2022年，伊宁海关围绕海关总署、乌鲁木齐海关强化监管优化服务的工作要求，深入开展调查研究，从帮助企业纾困解难、支持跨境电商等方面，制定伊宁海关贯彻落实促进外贸保稳提质相关政策措施，全力服务外贸稳定增长。落实"放管服""多证合一"等改革要求，推广"企业直通车服务平台"，完善"问题清零"和"企呼关应"工作机制，针对辖区"白名单"和重点企业建立"一企一策"台账，全面缩减企业注册备案业务办理和检验检疫单证申领时限。2022年，伊宁海关辖区新增进出口货物收发货人194家，同比增长52.75%。新增报关企业131家，同比增长197.73%。签发各类原产地证书132份，申报出口2019年以来首批转关货物48吨。

【维护国门生物安全】2022年，伊宁海关积极推进动植物检疫防控能力提升示范口岸达标评选验收工作，成立专项工作领导小组，制订达标评选实施方案。制订年度国门生物安全监测与外来物种普查工作方案，布点29个，悬挂各类诱捕器140个。派员参加自治区"打击野生动植物违法犯罪专项行动""2022清风行动"专项联动指导工作，进一步筑牢国门安全防线。开展国门生物

▲2022年8月2日，伊宁海关关员在监管场所开展出口货物查验工作　（王艳菊　摄）

安全和食品安全进企业、进社区、进校园等系列活动，开展宣传培训9场次、发放宣传资料500余份。

【政策研究】2022年，伊宁海关参与署级课题1项、关级课题1项，上报征文、微课题等10余篇，上报全球贸易监测日报、国际形势要览等共15篇；参与撰写的有关新疆外贸分析的海关工作专报获自治区党委主要领导批示。参与《伊犁州直现代物流业发展"十四五"规划》编制。结合伊宁机场口岸迎接国家验收、伊宁保税物流中心封关运营等重点任务，向地方党委政府报送《服务伊犁州直外贸高质量发展》《全力推进近年首批"伊宁市—口岸"出口转关业务落地》等工作专报7篇，其中4篇获伊犁州党委领导批示并推动落实。

【检测技术支撑】2022年，伊宁海关技术中心开通"24小时绿色通道"，保证送检样品即到即检，最大限度缩短检测周期至3天以内。完成P2实验室改造升级和霍尔果斯口岸实验室搬迁，新开验40项检测项目；调配170余套（台）设备和3名人员常驻口岸，满足口岸进口大宗商品检测项目需求。申报海关总署科研项目4项、制标项目3项、自治区科技厅项目3项；申请实用新型专

利7项,发表科技论文6篇,与成都海关技术中心、四川大学合作的科研项目《跨境食品安全化学有害分子精准检测及控制创新和应用》获"2022年度中国商业联合会科学三等奖"。

撰稿人

阿衣左克兰木·买买提江

阿拉山口海关

【概况】1991年6月25日，阿拉山口海关筹备处成立；1995年11月18日，经海关总署批准阿拉山口海关正式成立。阿拉山口海关主要承担阿拉山口铁路口岸、公路口岸、博尔塔拉蒙古自治州区域内海关监管、征税、缉私、出入境检验检疫、统计等工作。内设办公室（党委办公室）、人事政工科（党委组织宣传部）、综合业务一科、综合业务二科、监管一科、监管二科、监管三科、监管四科、监管五科、查检一科、查检二科、查检三科、财务科、资产管理科、技术科15个科室；下设1个独立法人事业单位技术中心。

2022年，阿拉山口海关监管进出口岸货运量2352.5万吨，同比增长13.9%；贸易值3183.3亿元，同比增长4.3%；铁路运输工具1.7万列，同比增长10.8%；公路运输工具5.1万辆次，同比增长266.9%；管道运输1116万吨，同比增长1.1%。

【学习宣传贯彻党的二十大精神】2022年，阿拉山口海关围绕学习宣传贯彻党的二十大精神，持续强化政治机关建设。坚持用习近平新时代中国特色社会主义思想凝心铸魂，严格落实"第一议题"制度，发挥党委理论学习中心组带动作用。利用红色记忆馆、文化长廊、党员之家等党建阵地，积极营造学习党的二十大精神的浓厚氛围。持续开展以党的二十大精神为主线的全覆盖学习活动，创新方式方法，充分利用"学习强国""喜玛拉雅"等软件开展线上学习，灵活开展线上线下"小讨论、小辨析、小交流、小测验"等活动，并通过新媒体平台开展优秀学习成果展示活动，确保学习宣传贯彻党的二十大精神取得扎实成效。全年以"学习二十大、永远跟党走"等主题组织开展党团共建活动30余次，利用线下红色资源与地方开展共建28次，在微信公众号"金钥匙"发布稿件17篇、"疆海飞扬"发布稿件45篇，更新文化长廊展板28块、院内路灯灯牌32块。

【党的建设】2022年，阿拉山口海关以习近平新时代中国特色社会主义思想为指导，突出党建引领，扎实推进强化政治机关建设专项教育活动。制订《2022年机关党委工作计划》，细化重点任务21项，坚持"第一议题"制度，各支部组织学习201次，开设"微讲堂"13期，举办读书分享会8次，不断推动理论武装入脑入心、走深走实。完成机关党委、工会、团总支3个党群组织委员补选工作，指导14个党支部完成换届选举工作。制订党建品牌实体化创建计划，更新完善15个支部品牌，实现支部"一品牌、一特色、一工作法、一案例"全覆盖。1个党支部被海关总署复核通过党建示范品牌,1个党支部获评关区基层党建示范品牌,5个党支部新晋为A类支部,党支部战斗堡垒作用不断激发。深入开展警示教育活动,组织参加"清风国门"廉洁文化作品征集活动,2件作品获海关总署三等奖。

【疫情防控】2022年,阿拉山口海关严格落实海关总署、乌鲁木齐海关疫情防控工作要求,制订《阿拉山口海关新冠疫情环境监测预防性消毒方案》并开展采样工作,执行核酸采样指令344批。依托三级监控指挥中心实体化运行,健全"线上+线下"督查机制,开展视频督查1100余次,现场发现问题103项,均已整改完毕。87人次参加"一线、预备、应急"疫情防控梯队,同地方相关部门轮班全程盯控宽轨入境机头,全年开展盯控作业183轮次,截获禁止进境物品23批次。向阿拉山口市疫情防控指挥部提出意见建议并得到积极回应,常态开展现场巡查、科室自查35次,所有问题均已整改完毕。

【维护国门安全】2022年,阿拉山口海关深化全链条打私体系,夯实全员打私工作成效。扎实开展"国门利剑2022"专项行动,深入分析研判各季度进出口重点商品走私态势,全力推进打击象牙等濒危动植物及其制品、涉枪涉爆等走私犯罪活动。查发全国海关首起兴奋剂走私出境案件;"蓝天2021-9·6"专项行动摧毁一个伪报品名走私固体废物入境的犯罪网络,查获涉案固体废物4000余吨。从进境货物中截获有害生物109种7291种次,其中检疫性有害生物9种70种次。经实验室检测累计扣除进境管输原油杂质约6313.1吨,为企业节省采购成本2990.58万元。

【服务发展】2022年,阿拉山口海关巩固业务改革成果,服务企业保稳提质。加强业务运行监控,成立压缩通关时间工作小组,依托业务系统,建立流转台账,设置专人及时跟踪、协调、处置超长报关单。强化协同处置能力,建立"催报、催查、催提"机制。召开关铁座谈会,牵头理顺关铁作业流程,积极应对疫情影响,落实全天候预约通关制度,持续提高内部作业效率。设立服务咨询热线,制定线上办理"零接触"服务方式,制定企业备案操作指引8份,全流程跟踪指导企业准确填报。积极推动"两步申报+汇总征税"优惠政策,对于通关一体化业务,同步叠加"两步申报+提

▲2022年8月28日,阿拉山口海关查获涉嫌侵权球类和手表 (石钰涵 摄)

前申报"两项通关便利措施，进一步压缩整体通关时间，推进优化口岸营商环境。2022年，阿拉山口口岸现场进出口整体通关时间分别为16.39小时和0.08小时，同比分别压缩44.8%和86.4%。

【支持中欧班列发展】2022年，阿拉山口海关发挥通道优势，助力中欧班列高效通行。实施中欧班列24小时预约通关制度，推动打造"班列+运邮""班列+跨境电商"模式，持续加强与班列沿线海关协作配合。落实落细服务举措，全面简化申报内容，推动"铁路快通""境外换装"等模式实现便利化通关。运用数字化信息系统实现海关与铁路部门信息交互数字化作业，建立健全联系配合机制，畅通口岸海关与属地海关及边检、铁路等部门的联络沟通，实现智能化监管，保障进出境班列高效通关，为满足"一带一路"共建国家（地区）贸易往来持续发挥战略通道作用。全年监管中欧班列6211列、58.41万标箱，同比分别增长6.2%、5.4%（见表7-1）。口岸通行班列线路新增32条，累计线路达到98条，覆盖19个国家及国内25个省、自治区和直辖市。

表7-1 2019—2022年经阿拉山口口岸通行中欧班列情况

年度	进出口		进口		出口	
	数量（列）	同比（%）	数量（列）	同比（%）	数量（列）	同比（%）
2019	3545	17.93	1459	27.65	2086	11.97
2020	5027	41.81	1993	36.60	3034	45.45
2021	5848	16.33	2501	25.49	3347	10.32
2022	6211	6.2	2462	-1.55	3749	12.01

【支持跨境电商发展】2022年，阿拉山口海关精准发力优化服务，助力跨境电商产业高质量发展。持续推行"清单核放、汇总统计"简化申报模式，搭建跨境电商"绿色通道"，实行跨境电商货物出口24小时预约通关模式。优化审单、监管、查验等通关各环节流程，充分发挥机检精准定位优势，确保跨境电商物流畅通。持续完善"中欧班列+跨境电商""跨境电商+TIR"模式，为跨境电商运输开辟快速通道，促使贸易新业态与物流新方式有机结合，进一步提升跨境电商物流效能。充分释放跨境电商综试区政策优势，帮助企业完成跨境电商简化申报备案，引导企业用好用足跨境电商优惠政策。全年监管验放跨境电商出口包裹货值约5.06亿元，同比增长73.29%。

【进口铜精矿监管模式创新】2022年，阿拉山口海关坚持"监管+服务"同向发力，推动进口铜精矿高效通关。打造严密"境外风险预判+口岸精准布控+现场快速排查"体系，综合运用辐射监测设施，强化铜精矿质量安全风险预警，根据风险级别分类制订"一品、一策、一查"查检方案。加强与铁路部门信息共享，有效提升货运堆场周转能力，设置进口铜精矿便捷通道，制定针对性监管方案，确保原料快速投产。与兰州海关完成全国首票铁路运输进口铜精矿监管通关模式试点工作,进口铁路运输铜精矿从入境到投入使用时间由18天压缩至9天,支持铜精矿产业链发展。

【队伍建设】2022年,阿拉山口海关健全保障机制,注重人文关怀。制订《关心爱护疫情防控一线人员长效机制方案》,细化关心关爱措施5大类23项,提出调研关爱改进措施6条,视频连线30余次,提出14条工作建议,解决问题18项。制定《纪律作风建设教育整顿活动整改清单》,常态化开展内务规范督察。拥有各类资质人员489人次,同比增长21%;参加各类岗位练兵人员218人次,创新组织"阿关微课堂"11期,锻造过硬边关队伍。

撰稿人

吴南仕

塔城海关

【概况】塔城海关始建于1944年，1950年重新组建，定名为塔城分关，1985年正式定名为塔城海关。塔城海关承担塔城地区"四县一市"（塔城市、额敏县、托里县、裕民县、和布克赛尔蒙古自治县）、兵团第九师内进出境运输工具、货物、物品及人员的征税、监管、缉私、出入境检验检疫、统计等工作。内设办公室（党委办公室）、人事政工科（党委组织宣传部）、综合业务科、监管科、查检一科、查检二科、查检三科7个科室。人员编制65名，2022年实有在编干部58人。设机关党委，下设8个党支部（含1个老干部党支部）。

辖区巴克图口岸是全疆首批对外通商口岸，有260多年通商历史。2013年12月23日开通的中国巴克图—哈萨克斯坦巴克特农产品快速通关"绿色通道"，为我国第一个农产品快速通关"绿色通道"。2018年8月，巴克图口岸被确定为全疆首批边民互市贸易转型发展试点口岸。2019年6月18日，巴克图中哈边民互市区正式运营。2020年12月7日，国务院批复设立新疆塔城重点开发开放试验区。2022年，塔城海关监管进出口货物32.2万吨、货值155.7亿元，同比分别增长59.1%、30.1%；监管进出境车辆3.12万辆次，同比增长42.3%。

【学习宣传贯彻党的二十大精神】2022年，塔城海关深入学习宣传贯彻党的二十大精神，开设学习专栏，搭建党员干部群众学习宣传贯彻二十大精神平台，定期刊发工作信息简报、文件讲话内容、图片新闻、学习心得体会，展示学习贯彻做法和成果。联合巴克图口岸联检单位开展"百年口岸党旗红"党建示范区创建活动，开展抗疫故事主题宣讲会、学习研讨会，丰富学习活动形式。开展党委会、中心组学习、各支部学习研讨15次，党委书记带头讲党课，开展专题党课活动11次，撰写心得体会60余篇。

【党的建设】2022年，塔城海关开展捍卫"两个确立"、做到"两个维护"、强化政治机关建设专项教育活动。组织开展"第一议题"学习70余次，明确党委班子成员"一岗双责"，落实党委班子成员联系点指导支部工作制度，推进基层党建"五大活动"促进"双提升"工作，确保"专项教育"活动按照既定安排部署和方向推进。查摆问题，梳理34个岗位职责蕴含政治要求81项。用好本地红色资源，与外部单位开展联学联建，开展党建交流、参观学习、爱国主义教育等活动15余场。推进党风廉政经常性教育"五个一"举措，组织开展纪法教育、警示教育，增强纪律规矩意识。

【海关监管】2022年，塔城海关落实进境运输工具、货物、物品"3个100%"机检查验要求，做好安全准入、预警提示工作。首次查获夹藏管制刀具60把，查获申报不实出口机织布26.93万米，案值258.46万元，查获危险化学品硫脲34吨。开展"国门绿盾2022"行动，首次查获濒危管制类国家重点保护二级野生植物榉木制品159千克，巴克图口岸被确定为关区动植物检疫防控能力提升示范口岸。开展"口岸危险品综合治理"百日专项行动，开展双随机巡查及日常巡库295次，安全生产专项巡查116次，查发1440罐3类危险货物压力容器包装除臭香芬违规存放危险货物情事。

【疫情防控】2022年，塔城海关落实习近平总书记关于疫情防控的指示批示精神，筑牢"外防输入""内防倒灌"屏障，抓好疫情防控工作。成立"挑毛病专家组"，用好三级监控指挥中心，采取"常规督查+专项检查+常态抽查"相结合的方式，开展各封闭场所卫生检疫区设置、个人安全防护监督、内部疫情防控检查等。

▲2022年8月16日，塔城海关关员查获一批违规存放危险化学品　（肖新南　摄）

建立个人安全防护监督台账，开展11次梯队培训，岗位练兵1次。做好"百名科长百日督查""国庆前后疫情防控督查"迎检工作，针对提出问题已做到立行立改，并梳理形成台账，对发现问题项及时回头看，落实整改效果。做好常态化内部疫情防控，建立疫情内部防控台账，全年坚持"日报告、零报告"制度，发布内部疫情防控通知18个，修订完善内部疫情防控处置预案，组织开展演练2轮，实现"疫情零输入"目标。

【服务发展】2022年，塔城海关积极支持新疆塔城重点开发开放试验区建设，走访建设施工现场、产业链重点企业，组织开展企业座谈会3次，解答企业疑难问题34项，向地方提出意见建议7条。持续做好风电设备中转出口工作，采取"吊装+甩挂"模式，确保69米长风电叶片顺利通关，全年出口大型风电机械设备561批次。制定塔城海关外贸保稳提质推进落实14方面32项重点任务，加强窗口建设，向企业提供政策辅导32次，获地方政府感谢信4封、企业感谢信4封，塔城海关报关厅获评一星级全国青年文明号集体。推动边民互市转型发展工作。参加地方互市复市推进会26次，全程参与海关总署统一版边民互市系统测试，形成测试报告2份，测试用例24个，在全疆率先应用海关总署边民互市贸易管理系统开展落地加工"整进整出"实单测试,实现地方平台和海关总署系统的全流程对接融合,累计测试33票,重量725.85吨,货值236.95万元,全年新增监管作业场所面积17784平方米。推进新疆自由贸易试验区塔城片区申建,提交自由贸易试验区复制清单建议3条。

【后勤服务保障】2022年,塔城海关规范后勤管理,上线点餐系统,按需备餐,杜绝餐饮浪费,增加菜品、外卖种类,供应餐食3.96万人份。打造节约环保、绿色低碳的办公环境,获评国家"节约型机关"称号。维修更新办公区域地下老旧供暖管道,新建外墙保温726平方米,维修屋面破损675平方米,处理5台(套)消防设施故障,协调完成地下管网改造维修等5个项目维修改造。关心关爱一线人员,做好日常物资和药品保障,开展"送温暖""送清凉"活动,慰问9批111人次。

撰稿人

郭一兰

吉木乃海关

【概况】1995年7月5日，阿勒泰海关驻吉木乃办事处成立，为阿勒泰海关正科级内设机构；2011年12月23日升格为副处级；2018年12月14日，海关总署批复成立吉木乃海关，级别为正处级；2019年3月26日，吉木乃海关正式挂牌。吉木乃海关承担吉木乃口岸及吉木乃县、布尔津县、哈巴河县区域内海关监管、征税、缉私、出入境检验检疫、统计等工作。内设办公室（党委组织宣传部）、综合业务科、监管科、查检科4个科室。人员编制39人，2022年实有在编干部34人。设党总支，下设4个党支部，党员19人，占总人数的55.88%。

2022年2月15日，吉木乃口岸恢复出口货运通关，5月7日，恢复进口货运通关。全年监管进出口货物15.74万吨，贸易额45.56亿元，监管运输工具1.26万辆次，征收税款1215.57万元。

【学习宣传贯彻党的二十大精神】2022年，吉木乃海关坚持深入学习宣传贯彻党的二十大精神，研究制订《中共吉木乃海关委员会学习宣传贯彻党的二十大精神工作方案》，建立任务台账，清单式推进各项任务落实落地。深化学思践悟，以"领导干部专题学、广大党员全员学、线上线下覆盖学、青年干部创新学、交流思想研讨学"的"五学"模式，全面学习党的二十大精神。党委书记带头讲党课，党委委员到所在支部宣讲党的二十大精神，开设学习交流专栏，组织全体党员干部围绕所学内容撰写学习心得，促进学习效果提升。坚持理论联系实践，针对当前在党的建设、业务改革攻坚、队伍建设等方面面临的重点难点热点，安排相应的学习内容，不断从党的二十大精神中汲取智慧力量，带领全体党员将党的二十大精神学习所思所悟所得应用到实际工作中去。

【党的建设】2022年，吉木乃海关坚持发挥党委领学促学作用，通过党委会、理论中心组学习会强化学习研讨，运用书记领学、支部统学、小组研学、联学联建等形式推动深学细悟。巩固深化"第一议题"制度，及时跟进学习习近平总书记最新重要讲话和重要指示批示精神。以政治机关专项教育活动为契机，全面梳理工作岗位中蕴含的政治要求、政治责任，做到执行落实不偏向、不变通、不走样，切实把讲政治从外部要求转化为内在主动。持续加强"强基提质工程"，严格落实"三会一课""党支部书记活动日"等制度，13名党员主动请缨参加封闭区梯队工作，形成有力示范带动效应。年内开展党建知识竞赛

2次，关领导及支部书记讲党课16次，完成预备党员转正1名，新增A类支部1个，切实把党建成果转化成实际工作成效。纵深推进全面从严治党，坚持将党风廉政建设和反腐败工作贯穿始终，持之以恒正风肃纪，持续引导党员干部严守纪律底线。扎实开展"海关重点项目和财物管理以权谋私"专项整治工作，组织纪法和警示教育34次，着力营造风清气正的政治生态。

【疫情防控】2022年，吉木乃海关坚决守牢外防输入关口，健全联防联控工作机制，统筹调配人力资源，从严做好安全防护，强化日常考核，积极发挥"挑毛病"专家组监督作用，确保规定动作不走样，全年99人次参与封闭区作业，平均作业时长117天，最长达217天，16人获得海关总署疫情防控工作表彰，切实筑起疫情防控坚实防线。落细关心关爱，领导班子成员接续走进口岸封闭区，与一线关员同吃同住同工作，现场解决"急难愁盼"问题。定期慰问并了解干部队伍思想动态，配备洗衣机、电冰箱、微波炉、防寒衣物及降温物品，最大限度提供工作生活便利，让梯队人员卸下包袱、轻装上阵。选派1人担任上海海关学院辅导员，在上海出现疫情期间主动承担院校应急处置、核酸异常师生转运等工作，为学院疫情防控工作作出贡献。

【维护国门安全】2022年，吉木乃海关全面强化正面监管，提高监管效能，加大查缉力度，严厉打击出入境环节各类违法行为。认真开展"口岸危险品综合治理"百日专项行动，查发监管区违规存放危险货物2批、19.9吨、货值18.9万元；及时对监管场所负责人约谈，督促企业切实履行安全生产主体责任。常态化做好葵花籽转关调运工作，做到监管无缝衔接，确保进境粮食作物闭环管理，全年完成69批次葵花籽调运工作，其中从吉木乃口岸进口743.67吨，从阿拉山口、霍尔果斯口岸分别进口3612.5吨和208吨。持续做好"多病同防"，深化口岸公共卫生核心能力建设，完善国门安全防控工作机制，定期开展病媒生物及外来有害生物监测，及时掌握疫情发生动态，年内开展蚊、蜱及鼠类监测17次，实蝇、杂草监测12次，组织铲除葵花籽自生苗700余株、野生大麻植物4000余株。

【服务发展】2022年，吉木乃海关发挥口岸区位优势，服务地方农牧业发展，成立专项工作小组，按照"一商品一方案"原则，优化监管流程，引导企业用好用足海关政策。年内累计进口饲草18.67吨、货值3.33万元；进口冷冻食品14批次290.43吨、货值814.45万元，主要为冻牛肉、冻鸡爪和冻鱼，成为关区第二个进口冷链食品的口岸。持续压缩货物整体通关时间，积极主动与企业、地方联防联控机制沟通协调，确保海关查检、取送样等环节高效顺畅。2022年，进口通关时间29.04小时，出口通关时间0.23小时，较前三年均有大幅压缩。

全力促进边民互市做好运营准备，吉木乃海关协同地方政府完善监管场所设施，组织相关部门开展边民互市贸易管理系统远程培训，提升业务人员实操能力，为下一步封关运营打下基础。积极培育新的贸易增长点，实行"7×24小时"预约通关和提前申报工作机制，通过"界桥交接"模式确保全过程不见面、零接触，保障商品车出口顺畅，年内出口商品车6534辆次，创口岸通

▲2022年3月3日，吉木乃海关关员克服恶劣天气保障通关顺畅 （黄成 摄）

关以来新高。为天然气进口保驾护航，加强与哈方海关合作交流，协作开展计量站数据读取工作，保障北疆地区生产生活用气。加强与地方政府、口岸联检单位及企业之间沟通交流，深化协作配合，共同促进地方经济稳步发展，年内召开关地企座谈8次。

【队伍建设】2022年，吉木乃海关聚焦严管厚爱，坚持从疫情防控、"访惠聚"驻村等急难险重岗位培养和选用干部，树立良好用人导向，激发队伍想干事能干事干成事的热情。加强业务培训，全方位搭建学习交流平台，让业务骨干走上讲台，教方法、谈认识、传经验，实现以讲促学、以学促专、以专促精，不断提升业务能力，年内12人取得出口危险货物包装检验等专业资质，1人入围全国海关进出口危险品及其包装"一战到底"决赛。发挥群团作用，进一步加强工会、团支部、妇委会等群团组织建设，发挥群团组织联系干部群众的桥梁纽带作用，充分调动青、妇、老干等各方面力量，营造岗位建功、齐争共创的氛围。打造"温馨家园"，利用院落空地，动员干部职工共同开垦，耕种菜地，让干部职工吃上绿色无公害的时令蔬菜；种植各类树木，营造"植绿、爱绿、护绿"的良好氛围，让一线关员增强归属感和幸福感。

撰稿人

阿勒米热·瓦黑提

阿勒泰海关

【概况】1993年4月，乌鲁木齐海关阿勒泰监管组成立；1994年10月，阿勒泰海关筹备处成立；1998年6月，海关总署批复阿勒泰海关建关，同年7月28日，阿勒泰海关正式挂牌成立，定位为偏口岸综合型海关，所辖塔克什肯和红山嘴2个一类对蒙古国开放口岸。承担阿勒泰市、福海县、富蕴县、青河县、第十师北屯市、塔克什肯口岸和红山嘴口岸海关监管、征税、缉私、出入境检验检疫、统计等工作。内设办公室（党委办公室）、人事政工科（党委组织宣传部）、综合业务科、监管科、查检科、技术科6个科室；下设一个副处级机构驻塔克什肯办事处，内设综合业务科、监管科、查检科3个科室。人员编制75人，2022年实有在编干部68人。设机关党委，下设7个党支部。

2022年，阿勒泰海关监管进出口货物230.18万吨，进出口总值29.19亿元，同比分别增长110%、298%。其中，进口货物221.3万吨、货值18.05亿元，同比分别增长103%、186%；监管出口货物8.88万吨、货值11.15亿元，同比分别增长1106%、1000%；监管进出境车辆6.67万辆次。

【学习宣传贯彻党的二十大精神】2022年，阿勒泰海关坚持把学习贯彻党的二十大精神作为首要政治任务，与巩固党史学习教育成果结合起来，制订学习宣传贯彻党的二十大精神工作方案，形成7项重点工作，用好"三级联学"机制，组织开展各类集中学习研讨16次，开展党的二十大精神线上知识竞赛5次，组织"二十大精神我来讲"主题宣讲活动4期，征集党的二十大精神学习心得60余篇。坚持理论学习，开展党委理论中心组学习16次，各支部集中学习百余次、专题研讨24次、专题辅导4次。坚持深挖细查，在"知行合一"上找差距，制定《阿勒泰海关专项教育问题清单》。深化"我为群众办实事"实践活动，回应企业诉求13项。探索"一支部一项目"工作机制，申报"品牌+"项目6个，党建品牌"锐眼"通过全国海关党建示范品牌复核。28名党员带头参加梯队轮换，监管进出境货物216.5万吨，14名党员深入社区参加抗疫志愿服务61天，支部战斗堡垒作用和党员模范带头作用得以有效发挥。

【维护国门安全】2022年，阿勒泰海关有序推进"国门利剑"专项行动，保持对涉枪涉毒、象牙等濒危物种及其制品、"洋垃圾"、重点涉税商品、农产品、冻品等走私的高压严打态势。办理刑事案件2起，均为走私普通货物案件，案值631.2万元，涉税90.8万元；查办行政一般案件1起，立案案值4.16万元；办理行政案件11起，案值324.16万元。开展"口岸危险品综合治理"百日专项行动，开展危险品超资质存储专项排查百余次；查发危化品涉检案件2起，涉案重量70.48吨、金额50.94万元，查发违规存放危险货物1批，3篇典型案例被总署采用。

2022年，阿勒泰海关开展外来入侵物种实地勘查35次，监测铲除野生大麻350余株，发现苹果蠹蛾、沙棘绕实蝇、原野菟丝子等有害生物十余种。开展进境粮食加工企业周围疫情监测2次，发现撒漏粮5处、自生苗3处，发现检疫性有害生物2批次。指定专人搜集上报舆情信息，海关总署采编动植物舆情信息118篇、食品安全信息（FSI）34篇。

【支持资源性产品进口】2022年，阿勒泰海关结合新疆炼焦煤资源紧缺的特点，协助地方政府实现进口焦煤落地加工。推进海关政策支持措施和规划研究，对进口焦煤实行"舱单归并"申报模式，推行"驻库监管"，实施"预约查验"，提升通关效率，完成220万吨进口焦煤监管任务。落实煤炭进口"零关税"政策，累计减免税款4300余万元。落实实验室就近检测，实现随进随报、随报随检，并按照总署"降低原煤取样送检比例"规定，将煤炭取样送检率由100%降至56.6%左右。

【服务发展】2022年，阿勒泰海关靠前站位，针对海关监管作业场地布局、无害化检疫处理设施、办公设备配备等方面存在的问题提出4项优化建议并积极推进整改落实，确保设施设备建设规范、合理。落实"五分五联"工作机制，优化"甩挂运输"通关模式，协调增加塔克什肯口岸开关天数、延长口岸通关时间，加班加点力促货运量稳步提升。围绕地区外向型经济发展各项工作部署，积极谋划、主动作为，扎实推进各项工作稳中提质，完成自治区外贸"双超"工作目标。积极对接乌鲁木齐海关职能部门，完善配套基础性工作，确保边民互市海关监管作业场所（场地）软硬件设施正常调试运行。积极与地方政府等开展交流座谈，就检疫准入、备案资质等问题答疑解惑，为口岸边民互市贸易有序开展疏通堵点、解决难点。

【法治建设】2022年，阿勒泰海关党委班子多形式开展以习近平法治思想为引领的社会主义法律制度体系等普法工作，因地制宜推进"三项制度"扎实落地，开展"线上+线下送法进企业"活动10次。观看

▲2022年8月4日，阿勒泰海关关员发现外来入侵物种原野菟丝子　（李文嫣　摄）

直播庭审活动2次，发布微信稿件2篇、外宣新闻13篇，其中多篇新闻稿件被《中国国门时报》《法治日报》等媒体采用。

撰稿人

贾丽·赛兰别克

哈密海关

【概况】哈密海关筹备处于2014年11月经海关总署批准，2015年1月13日组建。2017年1月22日，哈密海关正式挂牌成立，为正处级隶属海关，负责哈密市及老爷庙口岸进出境监管、征税、缉私、出入境检验检疫、统计等工作，为口岸型海关。内设办公室（党委组织宣传部）、综合业务科、监管科、查检科4个科室，人员编制36名，2022年实有在编干部30人。设立党总支1个，党支部4个，有党员20人。

所辖老爷庙口岸位于新疆哈密市巴里坤哈萨克自治县三塘湖镇，与蒙古国戈壁阿尔泰省相邻，对面为蒙古国布尔嘎斯台口岸。2017年9月，老爷庙口岸扩大开放顺利通过国家口岸办验收，实现全年开放。2022年，老爷庙口岸是全疆重要的进口大宗矿产品资源通道。哈密海关全年监管货运量86.79万吨，货值9554.58万美元。其中，进口货运量86.61万吨，货值9307.46万美元，全部为蒙古国铁矿砂；出口货运量1835.00吨，货值247.12万美元，主要出口商品为牵引车、半挂车、建筑材料、电力等。

【学习宣传贯彻党的二十大精神】2022年，哈密海关在党的二十大召开后第一时间制订学习方案，严格落实"第一议题"制度，以党委理论学习中心组、"三会一课"、"晨会一刻"等形式广泛组织学习研讨，撰写心得体会20余篇，迅速掀起学习党的二十大精神热潮。鼓励党员干部、青年关员轮流上讲台，开展"党的二十大精神我来讲"大讲堂5期，立足岗位实际，结合学习精神，畅谈新思路新体会，学习体会被哈密电视台《新闻联播》栏目报道2次，在《哈密日报》等主流媒体刊发宣传稿件16篇。坚持以理论促实干提质效，与洛阳海关开展联学联建，着力做好口岸疫情防控、提升监管查验效能、防范化解重大风险等各项工作落实，持续深化企业协调员"一对一"帮扶行动，主动靠前服务，助力地产农产品、环保燃料出口，推进打击固体废物走私、筑牢口岸检疫防线、优化口岸营商环境等重要工作，切实将学习成果转化为做好本职工作、促进外贸保稳提质的务实举措。

【维护国门安全】2022年，哈密海关积极开展国门生物安全监测工作，与自治区农业农村厅哈密植物检疫工作站深度合作，共同完成对辖区地中海实蝇、橘小实蝇、瓜实蝇、葡萄花翅小卷蛾、梨火疫病的监测，全年开展监测57次，未发现相关植物疫病疫情。加强联系协作，同乌鲁木齐海关外来入侵物种普查技术指导小组共同在老爷庙口岸及周边区域开展外来入侵物种普查工作。扎实开展病媒有害生物监测，捕获啮齿类动物4种31只，剥离蜱6只，蚤31只，检出大沙鼠巴尔通体阳性2例。

【出口危险化学品监管】2022年，哈密海关紧扣大力促进辖区危化品出口产业发展政策，鼓励辖区危化品企业以"出厂前检验"方式办理出口前产地检验手续，做好纾困解难工作。开展出口危险化学品包装使用鉴定27批次，出口危险化学品现场查验及合格评定10批次，总货值365.19万元，出口种类主要为乐果农药、二甲基二硫、可发性聚苯乙烯，受到出口企业和地方政府广泛好评。进一步强化进出口危险货物及其包装检验岗位资质管理，27人取得进出口危险货物及其包装检验岗位资质，占比超过90%。

【服务发展】2022年，哈密海关坚决推动哈密开放型经济高质量发展，以辖区进出口企业需求为出发点，宣贯RCEP等原产地自助打印、高级认证企业便利措施、两步申报、汇总征税等措施，引导企业用足用好优惠政策，全力支持企业积极拓展共建"一带一路"国家（地区）和RCEP贸易伙伴等新兴市场。向市政府提出11项支持外向型经济发展思路举措，报送哈密市外贸分析专报3篇，获得哈密市委主要领导肯定和支持。落实海关总署乌鲁木齐海关促进外贸保稳提质"10+16"项措施，持续压缩口岸整体通关时间，指导辖区首家外贸企业取得海关AEO高级认证，两家本地企业首次实现地产危险品出口，丰富了哈密市外向型经济发展结构。签发首份RCEP原产地证书，签发其他各类出口原产地证书91份，其中企业自助打印88份，占比超过96%；培育2家农产品合作社完成出境水果果园注册登记，助力380吨地产哈密瓜出口越南。建立关企"一对一"帮扶机制，解决困难诉求9个，受理政务服务"好差评"评价事项4件，五星好评率100%。

▲2022年8月5日，哈密海关关员对出口危化品进行查验　（朱虹熹　摄）

【安全生产】2022年，哈密海关巩固安全生产专项整治三年行动成果，建立"吹哨人"预警机制，开展口岸安全生产知识宣贯，定期对口岸4家监管作业场所和1家保税监管场所的12项关键环节开展"双随机"巡查，并依法主动公开巡查结果，移交地方1个安全生产隐患，建立健全每日视频巡库记录，压紧压实监管作业场所运营企业的主体责任，向辖区监管场所经营单位发放《安全生产责任书》12份。进一步规范实验室管理，狠抓实验室安全，迎接技术中心视频连线检查3次，哈密市治安大队检查12次，管理成效获得地方检查组肯定。

【队伍建设】2022年，哈密海关不断激励干部担当作为，结合干部特点制定具体培养措施，强化实践锻炼，建立"师徒结对"机制，坚持用精兵带新兵，定期开展学习研讨和岗位练兵，撰写的关级课题分别获得关区一等奖、二等奖，10余篇稿件被"金钥匙"和"疆海飞扬"平台采用，20余篇情况交流、简报、微视频被海关总署及乌鲁木齐海关政工办采用，10余篇信息被新疆电视台、《哈密日报》采用，获评"五小"群众性优秀创新成果2项。加强关注关员思想动态，严格监督管理，将准军事化纪律部队建设与各项工作同谋划、同检查、同考核。扎实推进"党风廉政教育月""内务规范强化月"等专项活动，坚持抓早抓小、防微杜渐，通过多途径警示教育不断教育引导青年干部时刻绷紧纪律这根弦，坚决防止发生以权谋私、以案谋私、跑风漏气、执纪违纪等问题发生。注重青年干部信念建设，依托"智慧团建"系统、主题团日活动、全国青年文明号复号等工作，激发青年干部主动担当作为的积极性。一星级全国青年文明号复号成功，团支部被乌鲁木齐海关团工委评为"五星级团支部"，2名同志被评为"优秀共青团干部"，3名同志被评为"优秀共青团员"。

撰稿人

叶 翔

石河子海关

【概况】2013年11月20日，石河子海关正式成立，行政级别为正处级。石河子海关是偏属地综合型海关，承担兵团第八师石河子市、克拉玛依市（含独山子区）、奎屯市、乌苏市、兵团第七师胡杨河市、沙湾市和玛纳斯县区域内进出境运输工具、货物、物品及人员的征税、监管、缉私、出入境检验检疫、统计等工作。内设办公室（党委组织宣传部）、综合业务科、监管科、查检科4个科室。人员编制38名，2022年实有在编干部28名。设立党总支，下设5个党支部，党员22人。

2022年，石河子海关监管进出口货运量21.07万吨，贸易额15.58亿元，同比分别增长86.96%、45.96%。办理检验检疫通关业务9034份，同比增长110%。年内，石河子海关获评自治区"民族团结一家亲"先进集体、兵团民族团结进步示范单位、兵团七五普法先进单位荣誉称号，卡依沙尔同志获自治区"民族团结一家亲"先进个人荣誉称号。

【学习宣传贯彻党的二十大精神】2022年，石河子海关坚持党委带头、支部发力、党员先行"三级联动"推进党的二十大精神走深走实。研究制订《中共石河子海关委员会学习宣传贯彻党的二十大精神工作方案》，明确21项工作任务，依托党委会、党委理论学习中心组、青年理论学习小组等开展集中学习20余次，研讨交流12次，党委班子成员带头讲专题党课9次。聚焦落实"12个必"重点任务和"38个深入思考"，撰写心得体会、理论文章40余篇。班子成员通过走访地方党政、一线跟班作业、关企座谈会等宣讲党的二十大精神，了解政府、企业发展诉求，解决企业实际困难45个。

【党的建设】2022年，石河子海关深化"第一议题"制度，聚焦习近平总书记关注的疫情防控、安全生产等重点，建立督办事项50余件，以钉钉子精神抓好贯彻落实。强化政治建设，统筹开展政治机关专项教育和"学查改"专项工作，梳理岗位政治要求31项，查摆问题18个，制定整改措施44条。抓实解放思想大讨论和"四特"精神赋新能活动，研讨成果得到深化应用。聚焦"军垦金钥匙"党建服务品牌提档升级，推进党建业务深度融合，召开党建工作推进会8次，抓严组织生活规范，实现基层党建"双提升"。

【维护国门安全】2022年，石河子海关精准有效抓实疫情防控，动态完善应急预案和防控措施30余条，落实"研判+执行+检查+反馈+评估"工作闭环，得到海关总署"双百"督查组肯定，经验做法在关区推广交流。协同高效落实"口岸危险品综合治理",构建综合治理机制,提升属地检测能力,新开验丁酮等3种危险化学品。检验出口危险化学品16.02万吨。强化"事前核查、事中检查、事后监督",提升属地查检工作质效。

【服务发展】2022年,石河子海关推动石河子市、克拉玛依市两地关地合作备忘录走深走实。紧密结合天山北坡经济带开放型经济发展实际,找准结合点、切入点、着力点,持续推进辖区监管场所优化布局。深化促进外贸保稳提质"10+16"条措施落实,召开保税航油等政策宣介会43次,建立"收集记录—协调跟进—反馈销账"问题清零工作台账,健全关企联络员机制,指导企业通过直通车服务平台反映困难诉求,帮助解决通关难题43个。落实减税降费政策,实现减免税业务"无中生有",为企业减免税款1592.35万元。打造特色政研品牌,全年参与撰写26篇海关要情及工作专报,充分发挥政研工作对高质量发展的决策辅助作用。

【RCEP原产地签证管理】2022年,石河子海关成立RCEP工作专班,设立"RCEP服务专窗",联合商务、贸促会等部门开展专题培训、政策宣贯等20余次。制定签证主体"一对一"帮扶方案,运用"云擎"平台,摸清出口货物在RCEP成员中的贸易底数,指导企业新增备案产品。通过电话、调查问卷、关企互动群开展效果跟踪评估,解决企业应用诉求200余次,引导企业规避退证风险。2022年原产地签证业务"有中生优",签证量增长63.3倍。签发RCEP原产地证书156份,占关区总数七成,辅导企业获得全疆唯一RCEP项下"经核准出口商"资格。

【支持中欧班列发展】2022年,石河子海关组织工作专班,建立"一站式"服务快平台,结合企业特点量身定制监管方案,高效对接班列归并审核、查验等环节。与口岸海关及时沟通协调通关环节运抵异常、放行数据传输异常等问题,实现"一次申报、全程无忧"。建立"企呼关应"工作机制,确保企业诉求实时应答,解决"铁路快通"中欧班列出口的实际监管难点。持续优化物流监管软环境,境内段物流效率提升80%。2月26日,石河子海关辖区首趟出境"铁路快通"中欧班列成功从奎屯市发运,主要商品为地产番茄酱。7月28日,八师石河子市首趟出境"铁路快通"中欧班列成功发运,主要商品为聚氯乙烯树脂。2022年辖区申报办理出境"铁路快通"模式

▲2022年2月24日,石河子海关关员现场查验即将发运至俄罗斯的地产番茄酱(王雨慈 摄)

舱单2771票，占关区出境"铁路快通"模式舱单总量的82.03%，累计货运量5.37万吨、货值4.32亿元。

【队伍建设】2022年，石河子海关持续强化意识形态教育，落实"一研判、一报告、四强化"工作机制，突出统筹"网上网下"两条战线，守牢舆论主阵地。充分利用"4·15"全民国家安全教育日、"4·26"世界知识产权日、全国食品安全宣传周等重要时间节点开展法制宣传教育，提升普法整体效能。树立选人用人鲜明导向，突出"实干、实绩"，在疫情防控等急难险重任务中精准识别和评价干部，落实职务职级选拔晋升。纵深推进全面从严治党，锲而不舍落实中央八项规定精神，扎实推进"海关重点项目和财物管理以权谋私"专项整治，健全财务精细化管理体系。深化准军队伍建设，加强纪法教育、警示教育，推进清廉海关建设。加大关心关爱力度，积极争取地方财政资金支持，解决干部职工子女入学、换防式交流等民生诉求30余个。

撰稿人

杨莉莉

库尔勒海关

【概况】2002年12月18日,原乌鲁木齐海关驻库尔勒办事处成立;2011年12月23日,海关总署批准办事处升格为正处级;2019年2月28日,库尔勒海关正式挂牌。库尔勒海关承担巴音郭楞蒙古自治州(以下简称"巴州")范围内海关监管、征税、缉私、出入境检验检疫、统计等工作,是全国监管陆地区域面积最大的隶属海关。内设办公室(党委组织宣传部)、综合业务科、监管科3个科室。人员编制28名,2022年实有在编干部23人。设立党总支,下设4个党支部。

【学习宣传贯彻党的二十大精神】2022年,库尔勒海关以党的二十大精神为指引,制订学习宣传贯彻工作计划,结合实际明确7方面具体工作,组织全员全面系统学习党的二十大报告。召开党委会学习研讨2次、党委理论学习中心组7次、组织参加专题学习班3次。以线上"学习+研讨"模式开展领导干部、先进典型、青年关员等多层面交流研讨,形成学习体会55份、研讨文章6篇,修订制度规范4项,开展线上知识竞赛2场。库尔勒海关"一把手"和班子成员深入基层开展专题调研7次,走访巴州党政领导4次,解决干部群众及企业"急难愁盼"问题3个,开展党的二十大精神宣讲进社区、进企业活动3次。

【疫情防控】2022年,库尔勒海关常态化开展内部防控检查和个人防护提醒,细化内部安全防护措施2项,开展防护服穿脱、鼻咽拭子采样、应急处置演练等理论学习和实操培训演练30次。承担属地疫情防控联防联控机制工作任务3项。认真落实习近平总书记关于办好国际军事比赛重要指示精神,建立上下联动、内外配合工作机制,完成"国际军事比赛-2022"特殊航班出入境检疫监管任务,实现"疫情零输入、关员零感染、操作零失误、通关零延误"目标,临时入境特殊航班检疫监管工作专班获集体嘉奖。

【维护国门安全】2022年,库尔勒海关受理海关检验检疫进出口商品2225批,检出不合格商品2批次。对辖区7家出口食品企业开展"双随机"跨部门联合核查,报送食品安全风险信息50篇。组织开展"国门利剑""清风行动""蓝天"等专项行动,开展宣传活动10次,发放宣传材料150份,入企宣传16次。做好国门生物安全监测,设置监测点48个,放置各类诱捕器材3400套。

【服务发展】2022年,库尔勒海关监管中欧班列14列,通过绿色通道验放地产出口鲜梨12批,首次实现地产乙二醇、磺甲基酚醛树脂等化工品出口。帮助企业用足用好RCEP等政策红利，推广培训国际贸易"单一窗口"相关模块应用，赴辖区农产品生产厂开展走访调研12次，撰写专项调研报告4篇，企业知晓率达100%。开设"流动课堂"送教下企，点对点宣讲最新减免税优惠政策，办理减免税业务12笔，减免税款1267.71万元，企业自报自缴率达到100%。全面推广预约通关，优化工作流程，通过"多证合一"方式备案企业占比60.87%。

【队伍建设】2022年，库尔勒海关深入组织开展党建"双提升"行动，推动支部建设工作提质增效，监管科党支部复核通过全国海关培育品牌，技术分中心联合党支部晋升"四强"（A类）党支部。建立"库关讲堂"强化能力提升，全年新增各类岗位资质19人次。坚持正面引导和警示教育相结合，开展党风廉政教育月、警示教育月活动6次，支部书记讲廉政党课9次，运用"第一种形态"10人次，开展谈心谈话120余人次。树立正确选人用人导向，对干部实施"精准画像"，通过优化干部流动，统筹换防式交流、干部选调、集中工作等措施模式，有计划、有重点拓宽优秀人才成长发展空间。

▲2022年11月17日，库尔勒海关关员在当地水产品出口公司开展监管 （华鹏 摄）

撰稿人

李 魏

阿克苏海关

【概况】2018年机构改革前，阿克苏地区海关业务由喀什海关负责，原阿克苏出入境检验检疫局负责检验检疫业务。2018年12月14日，中央编办批准在阿克苏地区设立海关；2019年3月28日，阿克苏海关正式揭牌。阿克苏海关为正处级隶属海关、属地型海关。主要承担阿克苏地区、兵团第一师进出境货物、运输工具的监管、税收征管、统计分析、进出口企业管理、缉私等工作。内设办公室（党委组织宣传部）、综合业务科2个科室。人员编制14名，2022年实有在编干部16人。设立党总支，下设2个党支部，党员14名，其中退休党员3名。

【党的建设】2022年，阿克苏海关深入学习贯彻党的二十大精神和习近平总书记重要讲话和重要指示批示精神，撰写学习心得16篇，撰写各类宣传稿件10余篇。选派骨干面向辖区企业、"访惠聚工作队"驻地群众开展党的二十大精神宣讲4次，持续推进学习宣传贯彻党的二十大精神走深走实。严格落实"第一议题"制度，全年召开党委会16次、党委理论学习中心组学习16次。开展捍卫"两个确立"、做到"两个维护"、强化政治机关建设专项教育活动，梳理21条政治要求，查摆问题58项，制定整改措施79条。开展赋能"四特"精神新内涵大讨论，征集"金点子"12条，主题征文3篇，心得体会15篇。开展"进一步解放思想、转变观念，服务高质量发展见成效"大讨论活动，围绕"践行新理念，思想破桎梏，改革再发力，创新迈大步"主题，查摆问题12项，形成调研报告2篇，实现观念更新和实践探索相互促进。

【"海关重点项目和财物管理以权谋私"专项整治】2022年，阿克苏海关成立专项整治工作领导小组，制订专项整治工作实施方案，召开领导小组会议8次。加强专项整治纪法教育，观看警示教育片4次，学习18起违纪违法典型案例，累计测试30余人次。摸清风险底数，结合专项整治重点问题参考提纲对重点项目进行精准分析研判，查阅各类资料75份，梳理重点项目11个，涉及重点项目和财物管理领域相关企业15家。主动接受监督，向15家辖区企业送达《致企业的一封信》，在办公及监管场所张贴专项整治工作海报、设置举报箱，配合第九派驻纪检组落实谈心谈话、走访重点企业等工作。对查摆出来的问题逐项逐条核查，通过集体研究的方式开展分析研判，排查风险隐患4处，完善制度规范3项，有效防范非执法领域廉政风险。

【服务发展】2022年，阿克苏

海关参加乌什别迭里口岸建设调研4次,科学分析新疆对吉口岸货运量、进出口贸易总额、商品种类等,为别迭里口岸建设提供科学数据支撑。构建"出口监管仓+中欧班列"出口模式,始发阿克苏—俄罗斯中欧班列5列,货运量9988吨,货值6523.3万元。主动加强与职能部门沟通协调,不断创新监管模式,完成关区首票出口监管仓库公路转关货物出口,推动阿克苏地区外向型经济高质量发展。年内,组织业务骨干通过线上线下相结合的方式全程指导阿拉尔中泰公用型保税仓库完成验收并按期投入使用,完成辖区首次跨境电商海外仓企业备案登记。

2022年,征收税款4176.4万元,为辖区2家纺织龙头企业办理鼓励类项目备案,减免税款2891.2万元,为塔里木大学、新疆理工学院等高校及科研院所办理减免税34票,减免税款257.4万元。为辖区企业出具减免税货物税款担保通知书4份,涉及进口货物191件,货值1724万元。推广RCEP政策落地,签发原产地证书18份,涉及贸易金额1132万元。培育优质出口农产品种植示范基地,帮扶出口果

▲2022年12月6日,阿克苏海关关员在当地企业对出口肥料进行现场查验 (马春光 摄)

园及包装厂开展注册登记,辖区有出口水果注册果园17个,注册面积5807.95亩。通过"单一窗口"办理申报货物634批、货重3.77万吨、货值3.98亿元,出具检验检疫证书1439份,办理海关报关单位备案68家。编写海关工作专报4期,调研分析报告3份,其中3篇报告获乌鲁木齐海关领导批示。

【乡村振兴和"访惠聚"工作】2022年阿克苏海关选派3人参加阿克苏地区阿瓦提县多浪乡英买力村"访惠聚"驻村工作,推进村级产业、人才、文化、生态、组织等建设。发挥单位后盾作用,争取援疆资金30万元,地方项目资金50万元,开展厕所改造、托管养殖等民生项目。争取地方政府投资560万建设乡村道路7.1千米。严格按照规定发展培养壮大党员队伍,结合特点打造"月亮湖"党支部品牌,将党建与乡村振兴多领域结合,充分发挥党建引领作用。积极与多方探索协调,实现村集体收入"零的突破"。持续以产业振兴为抓手,深入发掘本地产业新方向。强化提升基层治理水平,建立"三学一考"机制,全面提升村干部口语能力和计算机能力。统筹各支力量通过送技能、送物资、保平安、保发展等形式,切实解决群众困难诉求60余件,进一步提升驻地群众幸福指数。阿

克苏海关驻阿瓦提县多浪乡英买力村"访惠聚"工作队2020—2022年连续三年被评为"阿克苏地区先进工作队",1人获评自治区"2022年度驻村工作先进个人"。

撰稿人

赵　兰

和田海关

【概况】2018年12月14日，中央编办同意设立和田海关（筹）；2018年12月28日，乌鲁木齐海关同意筹建和田海关；2020年12月26日，和田海关正式成立。和田海关承担和田地区范围内海关监管、征税、缉私、出入境检验检疫、统计等工作。内设办公室（党委组织宣传部）、综合业务科、监管科3个科室。人员编制20名，2022年实有在编干部11人。设1个党支部。2022年，和田海关完成辖区8家进出口收发货人、报关企业备案，完成采样45票，其中核桃19票、540.56吨，核桃仁26票、699.80吨。

【学习宣传贯彻党的二十大精神】2022年，和田海关制订学习宣传贯彻党的二十大精神计划，党委班子带头学、科室负责人和党员干部率先学、科室人员自主学、聘用人员跟进学。下发应知应会工作手册，创新开展100题知识测试，制作微信宣传稿件1期，撰写学习心得11篇。围绕"以学习贯彻党的二十大精神为引领扎实推进和田海关工作再上新台阶"主题讲党课，举行"学习二十大 奋进新征程 做新时代国门卫士"主题研讨交流，撰写研讨文章7篇。领导干部、先进典型、青年关员多层次讲心得、谈体会、明思路，坚持把为群众办实事、为企业解难题作为贯彻落实党的二十大精神的具体实践。

【党的建设】2022年，和田海关召开全面从严治党暨党风廉政工作会议3次，统筹开展强化政治机关建设专项教育活动、"海关重点项目和财物管理以权谋私"专项整治、基层党建"双提升"行动、迎审自查、"学查改"专项工作以及巡察整改等活动。参观学习和田地区廉政文化教育基地，制作和田海关廉政文化墙，征集"清风国门"廉洁文化作品4个，制作文化宣传栏8块。成立精神文明建设领导小组，举办"解放思想转变观念大讨论"、弘扬海关系统"四特"精神等系列活动2次，参加岗位练兵、知识测试等活动41人次。完成和田海关党支部改选，成立首届和田海关团支部、工会以及青年理论小组，有效开展党建带团建活动，积极推进"沙风劲石"支部品牌建设，彻底打通基层组织神经末梢。认真落实"五个一"制度，精准运用"四种形态"监督执纪，全年运用"第一种形态"4人次。

【疫情防控】2022年，和田海关认真贯彻落实海关总署、乌鲁木齐海关及地方政府关于疫情防控的决策部署和各项工作要求，筑牢抗疫思想防线。按照属地要求，每日自行组织开展核酸检测，采取无接触式运送核酸样本，组织开展

▲2022年12月14日，和田海关关员现场监管出口核桃 （齐欣煜 摄）

疫情防控突发事件应急处置演练2次，指定专人每日3次公共环境卫生消杀。及时修订工作方案7个，与和田地区卫生健康委员会、和田市古江巴格乡等建立疫情防控联防联控工作机制，年内全体人员核酸、双抗检测均无异常，实现新冠病毒零感染。联合乌鲁木齐海关企业管理和稽查处，赴各县市外贸企业开展对外注册推荐现场调研，完成辖区8家进出口收发货人、报关企业备案，接受企业现场咨询29次，电话咨询23次，完成采样45票。

【制度建设】2022年，和田海关修订印发《和田海关委员会议事规则》等31项规章制度，完成和田海关财务独立。常态化抓好安全保密，召开保密工作会议4次，全员参加保密观培训测试，设置电子信号屏蔽柜，发布保密提醒，签订保密承诺书11份，定期检查机房网络、开展保密自查，保密机要室通过地区保密局检查验收。常态化抓好安全生产，严格公务车辆使用管理。充分发挥"内控+管理+绩效"作用，持续推进内控示范科室创建，深化节约型机关建设，加强预算执行绩效管理，提高资金使用质效。

撰稿人

马小勇

第八篇

事业单位

乌鲁木齐海关后勤管理中心

【概况】乌鲁木齐海关后勤管理中心（以下简称"后勤管理中心"）成立于1997年，为乌鲁木齐海关直属事业单位，承担乌鲁木齐海关机关的安全保卫、绿化保洁、物业管理、公共设施维护、防震减灾、政府采购执行、公车管理、食堂管理及下属经济实体的管理和运营等工作。2022年，后勤管理中心深入学习贯彻党的二十大精神，强基提质促党建，精益求精强管理，凝心聚力保安全，全力以赴防疫情，用心用情办实事，正风肃纪严规矩，为乌鲁木齐海关中心工作的开展提供后勤保障。后勤管理中心树立"过紧日子"思想，采取多种措施，力促节能减排，被授予"节约型机关"称号。

【疫情防控】2022年，后勤管理中心结合属地疫情防控形势，动态更新疫情内部防控工作细化措施，常态化做好人员、车辆管理以及环境消杀等工作，执行疫情信息周报告、日报告制度。上报聘用人员新冠疫情内部防控工作日报365期，协助开展核酸检测305次，开展环境监测，采集样本594份。静态管理期间，后勤管理中心指定专人与地方联防联控机制沟通协作，确保一线信息实时同步掌握。统筹调配人力资源，设置保障组6个，明确各点位值岗人员，对内部人员管理、招待所住宿、食堂盒饭配送、车辆应急保障、物业紧急维修、应急物资采购等方面的工作模式进行动态调整，做到饮食供应及时、住宿舒适、通勤顺畅、物资充足、消杀严格、纾困解难。

【安全生产】2022年，后勤管理中心贯彻落实习近平总书记关于安全生产的重要指示批示精神，将安全生产作为一项重要任务来抓。完善制度机制，编发《乌鲁木齐海关机关内部安全生产工作指导手册》《公务车辆安全管理手册》，为机关安全生产工作及公务车辆管理提供参考。落实"日检查""周巡检""月检查"制度，常态化开展安全检查和问题整改"回头看"，确保隐患动态清零。开展安全生产宣讲会，向关区复制推广抓机关安全生产的经验做法和典型措施。顺利完成北京路办公楼溴化锂机组溶液及部分空调管道更换工作。执行"三定点""一车一档"等制度，运用"智能化派车管理系统"合理调度车辆，定期开展"车场日"安全检查，及时排除隐患，安全行车24年。强化安全教育，组织开展消防、交通等安全讲座和应急演练23次，开展安全检查16次，查处问题隐患85项。

【后勤综合保障】2022年，后勤管理中心重保障、优服务、强管理，聚焦主责主业，提高服务管理效能。制定《后勤管理中心政府采购活动内部控制

▲2022年6月21日,后勤管理中心组织开展防震减灾、消防安全讲座和应急演练(朱路路 摄)

实施细则》《后勤管理中心存货管理制度》,修订《后勤管理中心重大财务集体审批管理办法》《后勤管理中心聘用人员工会报销财务管理规定》等制度10余项。完成"海关重点项目和财物管理以权谋私"专项整治工作任务。对物业服务各岗位、各环节进行常态化监督管理,对第三方公司的履约情况和服务质量进行全周期实地考核。建立食材溯源制度,用好"智慧餐厅"系统,精准备餐,杜绝源头浪费。持续巩固深化"我为群众办实事"实践活动,推行"金牌"物业,在海馨苑小区建立服务点,为居民提供上门服务,在各家属区安装快递柜、饮水设备,引入中石化易捷超市,入驻商品178种。

【文化建设】2022年,后勤管理中心结合工作职责,撰写关级课题"后疫情时代海关后勤工作高质量发展的路径探索",微课题1篇,征文3篇,政策研究工作实现质与量双提升。以静态管理期间后勤保障工作为内容,撰写《齐心抗"疫"守护你的日月星辰》,该纪实作品被海关总署组编的《国门抗疫:守护我的国》收录。以后勤保障工作为素材,拍摄宣传片《遇见平凡》,制作原创歌曲《一路有你》。立足后勤岗位实际,申报"五小"群众性创新活动优秀创新成果20项,创作廉洁文化作品9件,全员参与共同编印《后勤管理中心2021年度随想集》。

撰稿人

朱路路

乌鲁木齐海关技术中心

【概况】乌鲁木齐海关技术中心（以下简称"技术中心"）是中编办批复的独立法人单位，是乌鲁木齐海关直属的公益二类事业单位，主要承担新疆进出境货物的实验室检验、检测、检疫、鉴定职责。内设4个综合部门和4个实验室，在塔城、阿勒泰、哈密、石河子、库尔勒、阿克苏设分中心，拥有5个海关总署国家检测重点实验室、4个区域实验室、6个常规实验室。人员编制107人，2022年实有在编干部76人，其中博士研究生学历3人、硕士研究生30人，正高级专业技术任职资格6人、副高级专业技术任职资格18人。技术中心本部实验室面积1.5万平方米，拥有各类检测设备2000余台（套），价值2亿余元。

2022年，技术中心依据海关业务重点，加强打击"洋垃圾"、固体废物属性鉴定、食品安全、外来入侵物种鉴定、物种资源保护等专业领域能力建设。积极将科研成果与海关工作相结合，进一步为依法履职提供技术支撑。

【党的建设】2022年，技术中心认真组织学习宣传贯彻党的二十大精神，扎实开展捍卫"两个确立"、做到"两个维护"、强化政治机关建设专项教育活动和"学查改"专项工作。围绕业务主线，提炼汇总岗位政治要求，查摆梳理问题，研究制定整改措施。严格落实"第一议题"制度，落实打击"洋垃圾"走私工作部署，新增4种商品50余项固体废物属性鉴别能力。落实"口岸危险品综合治理"百日专项行动，帮助隶属关实验室实现3种危化品本地检测，保障通关顺畅。落实国务院安全委员会安全生产十五条措施，开展安全学习教育，加强安全应急演练，及时有效排除安全风险隐患。

2022年，技术中心积极履行管党治党政治责任，修订党委工作规则和"三重一大"决策制度，完善财务、采购等重点领域制度。梳理海关总署、乌鲁木齐海关党委巡视、巡察发现共性问题，建立问题整改清单，逐项对账销号。在"海关重点项目和财物管理以权谋私"专项整治工作中，梳理专项整治问题及廉政风险清单，逐项整改，消除廉政风险隐患。落实党风廉政建设经常性教育"五个一"措施，筑牢思想堤坝。

【提升检测质效】2022年，技术中心根据业务需求，新开发检测项目223项，新增资质认定78项，现有通过资质认定检测项目3396项。废毛骨料固废鉴别区域实验室顺利通过验收。完成中国国家认证认可监督管理委员会（CNCA）、CNAS及能力验证提供者组织

▲2022年8月15日,乌鲁木齐海关技术中心开展相关样品法定检验（彭心婷 摄）

的能力验证27项。建立检测时长全流程通报反馈机制,紧盯超红线样品,确保各环节零滞留,检测时长较2021年压缩17.10%。全年完成法检业务2536批、18948项,完成社会委托业务15643批、9.97万项。

【科研工作】2022年,技术中心研究科研项目11项、海关技术规范6项,发表论文5篇,授权实用新型专利3项,授权发明专利1项,撰写专著1本。1人获评2022年度开发建设新疆奖。2022年职工创新活动优秀创新成果丰硕,其中"五小"优秀创新成果19项、劳模引领性成果9项、关键核心技术成果2项。保持与科研院所的业务联系和技术沟通。参加由世界动物卫生组织和海关总署联合举办的"马属动物疫病实验室检测技术培训会",完成对哈萨克斯坦农业系统的培训。

撰稿人

彭心婷

新疆国际旅行卫生保健中心（乌鲁木齐海关口岸门诊部）

【概况】新疆国际旅行卫生保健中心（乌鲁木齐海关口岸门诊部）（以下简称"保健中心"）是乌鲁木齐海关下属具有独立法人资格的事业单位。主要承担国境卫生检疫法规定的出入境人员医学检查、传染病监测、预防接种、健康咨询等工作，为做好防止传染病传入传出等执法任务提供技术支撑和支持。内设综合部、健康管理部、签证管理部、医学检验部、口岸工作部5个部门。建有新疆口岸传染病监测区域性中心实验室、艾滋病筛查区域性中心实验室、新疆国际旅行卫生保健中心实验室，能够开展血常规、尿常规、生化、肿瘤标记物、滥用药物筛查及30多种重点传染病病原体的检测工作，承担关区国境病媒生物监测项目的分子生物学检测、乌鲁木齐地窝堡国际机场口岸入境染疫人传染病检测、出入境人员传染病监测体检实验室检测（海关总署卫生检疫司规定的健康证书所涉及的全部项目）。人员编制29人，2022年实有在编干部25人，其中，高级职称5人、中级职称6人、初级职称4人，另有聘用人员17人。

【党的建设】2022年，保健中心贯彻落实习近平总书记重要指示批示精神和党中央重大决策部署，坚持"第一议题"制度，制订党的二十大精神学习计划，开展交流研讨4次，撰写学习心得12篇。扎实推进捍卫"两个确立"、做到"两个维护"、强化政治机关建设专项教育活动和"学查改"专项工作，认真排查整改，梳理制定4个方面8个问题24条整改措施。通过强化政治机关建设赋能"四特"精神新内涵大讨论活动，谈体会、讲心得，巩固学习成效。认真开展"海关重点项目和财物管理以权谋私"专项整治工作，梳理修订2项财务管理制度和4项部门工作细则。全年党员集体学习51次，研讨34次，讲党课3次，主题党日13次，理论测试14期，开展廉政提醒和典型案例廉政警示教育21次，筑牢干部职工廉洁思想防线。

【新冠病毒实验室检测】2022年，保健中心认真落实海关总署、乌鲁木齐海关疫情防控部署和要求，承担干部职工出差及返岗健康监测、乌鲁木齐海关机关办公区环境监测、地窝堡国际机场进出境货物和外环境样本新冠病毒核酸检测工作。建立"培训考核、应急演练、自查督查"管理机制，从严从紧从细抓好新冠病毒核酸检测全流程安全。抓好干部职

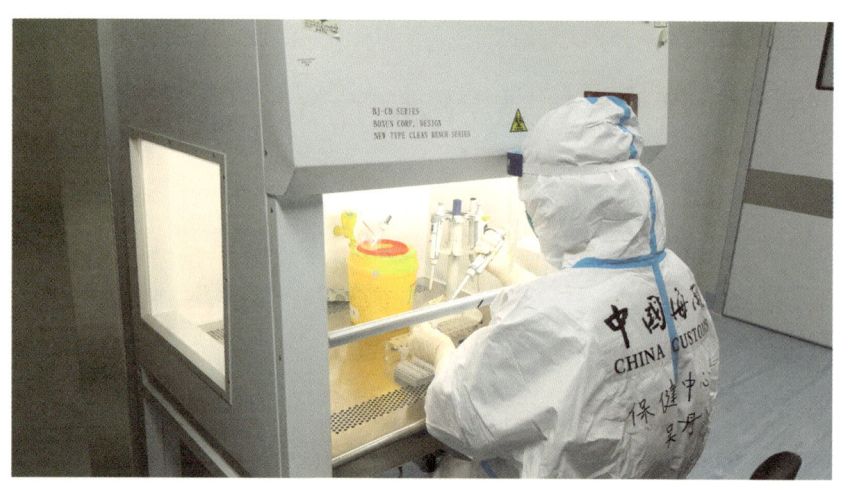

▲2022年9月10日，保健中心实验室检验员开展新冠病毒核酸检测（牛鹏程 摄）

工个人安全防护，组织防护服穿脱培训考核、大批量样本核酸检测实操。制定职业暴露感染可能导致安全防护突发事件的应急处置预案并组织应急演练11次。2022年检测入境航班62架次，入境人员5588人，其中检测特殊航班15架次、1167人，检测客运航班47架次、4421人，检出少量阳性病例。完成关警员新冠病毒核酸检测2.08万人次，办公区环境检测样品2938份，为内部疫情防控提供快速准确的技术保障。

【检测能力提升】2022年，保健中心着力强化实验室能力建设，提升检测能力、规范检测操作、严格生物安全管理，常态化开展最新操作规范培训及考核，确保实验室检测质量。参加自治区临床检验中心新冠病毒核酸检测室间质量评价3次，结果均为"满意"。参与承担国家重点研发项目《"口岸与物流"病原体和防御技术示范研究》子课题、青岛海关科研项目《口岸外来有害生物联合监测与预警防控研究应用》。在核心期刊发表论文2篇，授权实用新型专利1项，与呼和浩特海关保健中心共同研发的"蚤类生物识别系统"获国家版权局颁发的软件著作权登记证书。获2022年自治区职工创新关键核心技术二等奖1项，劳模引领性优秀创新成果奖1项，职工创新成果奖9项。

【体检及预防接种工作】2022年，为提升国际旅行卫生保健服务能力，更好保障国际旅行者健康与安全，保健中心严格落实法定体检及法定预防接种免征政策，开通"绿色通道"，实行"7×24小时"预约制度，开展"一对一"服务，安全、高效、准确地完成法检任务。2022年完成出入境人员健康体检1160人次，检出乙肝表面抗原阳性21例，各类非传染病364例，发放国际旅行健康证980份，艾滋病检验报告单725份。完成出境预防接种596人次，发放预防接种证311份、禁忌证33份。出具中英文核酸检测报告单1035份，新冠疫苗中英文转签572份。

撰稿人

牛鹏程

中国电子口岸数据中心乌鲁木齐分中心

【概况】中国电子口岸数据中心乌鲁木齐分中心（以下简称"数据分中心"）成立于2003年，主要负责乌鲁木齐关区电子口岸、国际贸易"单一窗口"及海关信息系统的项目开发、技术支持、信息安全保障、推广运维和操作培训，协助承担热线值班工作。设综合部、技术部2个部门，人员编制10名，2022年实有在编干部6人。

2022年，数据分中心坚持党建一体化管理，深化项目应用，提升服务保障能力，研究提炼出"以软件研发为支撑打造核心业务体系、以工程建设为基础稳固主要创收渠道、以运维服务为保障拓宽经营服务范围、以客户服务为宗旨提升公共服务质效"的核心发展理念，创新发展思路，完善管理机制，优化工作方法，挖掘潜在优势、延伸经营链条，为健康发展提供坚实保障。

▲2022年9月15日，数据分中心党支部组织开展"服务高质量发展见成效"大讨论专题学习研讨 （魏雨萱 摄）

【网络和信息化安全】2022年，数据分中心把保障安全放在第一位，遵循"安全至上"理念，构筑安全"防火墙"。坚守电子口岸专网、外网技术平台等主阵地，坚持规划在前、预防为主，在项目建设全流程、全方位、多维度嵌入安全管理模块。加强全链条管控，全面自查40余个软件项目，在业务需求、方案设计、项目建设及运维服务等环节，嵌入20余个安全管理模块。修订3项制度，在设备入网、系统部署等关键节点，通过派员现场监督、远程视频指导、上线安全测评等手段，进一步强化实时监督，确保操作规范。坚持全时段防护，专门增配3名技术骨干，充实系统架构及网络安全岗位，并细化13项网络与数据安全日常运维职责，确保"7×24小时"值守到位，全年封禁外网IP 8000余个，查杀病毒140余次，组织开展网络安全应急演练2次，实现护网行动及重要敏感时间节点电子口岸专网"零事故"。

【公共服务】2022年，数据分中心积极推进综合保税区、国际陆港区等信息化建设项目6个，主动研发"园区物流智慧管理系统"，并试点运行，有效提升新疆综合保税区整体运行效能。服务新业态发展，推进全疆2个跨境电商线下场地建设及相关系统开发，助力"跨境电商+"业务发展。升级边民互市系统，克服疫情影响，派出5个工作组保障系统在重点口岸部署运行，实现"整进整出"业务全疆首单突破，获乌鲁木齐海关主要负责同志批示表扬。

【热线服务】数据分中心成立以来，一直负责承接全国"12360""95198"、新疆本地"12360""95198"以及数据分中心"3627333"共计5条热线，推进12360海关热线与"企业直通车服务平台"对接，在"企业端"建立双向对话机制，在"海关端"实现双回路保障，确保"来单即转、接单即办"。聚焦话务数量、来电高峰、咨询热点等，加强热线话务情况数据分析，及时反映外贸走势、新业态发展趋势，月均反馈相关动态5条，为乌鲁木齐海关相关部门服务外贸发展提供依据和参考。充分发挥"前哨站"作用，始终保持高度政治敏感性，做到第一时间受理，第一时间上报，第一时间反馈，切实防止内部问题通过其他渠道外溢扩散。2022年接听9.62万条热线，疫情期间，承接全国20余个地方热线转接，高峰工作量增长一倍以上，全力保障全国海关"热线不间断、服务不掉线"，获海关总署主要负责同志点名表扬。

【"关银一KEY通"】2022年，数据分中心始终坚持"区分行一批一申请，制卡点一点一申请"原则，由点及面逐步推广，严格开展验核评估，重点审核制卡代理点终端、存储、管理等关键节点，重点把控制卡代理点编码审核关口，确保制卡代理点网络与数据安全。2022年，创新使用"云审核""云签发""关银一KEY通"项目覆盖至全疆14个地州市，22个合作制卡代理点，推广速度与范围在全国领先。依托12360海关热线，为外贸企业办理"关银一KEY通"业务提供全流程、全方位指引。2022年，超6252家外贸企业在"家门口"办理"关银一KEY通"业务，为企业节省上千万元。

【重点项目建设】2022年，数据分中心积极推进"三智"项目（即"中哈贸易安全与便利智能监管合作项目"），抽调技术骨干参与专班工作，建立"周汇报，月小结"推动机制，克服平台多、链路长等技术难点，助力实现全平台信息共享和全链条业务协同。研发部署"物流监控系统"，实现物流信息全方位的互联互通、交叉验证。研发部署"监管设备联网管理平台"，实现集中高效的管理和及时便捷的运维，完成关区26个监控指挥中心建设及改造任务，为搭建关区三级监控指挥体系提供有力支持。研发上线无纸化会议系统、Eport通讯助手、"点靓边关"、智慧后勤、公务车辆管理、督审风险管理、考勤管理等30余项办公应用，多角度、多领域赋能行政管理。

撰稿人

魏雨萱

海关总署乌鲁木齐教育培训基地

【概况】海关总署乌鲁木齐教育培训基地（以下简称"培训基地"）于1999年由海关总署批复设立并动工兴建，于2000年3月8日正式投入使用；2009年由副处级调整为正处级，是海关总署设立在西北五省区唯一的海关教育培训基地，占地面积3.39万平方米。有客房156间、会议室13个、多媒体培训教室1个、室内准军体能训练馆1个，可同时容纳约280人住宿、约800人就餐，是集餐饮、客房住宿、体能训练健身于一体的多功能服务型培训单位，既可满足海关内部各类会议、培训班需求，同时也面向市场开展经营创收工作。2022年，培训基地坚持以人为本，严密有序开展疫情防控工作，压紧压实安全生产责任，提供贴心服务，充分发挥培训基地后勤保障功能。

【疫情防控】2022年，培训基地扎实做好属地疫情静态管理期间服务保障工作，全体值守干部克服疫情防控物资供应及人力资源短缺等困难，有力承接乌鲁木齐海关机关各部门、各工作点位值守人员、初任培训班见习人员、关区集中上岗人员食宿保障任务。全年累计向乌鲁木齐海关机关、招待所、南湖办公区、家属院、乌昌海关等10个工作点位供应近4.17万人次盒饭，完成集中上岗人员核酸采集3300管9980人次。同时，在培训基地快速建立并启用乌鲁木齐海关第二办公场所，在多功能厅设立指挥中心、党委会议室、视频监控室、集中办公区，在体能训练馆设置海关疫情防控外防输入方舱隔离点，全力确保中心工作有序运转。

【经营管理】2022年，培训基地聚焦主营业务，努力克服疫情影响，全力抓好经营创收工作，对内承办海关总署培训2期、133人次，关区会议和培

▲2022年9月14日，乌鲁木齐海关干部在培训基地为新关员授课　（贾翔　摄）

训班7期、284人次，在2022年下半年疫情封控期间圆满完成74名学员的初任培训任务。抓实对外销售业务，面向社会承办会议及培训班87期、宴会类49期，接待1.26万人次。

【关心关爱保障】2022年，培训基地严格落实乌鲁木齐海关党委"我为群众办实事"项目，扎实做好关区干部职工的服务保障工作，全力推进300秒全程智能洗车房项目，为广大干部职工提供自助洗车服务，切实解决干部职工洗车"远、难、耗时"等问题。完成乌鲁木齐海关洗衣房搬迁及扩容工作，改善洗衣房场所容积量及洗涤设备，提升关警员制服的洗涤质量和效率。全力推进职工子女假期训练营项目，积极传递乌鲁木齐海关党委对海关职工子女的关心关爱，圆满完成训练营举办任务，帮助解决职工子女假期"托管难"问题。

撰稿人

朱　叶

第九篇

统计资料

2022年新疆外贸进出口总值统计表（按地州市）

地区	进出口		出口		进口	
	总值（万元）	同比（%）	总值（万元）	同比（%）	总值（万元）	同比（%）
合计	24635712	57.0	20911989	64.4	3723724	25.3
伊犁哈萨克自治州	5857971	49.5	5772785	49.4	85186	54.1
乌鲁木齐市	5135719	33.2	3887798	49.6	1247921	-0.6
喀什地区	4931307	113.3	4776556	111.3	154751	200.4
博尔塔拉蒙古自治州	3363560	84.5	1592262	247.4	1771298	29.8
塔城地区	1352088	56.7	1333173	55.2	18915	397.7
昌吉回族自治州	999824	29.8	870344	29.8	129480	29.3
阿克苏地区	786262	46.0	764650	44.3	21612	149.4
阿勒泰地区	695106	57.6	575404	43.3	119703	201.8
克孜勒苏柯尔克孜自治州	438343	58.6	411778	48.9	26565	/
石河子市	359141	6.1	321068	1.1	38072	82.2
巴音郭楞蒙古自治州	235759	41.1	213652	48.4	22107	-4.1
克拉玛依市	162064	-21.0	149885	-12.2	12179	-64.7
和田地区	153441	33.0	153413	33.3	29	-87.9
哈密市	140641	171.6	75829	96.4	64812	391.8
吐鲁番市	24486	46.9	13392	-19.0	11094	7750.0

2013—2022 年新疆外贸进出口总值统计表

年度	进出口		出口		进口	
	总值（亿元）	同比（%）	总值（亿元）	同比（%）	总值（亿元）	同比（%）
2013 年	1708.1	7.5	1380.9	13	327.2	-11
2014 年	1700.3	-0.5	1442.7	4.5	257.6	-21.3
2015 年	1224.7	-28	1089.9	-24.5	134.8	-47.7
2016 年	1166.7	-4.7	1030.8	-5.4	135.9	0.8
2017 年	1392.3	19.3	1194.1	15.8	198.2	45.9
2018 年	1325.5	-4.8	1088.9	-8.8	236.6	19.3
2019 年	1640.8	23.8	1250.3	14.8	390.5	65.0
2020 年	1483.4	-9.6	1098.1	-12.2	385.3	-1.3
2021 年	1569.2	5.8	1272.1	15.8	297.1	-22.9
2022 年	2463.6	57	2091.2	64.4	372.4	25.3

2022年新疆外贸进出口总值统计表(按贸易方式)

贸易方式	进出口 总值(万元)	进出口 同比(%)	出口 总值(万元)	出口 同比(%)	进口 总值(万元)	进口 同比(%)
合计	24635712	57.0	20911989	64.4	3723724	25.3
一般贸易	6682532	4.4	4144528	4.2	2538005	4.7
国家间、国际组织间无偿援助和赠送的物资	3263	694.5	3263	694.5	0	/
其他捐赠物资	29	-73.0	29	-73.0	0	/
加工贸易	304310	133.7	144408	196.2	159902	96.3
来料加工贸易	221929	306.5	99791	198.5	122138	477.1
进料加工贸易	82381	8.9	44617	191.1	37764	-37.4
寄售代销贸易	338	-99.0	338	-99.0	0	/
边境小额贸易	15001804	80.0	14948444	80.0	53361	102.9
对外承包工程出口货物	111774	122.2	111774	122.2	0	/
租赁贸易	947	-19.1	947	-19.1	0	/
保税物流	2522289	247.0	1553165	428.7	969124	123.8
海关保税监管场所进出境货物	91583	416.9	13019	17.1	78564	1089.6
海关特殊监管区域物流货物	2430706	242.8	1540147	444.9	890560	108.9
海关特殊监管区域进口设备	2836	-43.3	0	/	2836	-43.3
其他贸易	5589	-32.3	5092	-30.4	497	-46.9

2022年新疆外贸进出口总值统计表（按企业性质）

企业性质	进出口		出口		进口	
	总值（万元）	同比（%）	总值（万元）	同比（%）	总值（万元）	同比（%）
合计	24635712.5	57.0	20911988.7	64.4	3723723.8	25.3
国有企业	1874885.4	-9.2	681466.5	1.7	1193418.9	-14.5
外商投资企业	142196.6	96.3	20873.7	-27.3	121322.9	177.5
民营企业	22610326.7	66.9	20201784.2	68.1	2408542.5	57.3
其他	8303.8	17.6	7864.3	22.2	439.5	-29.4

2022年新疆外贸进出口主要国别（地区）统计表（前30位）

贸易国家（地区）	进出口		出口		进口	
	总值（万元）	同比（%）	总值（万元）	同比（%）	总值（万元）	同比（%）
吉尔吉斯斯坦	8773581	149.2	8766636	149.5	6945	-15.0
哈萨克斯坦	8427991	23.7	6136175	26.7	2291816	16.3
俄罗斯联邦	1209757	118.3	1066750	123.1	143007	88.1
塔吉克斯坦	1045981	65.0	999502	60.2	46479	373.0
乌兹别克斯坦	651494	59.4	628468	67.2	23026	-29.6
中国台湾	192668	153.5	18487	-29.5	174181	249.8
德国	352610	121.8	258029	180.6	94581	41.2
中国香港	172976	52.4	168658	48.6	4318	83626.6
印度尼西亚	363778	87.7	44433	1.8	319345	112.8
韩国	85364	-12.7	73870	-11.0	11494	-22.4
印度	170074	-30.2	160904	-15.7	9170	-82.7
越南	141136	-45.8	138706	-46.5	2430	148.9
捷克	31011	1707.8	30924	1921.9	87	-53.1
蒙古	272613	249.0	36625	532.0	235988	226.3
美国	213136	-11.3	137416	-19.8	75720	10.1
巴基斯坦	262288	197.6	259394	219.1	2894	-57.6
意大利	120956	22.5	112451	26.7	8505	-14.9
日本	98251	-6.5	56294	-22.8	41957	30.1
比利时	98721	0.0	98220	3.3	501	-86.3

续表

贸易国家(地区)	进出口		出口		进口	
	总值(万元)	同比(%)	总值(万元)	同比(%)	总值(万元)	同比(%)
荷兰	79890	14.0	78520	20.6	1370	-72.3
泰国	86680	-4.4	85796	4.4	884	-89.6
巴西	108845	26.4	94653	17.5	14192	155.9
阿联酋	86318	111.6	84685	108.5	1633	767.0
白俄罗斯	19818	372.2	15989	958.5	3829	42.5
土耳其	132641	49.1	125794	67.0	6847	-49.7
加拿大	56955	33.8	31161	-18.9	25794	517.9
马来西亚	56112	-38.8	52947	-41.3	3165	110.2
菲律宾	65711	-18.6	61285	-20.2	4426	11.2
波兰	55089	35.1	51666	50.5	3423	-47.0
英国	62362	-21.7	51768	-24.2	10594	-6.9

2022 年新疆外贸出口主要商品统计表

商品	单位	数量（千）	同比（%）	贸易额（万元）	同比（%）
服装及衣着附件	/	1583701	34.2	7018250	79.1
机电产品	/	1030637	-16.6	6151092	71.1
鞋靴	千克	123051	24.8	2045052	78.2
纺织纱线、织物及其制品	/	655194	57.7	977333	131.3
文化产品	/	479799	63.8	827361	41.0
高新技术产品	/	182503	-67.7	715431	50.5
农产品	/	781651	25.9	683343	37.2
食品	/	730953	28.0	637770	36.5
塑料制品	千克	104887	41.1	540572	44.6
玩具	/	414985	89.4	527383	41.1
箱包及类似容器	千克	34196	29.1	392775	65.6
基本有机化学品	千克	180852	7.6	272110	1.1
陶瓷产品	千克	97100	31.7	189154	21.1
钢材	千克	97169	-64.8	172480	-33.1
皮革、毛皮及其制品	/	3765	12.2	154266	199.7
玻璃及其制品	/	29029	60.8	131205	83.3
橡胶轮胎	千克	38857	62.6	68400	78.7
未锻轧铝及铝材	千克	14899	8.6	68075	29.7
纸浆、纸及其制品	千克	18523	76.8	60505	32.9
体育用品及设备	/	44188	248.1	56716	3.8
帽类	个	25349	-14.8	54455	15.6
家具及其零件	/	2864	9.9	53472	-26.6

续表

商品	单位	数量（千）	同比（％）	贸易额（万元）	同比（％）
电动载人汽车	辆	3	195.9	45795	1230.0
医药材及药品	千克	6344	36.9	37702	-35.6
笔及其零件	／	168771	37.6	35525	70.3
伞	千克	3022	89.6	25349	124.0
纺织原料	千克	7390	46.1	11910	123.8
木及其制品	千克	11108	44.6	11774	36.5
花岗岩石材及其制品	千克	22511	2.1	7548	-35.7
焦炭及半焦炭	千克	22647	-18.3	7013	11.8

2022年新疆外贸进口主要商品统计表

商品	单位	数量（千）	同比（%）	贸易额（万元）	同比（%）
金属矿及矿砂	千克	4642993	5.7	1129256	92.5
天然气	千克	/	/	723062	-1.1
农产品	/	869493	20.1	507515	57.2
食品	/	637050	22.7	437260	87.7
机电产品	/	42302	545.0	380237	51.7
未锻轧铜及铜材	千克	44874	-28.3	273230	-25.7
高新技术产品	/	40574	669.5	214869	74.4
煤及褐煤	千克	2231335	89.2	175929	147.0
基本有机化学品	千克	209451	191.1	171179	226.8
纸浆、纸及其制品	千克	166468	-27.3	91065	-31.6
钢材	千克	101835	178.7	44071	80.1
木及其制品	千克	75355	-16.3	24649	10.1
初级形状的塑料	千克	9167	-36.5	18491	-10.4
纺织原料	千克	8571	-73.5	9554	-71.6
医药材及药品	千克	8387	302.6	8655	24.8
塑料制品	千克	142	-24.6	6057	64.8
皮革、毛皮及其制品	/	4124	-68.7	4220	-75.4
纺织纱线、织物及其制品	/	2674	-77.3	2901	-85.2
未锻轧铝及铝材	千克	729	-65.4	1389	-76.6
珍珠、宝石及半宝石	/	1000604	/	1210	805.2
文化产品	/	21	9.1	391	23.7
成品油	千克	352	-21.4	368	-8.7
玻璃及其制品	千克	4	-16.8	102	-26.7
服装及衣着附件	/	28	-86.0	93	-89.3
美容化妆品及洗护用品	千克	7	-91.2	13	-98.9
制盐	千克	56	/	6	17504.8
金属矿及矿砂	千克	4642993	5.7	1129256	92.5

2022 年乌鲁木齐海关货运监管统计表

指标内容	单位	数量	同比（%）
进出口货运量①	万吨	6877	10.54
其中：进口	万吨	5759.49	6.63
出口	万吨	1117.51	36.28
监管运输工具总数	万辆艘	264.80	15.80
监管进出境总数	万辆艘	141.98	24.97
其中：进出境汽车	万辆	33.98	198.07
进出境火车	万节	107.93	5.69
进出境飞机	架	737	10.5

① "进出口货运量"，是指乌鲁木齐海关所属各隶属海关监管货运量。

第十篇

荣誉和奖励

2022年乌鲁木齐海关获评地厅级及以上荣誉情况

表10-1 省部级荣誉及以上（集体）

集体名称	荣誉名称
霍尔果斯海关	2016—2020年全国普法工作先进单位
乌鲁木齐邮局海关	2021年全国"扫黄打非"先进集体
霍尔果斯海关	2022年全国五一劳动奖状
乌鲁木齐地窝堡机场海关	2020—2021年全国"安康杯"竞赛活动先进集体
喀什海关综合业务处	2016—2020年自治区普法工作先进单位
阿勒泰海关	
霍尔果斯海关	
石河子海关	2016—2020年兵团普法工作先进集体
霍尔果斯海关驻霍尔果斯市卡拉苏街道卡拉苏社区工作队	2020年度自治区"访民情惠民生聚民心"驻村工作先进集体
乌鲁木齐海关驻拜城县察尔齐镇喀依库拉克村工作队	
乌鲁木齐海关驻塔什库尔干县塔什库尔干乡瓦尔希迭村工作队	
乌鲁木齐海关	2020年度自治区"访民情惠民生聚民心"驻村工作优秀组织单位
乌鲁木齐海关	2021年度自治区"民族团结一家亲"和民族团结联谊活动先进集体
石河子海关	
喀什海关	2022年自治区民族团结进步示范区示范单位
石河子海关	第四批兵团民族团结进步示范区示范单位
吐尔尕特海关	第十九届自治区青年文明号
霍尔果斯海关监科三科	
红其拉甫海关党总支	复核认定的2022年度全国海关党建示范品牌
阿拉山口海关办公室党支部——红色风向标	
霍尔果斯海关查检四科党支部——丝路之旅	
乌昌海关稽核查科党支部	

续表

集体名称	荣誉名称
乌鲁木齐海关口岸监管处党支部五度——党建·监管先锋	复核认定的2022年度全国海关基层党建培育品牌
阿勒泰海关监管科党支部——锐眼	
乌鲁木齐海关办公室党支部——心·动力	新评的2022年度全国海关党建示范（培育）品牌
喀什海关"一站式"服务大厅	第五届自治区"人民满意的公务员集体"
喀什海关"心灵驿站"志愿服务队	第三批自治区学雷锋活动示范点
乌鲁木齐海关口岸监管处	2021年自治区劳模和工匠人才创新工作室
乌鲁木齐海关缉私局	全国缉私部门全警实战大练兵先进单位
喀什海关缉私分局红其拉甫海关缉私科	全国缉私部门先进青年集体和全国优秀公安基层单位
喀什海关缉私分局第三党支部	2021—2022年度全国缉私部门先进基层党组织

表10-2　省部级荣誉及以上（个人）

个人姓名	荣誉名称
霍尔果斯海关李清华	全国人民满意的公务员
霍尔果斯海关迪力努尔·巴合提江	全国优秀共青团干部
乌鲁木齐海关徐军	第十三届全国"五好家庭"称号
阿拉山口海关陈志武	"最美家庭"称号
新疆国际旅行卫生保健中心（乌鲁木齐海关口岸门诊部）王凌冰	全国消除疟疾工作先进个人
阿拉山口海关技术中心李兰	第十七届全国职工职业道德建设先进个人
霍尔果斯海关刘国庆	2021年度"访民情惠民生聚民心"自治区驻村工作先进个人（第一书记）
乌鲁木齐海关王海元	
乌鲁木齐海关束炳旗	
乌鲁木齐海关荆卫东	
乌鲁木齐海关彭强	
石河子海关刘刚	
吉木乃海关缪何	2021年度"访民情惠民生聚民心"自治区驻村工作先进个人
乌鲁木齐海关阿得力江·阿合江	
乌鲁木齐海关李卓	
霍尔果斯海关马瑞堃	
乌鲁木齐海关塔依尔江·亚生	
乌鲁木齐海关缉私局木塔力甫·马木提	2021年度"访民情惠民生聚民心"自治区驻村工作先进个人
阿克苏海关李星	
伊尔克什坦海关麦尔达尼江·马木提	

续表

个人姓名	荣誉名称
乌鲁木齐海关刘会江	2021年度自治区"民族团结一家亲"和民族团结联谊活动先进个人
乌鲁木齐海关赵保平	
乌鲁木齐海关缉私局李哲	
喀什海关缉私分局努尔艾力·热买提拉	
石河子海关卡依沙尔	
红其拉甫海关李江龙	
乌鲁木齐海关缉私局李哲	
乌鲁木齐海关技术中心张祥林	2022年自治区开发建设新疆奖章
喀什海关赵超杰	2021年度百名优秀执法一线科长
卡拉苏海关文学武	
霍尔果斯海关杨远	
乌鲁木齐海关田兴卫	海关系统"党务之星"
乌鲁木齐海关金志飞	自治区第七届道德模范
新疆国际旅行卫生保健中心（乌鲁木齐海关口岸门诊部）田锋	2022年度新疆社会主义精神文明好人
霍尔果斯海关缉私分局许鹏	全国公安机关成绩突出个人
乌鲁木齐海关缉私局张洋洋	2021年情报工作先进个人
乌鲁木齐海关缉私局杨帆	自治区人民满意的公务员
乌鲁木齐机场海关缉私分局张舜成	2022年全国缉私部门优秀青年（100名）
霍尔果斯海关缉私分局于楠楠	
乌鲁木齐机场海关缉私分局吴亮	2021—2022年度全国缉私部门优秀共产党员
乌鲁木齐海关缉私局徐军山	2021—2022年度全国缉私部门优秀党务工作者
乌鲁木齐海关缉私局朱俊成	自治区纪检监察先进工作者
齐尚芝（乌鲁木齐机场海关缉私分局吴亮母亲）	爱警母亲

表10-3 地厅级荣誉（集体）

集体名称	荣誉名称
吐尔尕特海关	第二批克孜勒苏柯尔克孜自治州民族团结进步示范区示范单位
石河子海关综合业务科	2020—2021年度第八师石河子市"青年文明号"

全国"人民满意的公务员"李清华同志事迹材料

李清华,女,1973年9月出生,硕士研究生学历,1996年8月参加工作,2000年7月进入海关工作,2002年11月加入中国共产党,先后担任乌鲁木齐海关办公室主任、人事教育处处长、人事处(党委组织部)处长,获得荣誉时任乌鲁木齐海关所属霍尔果斯海关党委书记、关长、督办。

该同志政治立场坚定,能够自觉以习近平新时代中国特色社会主义思想武装头脑,用实际行动践行对党的绝对忠诚。自加入海关队伍以来她始终坚守奋斗,并将"人民海关为人民、忠诚奉献守国门"的理念镌刻在奋斗时光里,以攻坚克难、开拓进取的使命感,出色完成多轮改革和急难险重任务考验,连续11年考核等次为优秀,获先进工作者1次、三等功5次、嘉奖7次。尤其是疫情发生以来,她坚决落实党中央决策部署,完整准确全面贯彻新时代党的治疆方略,将边关工作融入"一带一路"发展大局中推动落实,带领霍尔果斯海关全体干部坚守"外防输入"和边境管控第一线,全力保稳促畅,服务国家外交外贸大局,连续获得全国五一劳动奖状、全国文明单位、全国法治宣传教育基地、全国海关抗击新冠疫情先进集体等荣誉,不断以新的作为展现着边关人的责任与担当。

一、以绝对忠诚的政治品格,高标准建强边关干部队伍

作为隶属海关党委书记,李清华同志牢记基层一线角色定位,深入学习贯彻习近平新时代中国特色社会主义思想和党的十九大、十九届历次全会精神,始终将捍卫"两个确立"、做到"两个维护"、强化政治机关建设放在首位,自觉走在不忘初心担使命、砥砺奋进新征程的前列。她不断增强政治自觉,以督办落实"第一议题"推动实现政治效果和业务效果相统一。深入践行总体国家安全观,带领平均年龄33岁的年轻队伍保障首条中亚天然气管道安全运行,监管3870亿标方中亚天然气惠及国内5亿居民,以实际行动为构建更加紧密的中国—中亚命运共同体添砖加瓦;坚定履行打私第一责任人职责,带队连续破获"水客"等3起大要案,案值超18亿元。深化多维合成作战模式,联合郑州、广州、哈尔滨等地海关开展打击玉石走私专项行动,现场查扣涉案货物31吨。尤其在习近平总书记关注并批示的打击"洋垃圾"和象牙等濒危物种走私领域,查获走私固体废物7.9吨,侦破"3·13"高鼻羚羊角走私案,追缴羚羊角2530根,此案件是2021年全国破获的最大一起濒危动物制品走私案。

在边关工作中，该同志紧密围绕海关总署党委要求，聚焦"强政治、抓安全、保稳定、促发展、重统筹、求提升"目标，领导班子考核连续2年位居关区前列。她带领党委班子喊响"从我做起、对我监督"，扎实履行"一岗双责"，切实做到"四责协同"，近3年干部队伍实现了"一个不倒、一个不少"。她坚持推动"文化润关"工程实施，并将其作为落实党中央"文化润疆"部署的有力抓手和生动实践，大力传承弘扬以"四特"精神为代表的红色文化，助推获评"全国工会职工书屋示范点"等4个省部级集体荣誉。

二、以攻坚克难的顽强作风，高质量筑牢国门安全防线

身处中哈边界的千年驿站、百年口岸，面对边境管控、疫情防控和口岸保畅的多重挑战，李清华同志坚持以习近平总书记关于疫情防控工作的重要指示批示精神为指引，创建一线"党建统领+梯队轮战"机制，切实将政治功能转化为战疫工作优势。特别是在孩子临近高考关键阶段，她毅然奔赴抗疫一线，节日无休、奋战不止，并在4次驻地疫情中带领班子成员站在一线、靠前指挥，321人次接续奋战一线梯队800余天。累计转运疑似病例40人，保障219名铁路人员安全出入境；协同地方开展进境运输工具、货物采样9163次，验放出口医疗防疫物资4088万件；依托边境海关会晤强化联合管控，组织开展闯关冲卡等应急演练32次。在她的带领下，霍尔果斯海关以规范履职有效应对"外防输入、内防反弹"层层考验，得到国家卫健委、自治区领导充分肯定。

受地缘因素影响，霍尔果斯口岸反奸防谍的政治安全风险、防范疫病疫情的生物安全风险交织存在，李清华同志指导现场科室做好"3个100%"机检查验，查获仿真枪等32把、子弹3162发、管制器具8000余件；牵头完成动植物检疫防控能力提升示范口岸创建，截获疫病疫情179种、7885种次，其中甜瓜迷实蝇属全国首例，白腹皮蠹、美洲幼虫腐臭病系关区首次检出；动态深化联动式"全国法治宣传教育基地"建设，构建"教育+实践"普法用法格局，2021年查办侵权案件居关区首位，全力护航公平正义的法治化营商环境。

三、以锐意创新的责任担当，高水平服务边疆对外开放

立足丝绸之路经济带核心区建设的重要支点定位，李清华同志紧密契合边疆发展规划成立专项工作组，率先完成全国出口转关班列自动核销测试，推动中欧班列"准轨换宽轨""铁路快通""关铁通"相继落地实施，累计监管中欧班列突破2万列，其中2021年居全国首位，开行线路达58条、辐射18个国家45个城市。同时，针对疫情形势积极创新工作思路，找准战疫保畅衔接点，首创"界桥交接、甩挂"等多元通关模式对冲疫情影响，助推国际合作项目设备出口3万余辆，支持中国品牌远航中亚，验放援阿富汗物资2455吨，有力维护我国负责任大国形象。

在服务民族地区开放发展方面，李清华同志坚持立足当下、蓄势长远，依托实地调研问需于企，带动干部职工深化政策研究，主笔的"三智"理论文章在《海关与经贸研究》发表，并获评中国海关学会二等奖；积极对接"三智"建设，协助搭建中国—中亚国家生物安全合作

管理信息平台，夯实农副产品绿色通道项目基础。同时，聚力富民兴边打造"开放+乡村振兴"互动窗口，先后为兵团边境团场 5.4 万亩果园办理出境注册登记，畅通"绿色通道"，监管果蔬 5 万吨，占全疆 4 成，支持 900 余人边民资质认证及 8 个边民合作社工商注册，为开启民族地区开放发展新征程贡献了海关力量。

在守好国门、服务发展的同时，李清华同志深度融入基层实践、主动承担社会责任，聚焦铸牢中华民族共同体意识主线，扎实开展"访惠聚""民族团结一家亲"等工作，推动霍尔果斯海关获评"自治区访惠聚工作优秀组织单位"，以实际行动履行一名共产党员奉献西部边疆、维护民族团结和社会稳定的职责使命，以实际成效践行一名新时代海关人不忘初心、锐意进取的责任担当！

乌鲁木齐海关荣获"光荣在党50年"纪念章名单

王建顺　马训德　张志林

2022年获得扎根艰苦地区边关工作荣誉章人员名录

金质荣誉章（61人）

靳小龙　袁江伟　温　娉　郭勇刚
迪丽拜尔·沙比提　范伟功　杨卫兵
王建强　于勇华　李惠杰　宋洪波
王　岩　姚江军　李　伟　李　斌
阿布力米提·阿布都克力木　程　涛
依明江·吐尔地　王开钧　康　莹
玉山·热合曼　夏勒哈尔·阿克苏力坦
刘爱平　胡书铭　海拉提·木哈地里
郑　丽　郑　芳　高　磊　童　舜
刘　波　黄卫东　李　降　王明科
宁　静　邱　军　刘志杰　高　云
关原园　骄　娃　何银华　斯日格林
王春国　姜卫东　巴特尔　苏晓峰
于丽萍　伍　江　谢　明　薛超坤
叶可本·托鲁木汗　加尔肯·曲库尔汗
巴合提古丽·马米汗　师海涛　邱中华
高新平　高新楼　周晓彬　石娅梅
邹　良　尚　锋　王雪丽

银质荣誉章（30人）

杨　萌　柏羿丞　王海元　陈　甜
马艳玲　于　静　郭　洁　殷　韬
翟慧姝　阿希姑·斯迪克　李士钰
王芳芳　李江龙　肖建学　严兴富
陈鹏德　秦　淼　阿依多斯·米尔卡马力
吾斯曼江·阿不都外力　董海涛
刘新湖　保小华　姜　罕　杨　艳
艾尼·玉素甫　李　巍　张英琦
马江峰　张茂林　吴　亮

铜质荣誉章（108人）

刘　扬　朱妍香　齐希猛　谢慧娟
刘　甲　赵　强　努尔艾力·阿布都克力木
李慧玲　刘毓娟　程晓伟　马翔宇
耿　煜　朱丽杜孜　贾尔肯　刘　钰
刘晓璐　齐　宁　徐宇丽　马　欣
戈名杰　曾　涛　再玛拉·木拉提
穆妮热·吾拉木　朱双虎　刘　博
闫　云　李建新　帕尔哈提·吐尔逊
任晖琴　阿力米拉·毛尼亚孜　贺　昊
张　雪　李慧娟　王春英　刘冉鹏
呼延玮　努尔加马力·阿力甫
斯迪克·牙森　阿不都热合曼·依马木
迪力夏提·热西提　张志明　张　鹏
焦军·艾米尔丁　阿布来提·阿布来
杨　晶　杨　强　张子力　陈　晨
叶生辉　林　疆　魏　震　崔盛杰
李雅洁　段晓倩　阿丽亚·热斯拜克
孙　祯　陈玉洁　杨　倩　付茜姿
张亚楠　贾萌蕾　陈志武　陈　铭
阿里克木江·克然木　舒俊波　杨　杰

唐晓晖　朱　颖　袁　东　杨　婧	徐新龙　吴　慧　林　灏　魏雨萱
翟亚方　栗毅陶　王　祎　张　婷	边晓芸　余文琦　李　强
孜比不拉·吐洪　阿得力江·阿合江	木塔力普·马木提　王　耀　马静芳
陈泉宇　岳朋林　朱　漪　王科珂	魏晓川　蔡志超　杨　晟　袁政瀚
张小菊　张海燕　马月霞　加娜尔·木西	孔垂政　屈　彬　吴　磊　徐　东
吴熙然　田　锋　尚　爽　叶尔保勒	张舜成　高　歌　芮　雪

乌鲁木齐海关 2022 年奖励名录

一、三等功

（一）集体三等功

乌鲁木齐海关内部防控流调工作组（45人）
吴晓辉　郭姝兰　阿不都扎依尔·阿不都卡德尔
李　卓　郁　达　党文起　冯小强
江　浩　阿迪力·斯迪克　周　江
阿克来木·卡得尔　彭　磊　蒋　璐
马红梅　张艳超　吴　昊　代慧玲
陈佳惠　唐思远　党晓明　崔盛杰
尕玉杰　奎鹏远　牟　锟　安建霜
魏小刚　孙　涛　宋立人　丁诗玉
迪丽尕尔·迪力夏提　陈雅妹
赵保平　高新平　陈　翔　吕　瑶
朱路路　王　忠　张家玮　田　锋
孙玉婷　蔡晓雪　史　燕　陈超怡
摆　龙　包拉提别克·斯兰木

乌鲁木齐海关疫情防控志愿者团队（22人）
李惠杰　艾力·艾山　庄　滔　刘向农
冯小强　姜建伟　艾尔肯·阿不都克里木
海　英　许明瑞（退休）　魏小刚
潘　浩　石俊健　罗　洋　张　耀
邹　江　李　刚　吴熙然　李晓岩
赵卓敏　王　忠　杨　屹　陈　重

喀什海关综合保税区查检作业区梯队（6人）
孙　超　魏　亮　李紫英　再努热·艾日肯
艾尔肯·艾克热木　张　毅

乌鲁木齐地窝堡机场海关客运监管组（36人）
张维杰　朱先晶　李建新　张　宇
闫　云　刘　博　李元昆
夏勒哈尔·阿克苏力坦　鞠传刚
郑　颖　阿希姑·斯迪克　阿巴拜克
杨晓辉　徐　健　曹竹亭　谭　旭
王　燕　陈　钢　陈　静　赵赞云
阿里木江·艾山　郭力涛
阿力木江·阿不都热依木
哈丽旦·铁力瓦尔德　那依利·海比夫
杨　柳　任晖琴　罗　芸　张力仁
南丁格丽　刘新星　潘发根
玉山·热合曼　许　娜　张馨文
阿不都热西提·买买提

乌鲁木齐海关"海关重点项目和财物管理以权谋私"专项整治工作组（20人）
章　勇　张雨翔　沈　顺　张文瑞
张飞宇　程晓伟　陈红艳　武　姣
牛雅洁　穆　强　张　瑜　黄晓敏
骆　玲　李蕊蕊　阿里木·扎依提
马　龙　姚江军　马　洁　梁　臻
王兴福

办公室"双新"文稿保障攻坚组（9人）

党晓明　魏小刚　孙　涛　丁诗玉
王均祥　崔盛杰　张艳超　牟　锟
李　彦

植物检疫工作组（11 人）

比拉力丁·伊力哈木　依米提·热苏力
吕学农　黄　涛　周　欣　马超军
马丽丽　张　乾　华　鹏　周天跃
秦玉炜

关区"中哈贸易安全与便利智能监管项目"业务组工作专班（15 人）

柏羿丞　唐　宇　何　锦　荣　瑛
马　燕　郭　玺　王　丽　马　玲
张国威　王　静　李　鹏　赛龙阿
林　疆　唐晓晖　武佳熠

习近平总书记视察乌鲁木齐国际陆港区海关工作现场业务组（6 人）

关　勇　李富山　解　萍
玛尔哈巴·司马义　马丽丽　刘　敏

阿拉山口海关"口岸强州"工作组（12 人）

张晓东　王若愚　沙仁花　马　斌
贾萌蕾　窦晨军　张　燕　唐秋菊
牛艳文　吐尔洪江·哈斯木　王　伟
郑　鑫

"万人争先"线上练兵工作组（19 人）

迪丽拜尔·沙比提　田兴卫　贾　勇
刘　卉　曹红建　余　慧　雷晓霞
张文慧　阿依丁·哈布什
祖尔米兰木·阿布都米吉提　李天宇
容　纳　顾芷璇　周　岩　赵家莉
陈　重　张　卿　马　玲
努子烨·阿布都热合曼

统计分析处政策研究工作小组（15 人）

陈国亮　赵丽丽　王雪婷　邹　宁

贾　佳　马　燕　马艳玲　张　攀
刘　雄　赵　睿　李旭阳　吴雪芬
马　斌　张亚楠　郭文秀

统计分析处统计监测分析信息工作组（14 人）

焦　亮　邢　华　贾　佳　海　燕
赵　雅　潘晓雪　李士钰　赵　睿
肖勤勤　徐　辉　吕晓玲　郭文秀
尹小芳

喀什海关"小咖有声"信宣团队（13 人）

戈名杰　张兆涵　赵文龙　李　洋
潘晓雪　迪丽努尔·艾尔肯　李紫英
古丽菲热·玉素甫　徐俪菡　王梦琪
尚小伟　张　攀　赵怡靓

霍尔果斯海关"国家级荣誉争创及宣传"工作专班（14 人）

郭晓凤　郭姝兰　何子刚　宋立人
武　姣　田兴卫　麻卫亮　张玖一
张　扬　黄宇晖　徐　静　安　乐
穆哈买提·达吾代　迪力努尔·巴合提江

打击"水客"走私系列案件专案组（129 人）

艾尼·玉素甫　艾地阿木·买买提
巴图尔扎·乌恰　蔡志超　陈　潮
陈　坤　陈　松　陈新顺　程　浩
地路孜　丁万绚　房　琳　冯　萌
高　歌　高　翔　郭辰瑶　郭吉英
海拉提·别克　海　涛　韩　亮
贺　成　侯亚昕　胡传君　胡国涛
江多思·哈森别克　姜万东
杰恩斯·托烈吾　孔垂政　冷海刚
李　军　李　强　李振祥　刘　菲
刘　鹏　吕　华　马建人　马晨祥
马　铭　马源砾　孟　楠　南云峰
聂　晶　牛　超　屈　彬　芮　雪

赛甫拉·吾甫尔江　尚　峰　师宏伟
史常伯　史长飞　苏安东　宋春生
孙　亮　谭伟益　唐洪博
吐尔逊买买提·米吉提　汪　凯　王国杰
王嘉鹏　王开文　王　柯　王　琨
王雪丽　王　耀　王长江　魏晓川
吾尔肯·比大合买提　吴　磊　吴　亮
吴廷灵　邢海涛　邢延伟　熊宇亮
徐冰月　徐泰鑫　许　鹏　许瑞元
严　军　杨　博　杨　帆（940235）
杨　帆（940246）　杨　润　杨　晟
杨晓彤　杨雅洁　叶尔波力·努尔胡斯曼
于世林　袁亮亮　张博文　张东峰
张　峰　张金涛　张茂林　张舜成
张晓丽　张洋洋　张英琦　张子艺
赵　燕　郑森林　朱德萍　朱　锋
朱力德孜·贾汗　朱培源　安　宁
安　琪　戴志敏　杜婧雯　杜岳鑫
尔凡·卡尔曼　龚天翔
古丽米热·艾尼瓦　古　明　马风云
马汉泽　买尔旦·阿的尔
努尔比亚·吐尔逊江
撒陈琳　苏阿提·依米提　孙陇陇
孙　贤　谭　璐　王　翰　王梦园
王　鑫　咸　铮　杨晓雪　冶建明
张　龙

阿拉山口海关缉私分局（"蓝天2021-9·6"案件专案组）（32人）

朱　琳　杰恩思·托烈吾　孔垂政
袁政瀚　冷海刚　邢海涛　洪扬荷
聂　晶　吐尔逊买买提·米吉提
海拉提·别克　李泫璇　李云龙
王国杰　杨　润　马晨祥　苏安东

陈新顺　马建人　郭　薇　辛晶晶
张　霖　张　强　马　铭　邢延伟
地路孜　吴　亮　高　翔　牛　超
李　强　白慧霞　孙陇陇　马风云

乌鲁木齐海关缉私局教育整顿工作专班（23人）

徐军山　姜　洁　田　原　扈　月
蔺　钰　李泫璇　李云龙　许瑞元
张　炯　张　霖　杨　艳　侯亚昕
袁和丽　宋泉灵　马建人　杨　博
郭　薇　王洪亮　朱俊成　段凯博
朱　琳　郭辰瑶　王　柯

乌鲁木齐海关缉私局队伍建设专项调研工作专班（8人）

张　炯　杨　艳　张博文　段凯博
姜　洁　扈　月　冶　熔　胡传君

乌鲁木齐海关缉私局执法规范化建设工作专班（7人）

宋春生　田　原　杨　博　海　涛
郭　薇　姜万东　孙　晨

乌鲁木齐海关缉私局抗疫应急保障工作组（46人）

邹　良　艾尼·玉素甫　尚　锋　牛　超
李　强　江多思·哈森别克　龚天翔
刘建军　王开文　党坤学　王　琨
唐洪博　陈　伟　杨　博　孙　哲
朱　锋　王　耀　吕　华　于晓东
张金涛　朱培源　杨　帆　韩　亮
李银贺　冯　萌　郭　旭　张　炯
边晓芸　加　强　龚晓燕　张　强
张博文　邢延伟　余文琦　胡传君
龚迦南　蔺　钰　陈沛希　郝克明
段凯博　郑瑞英　王捷山　田润泽

陈俐君　胡本军　木塔力普·马木提

（二）集体记功

新疆国际旅行卫生保健中心（乌鲁木齐海关口岸门诊部）核酸检测保障组（9人）

田　锋　孙玉婷　史　燕　蔡晓雪
陈超怡　石娅梅　摆　龙　吴熙然
牛鹏程

乌鲁木齐海关后勤管理中心（30人）

胡　靖　党文起　申艳霞　冯小强
吕　瑶　玛依拉·铁木尔　宋立人
王若璇　朱路路　刘俊玲　张　宁
邱中华　刘金豪　田诗琳　高新平
李　军　陈　翔　王　忠　陈泉宇
周玉强　张家玮　吴新礼　岳朋林
胡尔西达·奴苏布汗　葛宝芳
李　倩　李亚男　袁龙啸　齐华学
张雅娟

海关总署乌鲁木齐教育培训基地保障组（2人）

郁　达　马　勇

（三）个人三等功

靳小龙　麻卫亮　牛雅洁　王海元
欧阳斌　焦　亮　牟　立　杨　艳
徐军山　李　强　吐尔逊买买提·米吉提
张英琦　李振祥

（四）个人记功

张　伟　宋立人

二、嘉奖

（一）集体嘉奖

乌鲁木齐海关疫情防控人力和物资保障组（18人）

李　卓　党文起　陈　翔　李　倩
刘金豪　袁龙啸　买晓宇　殷　韵
陈雅妹　赵保平　阿克来木·卡得尔
肖利伟　孙　涛　牟　锟　崔盛杰
奎鹏远　陆　平　刘江华

乌鲁木齐海关疫情防控物资及资金保障工作组（8人）

段红梅　杜德功　马斌钧　沈　顺
吴春霞　单文玉　李慧玲　刘江华

乌鲁木齐海关疫情防控监督检查组（13人）

张　毅　岳　文　庄　滔　赵　丽
毛颖慧　阿里木·扎依提　覃毅飞
马　龙　李志强　马　洁　杨　欢
王东胜　张晓轩

乌昌海关保通保畅应急分队（18人）

窦鲁新　董曙杰　杨松涛　曹宏民
哈依沙尔·哈米提　王吉喜　徐　峰
艾尔肯·阿不都克里木
巴岩·木哈提别克　丛　薇　王　浩
李士钰　马喜强　杨成伟　郝康伟
陈　锐　杨欢欢　赵蓓菁

红其拉甫海关查检科

卡拉苏海关监管科

卡拉苏海关查检科

伊尔克什坦海关查检二科

吐尔尕特海关监管科

霍尔果斯海关监管三科

霍尔果斯公路口岸"界桥交接"模式保通畅工作组（14人）

于瑞成　胡　鹏　马永峰　贾　若
姚　瑶　邱　军　冯　钰
美雅莎·阿布都赛力木　周嘉良
杨景涵　努尔巴哈提·布拉提哈力
阿布来提·阿布来　雷晓霞

木尼热·阿布都米吉提

阿拉山口海关查检二科

阿拉山口海关查检一科

塔城海关查检一科

库尔勒海关临时入境特殊航班检疫监管工作专班（21人）

李清龙　陈世华　孙　歆　周　江

蒋　璐　石高峰　刘　睿　冯新忠

李　魏　宋华海　王卫红

努尔兰·俄特别尔根　李元昆　潘　龙

王长春　罗　实　努尔佐达·依明

古丽巴哈尔·合力力　朱先晶　赵　强

赵超杰

乌鲁木齐海关技术中心保通保障工作组（11人）

巩志国　黄　娟　张小娟　李晓岩

房　芳　巴哈提古丽·马那提拜

王静静　艾拉旦·麦麦提艾力

姚伟琴　高　雅　武志远

伊宁海关技术中心（12人）

哈　森　钟金龙　粟有志　孟　茹

刘燕坤　齐　鑫　李艳美　罗　琼

尚　爽　叶尔保勒　加娜尔古丽·阿色汗

达·达布西力图

办公室信息宣传科（8人）

郭姝兰　靳小龙　梁　昉　尕玉杰

丁诗玉　宋立人　奎鹏远

迪丽尼尔尔·迪力夏提

重要公务活动保障组（14人）

张艳超　刘　扬　吴　昊　党晓明

丁诗玉　孙　涛　王均祥　魏小刚

牟　锟　柏羿丞　杨　萌　王　忠

周玉强　张秀丽

边境海关国际合作工作组（10人）

吴晓辉　何　锦　阎俐臻　安建霜

张艳超　党晓明　牟　锟　魏小刚

尕玉杰　马翔宇

检查异常处置功能模块推广应用专项工作组（8人）

古丽拜尔·木沙　谢　伟　王新辉

张国威　努尔艾力·阿布都克力木

杨　璇　祖力胡马尔·艾尔肯

索菲亚·乌买尔江

税收征收工作组（8人）

吕　腾　焦丽萍　杜　萱　吕爱玉

张　苑　马　磊　竺欣睿　付茜姿

税收管理工作组（6人）

吕　腾　焦丽萍　杜　萱　张秀丽

马迪娜　吕爱玉

智慧动植检工作专班（10人）

韩冬艳　依米提·热苏力　郭　玺

黄　涛　秦玉炜　艾拉提·格玛迪

王　静　马超军　周　欣　马艳萍

保障进出口食品安全与贸易稳定发展工作组（15人）

李文革　邵洪东　王　旭　吕学农

王　丽　齐希猛　谢慧娟　王　瑶

米　悦　冯　悦　张　杰　唐秋菊

郭玉飞　王　伟　周天跃　张兆涵

陆路口岸进口铜精矿监管模式创新试点工作组（9人）

迪丽拜尔·沙比提　周　岩　赵家莉

陈　重　孙向周　余　慧　张　卿

马　玲　努子烨·阿布都热合曼

助力丝绸之路经济带核心区特色优势产业开放发展政研工作组（9人）

迪丽拜尔·沙比提　周　岩　赵家莉

陈　重　孙向周　余　慧

努子烨·阿布都热合曼　马　玲　张　卿

关区保通保畅工作组（12人）

唐　宇　田继勇　刘　甲　武佳熠

努尔艾力·阿布都克力木　杨　萌

王晓彤　飞热孜提·阿布都拉

马鹏飞　桑云霞　王吉喜

米娜瓦尔·依拉木

署级课题研究工作组（15人）

焦　亮　贾　佳　邹　宁　赵丽丽

王雪婷　马　燕　海　燕　刘　雄

赵　睿　张　攀　徐　辉　李旭阳

郭文秀　马　斌　韩小路

自由贸易试验区申建专班（15人）

陈　琪　潘　浩　苏进武　贾萌蕾

张　军　曾疆平　荣　瑛　吕爱玉

彭　磊　秦玉炜　王　丽

努子烨·阿布都热合曼　武佳熠

王雪婷　叶尔泰·赛尔江

网络安全攻防演习防护工作组（15人）

王　斌　姜　淼　李晓东　张国威

程晓伟　曹静雅　庞玉鹏　俞　鹏

罗　军　张加奇　秦　勇　王新辉

潘林波　刘秀玲　艾买尔江·吐尔逊

贯通融合强化审计监督工作组（14人）

王志强　梁　伟　王　欢　韩来进

陈红艳　周　江　谢慧娟　秦玉炜

马　燕　刘江华　杨　华　唐明明

刘俊玲　王振华

推动关区内控机制建设工作组（14人）

王　京　马艳玲　耿　煜　史向向

彭　磊　努尔艾力·阿布都克力木

王　瑶　黄　涛　余　慧　魏小刚

张飞宇　罗　实　吴梦飞　王婷婷

待遇保障工作组（8人）

郭晓凤　李　卓　王海元　李　恺

陈雅妹　朱丽杜孜·贾尔肯　殷　韵

段红梅

干部专项监督工作组（17人）

武　姣　刘　钰　张瀚文　汪　涛

茹扎·麦代提汗　袁怡欣　李　翔

代洪兴　董　琪　杜晨霞　邓若水

闫　云　浦　凡　付雯萱　赵丽萍

赵　兰　马小勇

边关干部教育培训体系建设工作专班（6人）

陈世华　于勇华　何　毅　孙　博

刘晓璐　迪丽娜·米尔再合麦提

强化政治机关专项教育和"学查改"工作专班（6人）

牛雅洁　崔盛杰　呼延玮　杨　婷

张瀚文　马　婷

工会为民办实事解难题工作组（6人）

刘兆斌　胡齐东　王　炜　张翼鹏

王　虎　李希杰

驻拜城县察尔齐镇喀依库拉克村"访惠聚"驻村工作队（6人）

段耀文　塔伊尔江·亚生　刘海军

苟宝鹏　李效振　乌拉乐尔·吉恩斯

驻塔什库尔干县塔什库尔干乡瓦尔希迭村"访惠聚"驻村工作队（5人）

郝宝盛　贾　勇　胡国涛　仲　磊

迪力夏提·热西提

党建双提升工作组（4人）

田兴卫　麻卫亮　徐宇丽　胡亚萍

"智慧政治部信息化应用"平台研发专班

（8人）

　　惠俊红　朱泓源　李　刚　麻卫亮

　　孙　博　李　斌　王　欢　张　毅

　　陈　轩　李柯霖

办公室（党委办公室）

卫生检疫处

动植物检疫处

口岸监管处

人事处（党委组织部）

霍尔果斯海关

阿拉山口海关

阿勒泰海关

乌鲁木齐海关后勤管理中心

喀什海关知识产权案件查办工作组（4人）

　　再努热·艾日肯　胡尼切木·吾甫尔

　　尼加提·阿布都热依木　夏依热·牙生

喀什海关智慧物流监管工作组（5人）

　　迪丽努尔·艾尔肯　图尔罕·麦麦提伊敏

　　徐俪菡　张　毅　姚　亮

乌鲁木齐地窝堡机场海关"节约型机关"建设工作专班（4人）

　　徐　健　岳　宁　李　玲　程　彬

乌鲁木齐邮局海关查检科（7人）

　　海拉提·木哈地里　李　农

　　阿布都克尤木·阿布都瓦依提

　　郑　丽　曾维江　刘兆杰　刘　芳

乌昌海关市场采购临时工作组（5人）

　　李士钰　董曙杰　杨松涛　徐　峰

　　古米拉·马拉提

乌昌海关保障"中吉乌"公铁联运开行工作专班（6人）

　　李士钰　董曙杰　王吉喜　徐　峰

　　艾尔肯·阿不都克里木　王芳芳

红其拉甫海关办公室（8人）

　　朱　婷　苏　励　木扎巴尔·吐尔逊江

　　刘晓梅　李　静　代洪兴　杨永康

　　王力军

霍尔果斯海关国门生物安全防控工作组（14人）

　　李　降　杨　强　李志威　鄢忠军

　　邱　军　郭志君　马红梅

　　祖尔米兰木·阿布都米吉提　徐　薇

　　乃比·阿布都热西提　王思凡

　　伊木热尼·穆塔力甫

　　古丽娜·艾力　廖诗雨

霍尔果斯海关"扫黄打非"专项工作组（14人）

　　孟小林　塔依·买提卡比力

　　阿布都卡马力·热孜别克　洪　静

　　妮尕尔阿依·塔西麦麦提　哈妮娜

　　杨　静　刁志豪　庹秋香

　　高沙尔·胡安别克　苏　文

　　衣力夏提·阿不都里木　焦军·艾米尔丁

　　穆哈买提·达吾代

霍尔果斯海关统计分析政策研究工作组（15人）

　　龙　腾　徐　静　张　扬

　　穆哈买提·达吾代　张　苑　李旭阳

　　马　磊　孙海晓　马永峰　陈明翔

　　尹　洁　桑云霞　吕望晟　杨　强

　　海米提·赛买提

霍尔果斯海关信息宣传工作组（13人）

　　黄宇晖　徐　静　奎鹏远　赵启龙

　　李旭阳　苏德逢吉　安　乐　雷晓霞

　　赵　柠　迪力亚尔·阿不都瓦里

　　王思凡　美雅莎·阿布都赛力木　贾丽媛

阿拉山口海关监管一科

阿拉山口海关保通保畅工作组（15人）

　　张　燕　焦小雨　杨　倩　付茜姿

　　柳其辰　帕孜丽亚·阿不都热合曼

　　单浩宇　王　伟　甫尔海提·艾来提

　　贾雯玥　田　京　屈　瑞　伍　江

　　巴特尔　吕新明

塔城海关查检三科

塔城海关全国青年文明号复核工作专班（7人）

　　李志功　肖新南　冯　金　李文婷

　　王竹璇　李东睿　郑智远

哈密海关病媒监测工作组（4人）

　　聂　淼　萨布尔·马汉　程　慧　江玉婷

石河子海关综合业务科（8人）

　　贾依娜·阿勒布斯拜　齐可馨

　　王雨慈　谢　浩　尹小芳　尹晓燕

　　栗毅陶　赵　伟

石河子海关统研工作小组（4人）

　　翟亚方　尹小芳　尹晓燕　谢　浩

石河子海关政研工作专班（6人）

　　杨莉莉　尹小芳　贾依娜·阿勒布斯拜

　　齐可馨　邵振宗　刘怀朋

喀什海关综合保税区货运通关工作专班（4人）

　　魏　亮　李智军　李紫英　张兆涵

喀什海关党史学习教育工作组（8人）

　　刘江江　尚小伟　唐迎秋　赵文龙

　　林　媛　李继楠　古丽妮格尔·卡达木

　　迪丽尼尔·迪力夏提

服务乌鲁木齐物流枢纽港发展改革业务工作组（11人）

　　李健然　李士钰　李　鹏　徐　峰

　　艾尔肯·阿不都克里木　董曙杰

　　杨松涛　哈依沙尔　丛　薇　张　斐

　　丽　娜

乌昌海关深入推进"强基提质工程"专项工作组（8人）

　　李冰华　杨成伟　赵蓓菁　陈　锐

　　阿丽娅·哈力别克　李建广　杨逸萌

　　呼延玮

卡拉苏海关查检科

伊尔克什坦海关2021年度甩挂区工作组（17人）

　　艾尼瓦尔江·努尔　刘吉林　李少君

　　米尔艾合麦提·吐尔逊　黄柏戈

　　阿斯坦白克·阿斯卡尔

　　阿力木江·艾则孜

　　吾斯漫·阿不都热合曼

　　西加艾提·阿布力米提

　　张冠俊　李　峥　伊敏江·伊麦尔

　　杨新升　郭　勇　赵渤彦

　　米吉提·阿不来　麦尔达尼江·马木提

吐尔尕特海关查检二科（11人）

　　卡迪尔江·卡斯木　夏永涛

　　艾山江·马木提　赵　旭

　　木塔力甫·麦麦提

　　阿不都艾尼·阿不都卡地尔

　　阿布力米提·薛合热提　李瑞波

　　木拉丁江·马木提　罗　新　张拥军

伊宁海关技术中心食品安全科研攻关小组（10人）

　　粟有志　李　芳　周　均　李艳美

　　雷红琴　罗　琼　徐颖洁　尚　爽

　　阿斯喀·夏热甫汉　加娜尔古丽·阿色汗

伊宁海关统计分析小组（6人）

　　姚运滨　徐　辉　朱　叶　王　卓

　　段晓倩　朱恬甜

阿拉山口海关办公室（党委办公室）

阿拉山口海关查检二科

阿拉山口海关综合业务科（9人）

  尹小芳 陆 远 姜 涛 吴国庆

  王 峰 尹晓燕 王旭东 翟亚方

  齐可馨

乌鲁木齐海关缉私局"2021A"专案反洗钱小组（12人）

  马建人 宋春生 吾尔肯·比大合买提

  唐洪博 杨 帆 韩 亮 张洋洋

  于楠楠 徐冰月 姜万东 郭 薇

  杨 博

霍尔果斯海关缉私分局打击"水客"走私专案组（16人）

  李振祥 屈 彬 史长飞 严 军

  王嘉鹏 南云峰 赵 燕 许 鹏

  贺 成 孙 亮 陈 潮 于楠楠

  马瑞堃 阿依迪达·阿不都努尔

  艾地阿木·买买提 沙拉塔·布里克

喀什海关缉私分局打击"假申报、假出口"工作专班（9人）

  熊宇亮 吴廷灵 蔡志超 郑森林

  努尔艾力·热买提拉 朱振中 刘超君

  王长江 张 峰

阿勒泰海关缉私分局套代购走私香烟案件专案组（17人）

  宋春生 王 柯 房 琳

  吾尔肯·比大合买提 于文江

  叶尔博力·努尔胡斯满

  巴图尔扎·乌恰 陈 松

  哈杰提·哈布哈什 徐 东 史常伯

  徐泰鑫 严 军 王开文 唐洪博

  古丽加娜提·依明江 马汉泽

乌鲁木齐机场海关缉私分局联合研判工作组（13人）

  袁亮亮 吴 亮 周栋梁 张舜成

  高 歌 马源硕 张 杰 宋海燕

  朱力德孜·贾汗 高 翔 常江行

  毕建涛 芮 雪

霍尔果斯海关缉私分局（获评海关总署缉私局第一批教育整顿单位总结评估优秀等次）（35人）

  张英琦 彭 锐 刘 鹏 于楠楠

  马瑞堃 赛甫拉·吾甫尔江 李振祥

  屈 彬 胡传君 艾地阿木·买买提

  沙拉塔·布里克 南云峰 吴 磊

  赵 燕 许 鹏 贺 成 孙 亮

  海 涛 李 军 杨雅洁 李小刚

  张子艺 严 军 郭吉英 王嘉鹏

  陈 潮 史长飞 陈 坤 王雪丽

  阿依迪达·阿不都努尔 撒陈琳

  杨晓雪 王 鑫 古 明 治建明

阿拉山口海关缉私分局（获评海关总署缉私局第一批教育整顿单位总结评估优秀等次）（18人）

  朱 琳 杰恩思·托烈吾 袁政瀚

  李泫璇 孔垂政 聂 晶 马晨祥

  海拉提·别克 杨 润 洪扬荷

  邢海涛 吐尔逊买买提·米吉提

  李云龙 冷海刚 王国杰 白慧霞

  孙陇陇 马凤云

乌鲁木齐海关缉私局边境基层基础反走私社会治理研究课题组（11人）

  张 炯 杨 艳 张博文 梁晓雁

  聂 晶 张舜成 郭辰瑶 宋海燕

  马建人 南云峰 袁政瀚

乌鲁木齐海关缉私局新媒体宣传工作专班（16人）

杨艳　姜洁　蔺钰　刘超君
郑森林　隋仲昱　马瑞堃
阿依迪达·阿不都努尔　李泫璇
马晨祥　李云龙　郭辰瑶　王梦园
程浩　徐泰鑫　马源砾

乌鲁木齐海关缉私局重大会议材料撰写工作专班（10人）

张炯　杨艳　徐军山　朱俊成
扈月　朱俊成　田原　杨帆
李银贺　张博文

乌鲁木齐海关缉私局"档案专项审核"专班（7人）

朱永丹　余文琦　马静芳　许瑞元
陈璐　戴志敏　李嘉薇

乌鲁木齐海关缉私局全警实战大练兵工作专班（22人）

徐军山　姜洁　扈月　孙晨
马建人　郭薇　木塔力普　辛晶晶
韩亮　张金涛　刘磊　刘超君
于楠楠　屈彬　冷海刚　孔垂政
徐东　史常伯　张茂林　师宏伟
毕建涛　张舜成

（二）个人嘉奖

牟锟　姜森　姜俊锋　仲磊
孙超　魏亮　王明军　杨晓辉
潘发根　赵国坚　曹洪
穆拉阿迪力·穆合塔尔　艾比比拉·阿木提
徐子群　斯迪克·牙森　蒋文杰　张安博
王磊　穆拉提·阿不都米吉提
祖力富喀尔·克达木　龚剑晟
王天　刘波　苏比江·阿布都乃比
王飞　艾科热木江·艾尔肯
阿布力海提·阿布力克木　黄卫东
胡西塔尔·坎马力汗　魏佳峻　赵旭
阿布力米提·薛合热提　孙志远　王桂晨
达吾然江·依力哈木　杨阳　于森浩
周旻轩　迪力亚尔·阿不都瓦里
阿迪兰·阿不都苏
美雅莎·阿布都赛力木　郭志君
哈依萨尔·斯马胡尔　陆智启
李志远　库德来提·于苏甫江
冯钰　贾若　刘怡　刘松根
吾米提　冯尹彭玉　袁江安　薛超坤
许岳衡　黄伟　田京　伍江
潘虹兴　姚沅廷　彭拥林　吴新明
童云　李宏伟　李宏峰　何伊宁
姜卫东　顾芷璇　李宇　于子仁
胡宜　耿广星　李天宇　郑金元
黄凯　马梦雪　叶尔生·阿达力汗
陈中明　张菲菲　何建军　张昊文
李章杰　罗实　党文起　吴新礼
郁达　田锋　巴哈提古丽·马那提拜
岳文　崔盛杰　朱亚军　苟宝鹏
朱丽杜孜·贾尔肯　李刚　陈锐
郑廷彰　罗旭丹　杨阳　李农
梁昉　文靖　魏小刚　谢伟
依米提·热苏力　余慧　赵家莉
于静　李刚　武姣　赵保平
李恺　张飞宇　马斌钧　张志勇
沈顺　赵雅　朱先晶　岳宁
冯杰　唐晓晖　武佳熠　赵丽丽
黄涛　陈洁　刘奕鸽
迪丽尼尕尔·迪力夏提　杨逸萌
马兰章子　张赵琴　吴小燕　刘怀朋

加　强　姜　洁　牛　超　郭　薇　　　米尔艾合麦提·吐尔逊　史向向
冯　萌　王开文　马静芳　张东峰　　　胡西塔尔·坎马力　高　睿　罗茂胜
张　峰　郑森林　马晨祥　冷海刚　　　黄宇晖　李函璇　周嘉良
杨　润　海　涛　屈　彬　胡传君　　　古丽孜热·吐尔逊　张　焱　马　斌
王　柯　程　浩　高　翔　吴　亮　　　王振华　付茜姿　穆拉提·木合塔尔
张舜成　赵超杰　李　洋　蒋晓玲　　　龚道松　周兴兴　王　华　高　翀
何娅琼　杨以刚　董曙杰　苏　励　　　高瑞钰　韩小路

乌鲁木齐海关 2022 年授衔、晋衔人员名录

二级关务监督
兰胜斌　李开益　李清华　易　坚
孙　敏　王文广　兰　峰　袁　东

三级关务监督
王　宁　阿曼古丽　杨卫兵　郁　达
胡齐东　葛　军　冯彬彬　张有晖
程　涛　曹雅青　袁家瑜
麦地娜·卡哈夫　曹　毅　李富山
张　军

一级关务督察
郭姝兰　戎忻蕾
阿不都扎依尔·阿不都卡德尔
阿迪力·斯迪克　比拉力丁·伊力哈木
赵端阳　马斌钧　刘玉霞　吴春霞
姜维泉　姜俊锋　蒋　艳　石　程
赵　丽　段经明　黄忠利
尼加提·阿布都热依木　王明军
帕尔哈提·卡地尔　张维杰
阿不都热西提·买买提
哈丽旦·铁力瓦尔德　谭　旭　赵文军
徐一仁　王爱榕　邹　江　屈　涛
张晓靖　于红伟　张　新　殷显军
王　炼　陈　防　鄢忠军　王　涛
刘志杰　袁世荣　韩　斌　何银华
刘云峰　童　云　于丽萍　何建军
马晓勇　王大伟　曹爱君

二级关务督察
王陆宝　王　静　史　博　贾　佳
韩美灵　曹瑞军　张力仁　王　飞
李　峥　王新辉　叶尔波·木卡西
陈小松　于瑞成　努尔兰·俄特别尔根
董雯雯　李　宇　高晓玲　余春潮

三级关务督察
魏小刚　冯　杰　唐　宇　邹　宁
刘江华　梁　伟　骆　玲　岳　文
张　军　朱宇坤　陆　芳　马　挺
刘　雄　曾疆平　梁　凯　薛强强
李金花　钟金龙　张豫新
吐尔洪江·哈斯木　陈寒玉　陈学梅
贾丽·赛兰别克　高　翀　孙　歆

一级关务督办
刘　扬　孖玉杰　牟　立　谢慧娟
陈　重　刘　甲　赵　强
努尔艾力·阿布都克力木　杨　昆
李慧玲　程晓伟　马翔宇
叶尔江·沙毕提　耿　煜　刘　钰
刘晓璐　齐　宁　马　欣　张加奇
戈名杰　再玛拉·木拉提
穆妮热·吾拉木　岳　宁　蒋晓玲
闫　云　刘建飞　贺　昊　张　雪

呼延玮　朱妍香　李慧娟　刘海军
玛依拉·木合特　刘冉鹏
阿不力克木江·沙比尔　斯迪克·牙森
王均祥　迪力夏提·热西提　马　超
张　鹏　杜晨霞　焦军·艾米尔丁
阿布来提·阿布来　张　坤　杨　晶
杨　强　张子力　李　健　陈　晨
尹德成　叶生辉　陈　诚　周天跃
林　疆　魏　震　陈安宁　崔盛杰
李雅洁　段晓倩　阿丽亚·热斯拜克
潘　惠　孙　祯　陈玉洁　杨　倩
付茜姿　张亚楠　陈志武
阿里克木江·克然木　王守卫　程　田
舒俊波　郑智远　唐晓晖
托里孙古丽·特留汉　段文龙　黄　凯
朱　颖　杨　婧　叶　翔　杨莉莉
王婷婷　翟亚方　栗毅陶　王　祎
张　婷　韩小路　马小勇
孜比不拉·吐洪　阿得力江·阿合江

二级关务督办

丁诗玉　马子莹　李柯霖　张瀚文
杨　欢　陈俊蕾　张晓轩　张　岩
李　贞　夏依热·牙生　赵文龙
尼鲁怕尔·麦麦提艾力　茹扎·麦代提汗
刘奕鸽　罗　芸　苟宝鹏　杨　柳
艾丽曼　杨逸萌　郝康伟
艾迪拜·艾尔肯　王　浩　田珊珊
朱　婷　刘晓梅　徐子群
尔卡木·夏克尔　董佩佩　田时平
祖力富喀尔·克达木　毛　琳
伊敏江·伊麦尔　王　盼
阿不地力木江·阿卜杜克力木
麦尔甫哈·艾尼瓦　木塔力甫·麦麦提

阿不都艾尼·阿不都卡地尔　高　睿
杨晟轩　恰古拉·坦加热克　马　婷
黄宇晖　余　倩　迪力努尔·巴合提江
郭　昕　古丽孜热·吐尔逊　安　乐
陈明翔　赵　柠　于文静　徐　薇
祖尔米兰木·阿布都米吉提　张惠菊
贾丽媛　张　乾　赵远凤　哈妮娜
李　彦　肖　帅　海丛香　吴雪芬
苏进武　郑　浩　奴勒布勒·阿依提江
孙诗吟　王　彦　吴南仕　马　丽
张　颖　尼卡拉　毛亚军
帕孜丽亚·阿不都热合曼　李春辉
单浩宇　王　歌　李国栋
萨尔达·艾克白尔　容　纳　黄　静
牟　杨　常江英　王泽真　方　艳
马艳萍　徐文杰　吉格尔·居斯别克
倪红霞　崔晓晖　卢致伟　黄子轩
薛　洁　程　慧　李　雄　祁　翔
王雨慈　齐可馨　王泽鹏　刘怀朋
高瑞钰　方一清　李　星　曹　英

三级关务督办

迪丽尼尕尔·迪力夏提　张　攀　罗　芸
郝康伟　王　浩　田珊珊　杨永康
李　静　冯　强　赵振楠
努尔佐达·依明
阿布力海提·阿布力克木　杨　悦
穆拉提·阿不都米吉提
苏比江·阿布都乃比
努尔古丽·亚森　张赵琴
麦尔达尼江·马木提　王　盼
代慧玲　魏佳峻　赵家坤
古丽迪亚·扎克尔　董　琪　张　燕
潘佳茹　姚　瑶　奎鹏远　陈佳惠

郭　昕　康　晴　冯　钰　周嘉良
杨景涵　雷晓霞　贾　若
菲罗兰·吾买尔江　叶尔凡·艾尔肯
杨　迪　刁志豪　庹秋香　王山欢
兰玉婵　邹剑颖　邓若水　肖勤勤
邹宁宁　马志龙　韩　月　马旻悦
罗　潇　聂小伟　黄潮源
阿衣左克兰木·买买提江　朱　叶
卡德热依·哈力布亚提　吴小燕　尼卡拉
汪　涛　王艺珍　张　圆　王　敏
杨　琳　蒋　芮　严兰兰　道尔娜
李国栋　罗　豪　潘　龙　周　欣
屈　瑞　郑　鑫　巴·巴根　黄　静
尹雪莉　冯立伟　郭一兰　浦　凡
王竹璇　黄美钰　李东睿　张海玉
狄　威　胡　宜　付雯萱　马梦雪
朱德孜·巴合提　缪　何　张菲菲
迪达尔·巴合特别克　加德那·巴合提江
胡紫薇　祖丽哈尔·阿布都克力木
吾盼·玛克沙提　张　蒲　李文嫣
阿不都许库·阿不拉海提
古丽达娜·塔布斯别克　马瑞杰
程　慧　祁　翔　李　魏　蒋　璐
高　雪　艾买尔江·吐尔逊　罗　实
李　丽

一级关务员

张兆涵　赵怡靓　米日姑·吐尔逊
王梦琪　徐俪菡　再努热·艾日肯
古丽巴哈尔·合力力　李紫英　王　娟
古丽格娜·居来提　古丽菲热·玉素甫
李继楠　王　博　李　静　冯　强
穆拉阿迪力·穆合塔尔　曹　洪
杨　悦　王　天　赵渤彦　刘　璐
阿依努尔·阿不都热合曼
西加艾提·阿布力米提
吾斯漫·阿卜都热合漫　朱慧珍　潘佳茹
奎鹏远　赵启龙　魏旭蕊　郭　点　杨蕙帆
韩琪薇　木尼热·阿布都米吉提　李志远
李　千　于森浩　李金隆　郭　慧
达吾然江·依力哈木　周旻轩
乃比·阿布都热西提　王思凡
伊木热尼·穆塔力甫　古丽娜·艾力
廖诗雨　赛尔达尔·阿布都乃比
美雅莎·阿布都赛力木　高铭雨　郭　伟
王悦颖　库德来提·于苏甫江　杨　阳
衣力夏提·阿不都里木　邱　菊　孙婉娇
余居政　再努拉·阿扎提　刁志豪
阿迪兰·阿不都苏　王山欢　王小璇
马丽娜　王　成　何梓豪　熊伟萍
特列克·阿哈提　罗　潇　聂小伟
王　卓　石钰涵　尼卡拉　汪　涛
张　薇　姜欧丽　胡　涛　王　敏
索菲亚·乌买尔江　赵小颖　张　栋
田卓令　程曼如　柳其辰　竺欣睿
冯　涛　焦小雨　乔　恒
木哈哈力·奴尔沙哈提　孙　嘉
杨　帆　冯尹彭玉　张锡睿　高　远
邓　文　范世豪　陈立伟　贾雯玥
凡栋华　冯海涛　罗　豪　王维艺
高　洁　潘　龙　郭玉飞　潘嘉阳
司　雪　李　晴　盛　凯　卢章旭
祁飞艳　张　帆　田静远　王昆祺
阚瑞龙　李江月　肖　沁　胡杨博睿
江媛媛　樊　帆　马雪婷　魏妍如
黄美钰　顾芷璇　才登加甫·腾格斯
古丽努尔·米拉提别克

吾乐盼·也力木拉提　董建鑫　　　　　贾飞虎　米勒汗·木合亚提汗　张昊文
阿勒米热·瓦黑提　伏艺蕾　贺理莎　　张正元　李章杰　张　震　谢嘉琦
张菲菲　周丽琨　邵炜钧　郭　雯　　　王婼昕　苏比·买买提　张煜波
哈尔里哈西·马丁　闫　喆　　　　　　祁　翔　飞热孜提·阿布都拉
祖丽哈尔·阿布都克力木　王　睿　　　蒋　璐　高　雪　阿依古再丽·艾力
娜孜热·海拉提　陈媛鑫　陈　静

"中国海关史料丛书"编委会

主 任 委 员 胡 伟　许大纯

副主任委员 黄冠胜　赵增连　杨振庆

编委会委员 翟小元　张 红　吴瑞祥　刘书臣　龙夫春　李海勇
　　　　　　　田 壮　詹庆华　陈福升　孙霞云

执 行 主 编 谢 放　詹庆华　郭志华

编　　　辑 房 季　王 虎　解 飞　范嘉蕾　李 多　刘金玲
　　　　　　　贺 红　邓玉栋